U0541186

湖北省人文社会科学重点研究基地
华中师范大学湖北地方政府治理与地方
发展研究中心主办

中国地方政府治理评论

(2015年卷·总第2辑)

张立荣　主编

中国社会科学出版社

图书在版编目（CIP）数据

中国地方政府治理评论. 2015年卷：总第2辑/张立荣主编. —北京：中国社会科学出版社，2016.12
ISBN 978-7-5203-1765-8

Ⅰ.①中… Ⅱ.①张… Ⅲ.①地方政府—行政管理—中国—文集 Ⅳ.①D625-53

中国版本图书馆 CIP 数据核字（2017）第 313388 号

出 版 人	赵剑英
责任编辑	王半牧
责任校对	王 影
责任印制	李寡寡

出	版	中国社会科学出版社
社	址	北京鼓楼西大街甲 158 号
邮	编	100720
网	址	http://www.csspw.cn
发 行 部		010-84083685
门 市 部		010-84029450
经	销	新华书店及其他书店
印	刷	北京君升印刷有限公司
装	订	廊坊市广阳区广增装订厂
版	次	2016 年 12 月第 1 版
印	次	2016 年 12 月第 1 次印刷
开	本	710×1000 1/16
印	张	16.25
插	页	2
字	数	242 千字
定	价	65.00 元

凡购买中国社会科学出版社图书，如有质量问题请与本社营销中心联系调换
电话：010-84083683
版权所有 侵权必究

中国地方政府治理评论

编辑单位：华中师范大学湖北地方政府治理与地方发展研究中心
　　　　　华中师范大学公共管理学院
主　　编：张立荣
副 主 编：徐增阳　冷向明
学术委员会：（按拼音排序）
　　　　　陈振明　高培勇　马　骏　〔美〕牛铭实
　　　　　徐　勇　郁建兴
编辑部主任：冷向明（兼）
编辑部成员：定明捷　周凤华　饶常林　徐军玲
编辑部执行秘书：张金庆

目 录

治理现代化

热话题与冷思考
——关于国家治理体系和治理能力现代化的
对话 ………………………………… 徐 勇 吕 楠(3)
地方公共服务中的公民参与
——中国与加拿大城市的案例研究及比较分析 ………… 陈振明(19)
地方政府政策执行力的动力机制及其模型
构建 ………………………………… 丁 煌 汪 霞(36)
国内外服务型政府和公共服务体系
建设研究述评 ……………………… 张立荣 姜庆志(48)
地方政府创新扩散的适用性 ……………… 郁建兴 黄 飚(71)
元治理视阈下中国环境治理的策略选择 ……… 唐任伍 李 澄(87)

法治政府建设

县级政府依法行政动力系统存在的主要问题及改善途径
——基于23个省市区的调查统计数据 …………… 姚锐敏(99)

城镇化与农民工市民化

进城务工人员维权行为方式的影响因素
　　分析 ………………………………………… 徐增阳　姬生翔（123）
治理转型中的"钉子户"及其抗争
　　——反思既有讨论的争议与局限 ……………………… 刘　伟（137）
农民工市民化与地方政府创新：吸纳、共治与融合 ……… 孔凡义（151）
城市融入：促进农民工市民化的社区治理创新研究
　　——以 Z 省 Z 社区为例冷向明 ………………………… 徐元元（161）
新型城镇化进程中的县域经济发展
　　——基于湖北省大冶市的调查分析 ……………………… 李　睿（177）

地方治理案例

1990s—2010s 年代美国州级公务员改革及其对我国的启示
　　——兼评美国《州和地方政府公共服务委员会报告》改革实效
　　……………………………………………………………… 定明捷（193）
"电视问政"：城市治理平台的构建与创新
　　——以武汉"电视问政"为例 …………………………… 田祚雄（222）
行政政策干预对房地产市场的调控效果：
　　基于北京和天津的限购政策实证 ………… 韩　璟　卢新海（235）

《中国地方政府治理评论》约稿函 …………………………………（247）

Contents

Governance Modernization

Dialogue on Modernization of the State Governance
  System and Governance Capability ················· *Xu Yong Lu Nan*(3)
Citizen Participation in Public Service at Local Levels
  The Comparative Case Study of Cities in China and Canada
  ·· *Chen Zhenming*(19)
Dynamic Mechanism of Local Government Policy
  Executive Ability and its Model Construction
  ——From a Perspective of Synergetics Theory
     ··· *Ding Huang Wang Xia*(36)
Research Summary of Service-oriented Government and
  Public Service System Construction at Home and Abroad
     ····························· *Zhang Lirong Jiang Qingzhi*(48)
The Applicability of the Diffusion of Local Government
  Innovation ························· *Yu Jianxing Huang Biao*(71)
Strategy Choice of China's Environmental Governance
  from the Perspective of MetagovernanceTang ··· *Ren wu Li Cheng*(87)

Rule of Law Government

Main Problems and Improvement Approaches of the
　System of the Driving Force of Administration
　According to Law of County GovernmentYao ·················· *Ruimin*(99)

Urbanization & Migrant Workers´ Citizenization

A Study on the Influence Factors of Migrant Workers'
　Right-Safeguarding Behavior ········· *Xu Zengyang　Ji Shengxiang*(123)
Discussion on 'Nail Houses'Protestation in the Transition
　of Governance:Rethinking on Related Debate and Its Limitation
　·· *Liu Wei*(137)
Migrant workers' Citizenization and Local Government
　Innovation:Adoption, Co-governance and Integration
　·· *Kong Fanyi*(151)
On the Community Governance of Migrant Workers
　······································· *Leng Xiangming　Xu Yuanyuan*(161)
County Economic Development Under the New Urbanization Background
　——An Empirical Analysis of Daye City in Hubei Province
　·· *Li Rui*(177)

Local Governance Case

The Cilvil Service Reform in The United States From 1990s to 2010s and
　It's Enlightenmen
　——A Review on the Reform Effects About *The First*
　　Report of the National Commission on the State and
　　Local Public Service ····························· *Ding Mingjie*(193)

"TV Politics": Construction and Innovation of the
　　Urban Governance Platform ……………………… *Tian Zuoxiong*(222)
Regulation Effect of Administrative Policy on the
　　Real Estate Market: A Case Study of Beijing and Tianjin
　　………………………………………… *Han Jing　Lu Xinhai*(235)

Invitation of Articles to *China Local Governance Review* ………… (247)

治理现代化

热话题与冷思考

——关于国家治理体系和治理能力现代化的对话[*]

徐勇 吕楠

编者按：改革开放35年来，中国共产党始终把理论创新作为推动中国特色社会主义事业发展的强大动力。中共十八届三中全会将"推进国家治理体系和治理能力现代化"列为全面深化改革的总目标，作为新时期深化改革的执政理念和治国方略。那么，应如何界定治理的涵义？从政治学理论来看，统治、管理与治理有何区别？在当代中国的语境下，从"管理"到"治理"的改变反映了中国共产党的执政理念发生了怎样的变化？当前中国推进国家治理现代化的基本路径有哪些？中国在全球治理中应发挥怎样的作用？为了加深对这些问题的理解，本刊特约请华中师范大学政治学研究院和中国农村研究院徐勇教授就国家治理体系和治理能力现代化的相关问题进行深入探讨。

一 治理及相关概念辨析

▲1989年世界银行在概括当时非洲的情形时，首次使用了"治理危机"，此后"治理"一词便被广泛地用于政治发展研究中。关于治理的概念，西方学者给出了多种不同的解释，您如何界定治理的涵义？

---

[*] 本文原载于《当代世界与社会主义》2014年第1期。

● 自 20 世纪 90 年代以来，治理就成为政治学领域一个特别热门的话题。而中共十八届三中全会提出国家治理体系和治理能力现代化之后，治理更是由学术热词变为政治热词。但就治理的涵义而言，尚没有形成一个统一明确的定义。

治理是一个内容丰富、使用灵活的概念。从广义上看，治理是指人们通过一系列有目的的活动，实现对对象的有效管控和推进，反映了主客体的关系。从治理内容看，有国家治理，即对国家的治理；有公司治理，即对公司的治理；有乡村治理，即对乡村的治理；有社会治理，即对社会的治理，还包括治党治军治吏；等等。它不外乎三个要素：治理主体、治理方式、治理效果。这三者共同构成治理过程。

从"治理"成为中国的一个学术和政治热词看，主要是指国家治理，属于政治学的范畴。但是，在政治学界，对"治理"的定义有多种解释，有人统计达140多种。20世纪90年代中期，"治理"进入中国政治学界，但当时也有不同的解释，就是对"治理"的英文"governance"如何翻译就有不少争论。正因为如此，早在1997年，我在《政治学研究》发表了《GOVERNANCE：治理的阐释》一文，认为将"governance"译为"治道"不合适，而译为"治理"较好，治理是通过对公共事务的处理，以支配、影响和调控社会。后来，"governance"普遍译为"治理"。中央编译局俞可平教授率领的团队在治理理论方面作了大量研究，翻译出版了大量的外国文献，同时也对中国的治理问题进行了较多研究，并于2012年主编出版了中国第一部以"治理"为主题的《中国治理评论》。北京大学的徐湘林教授多年强调"治理话语"，主张用"治理"替代"民主"作为政治学的主导话语。本人所在的华中师范大学中国农村研究院则于21世纪初将"村民自治"扩展到"乡村治理"，并发表和出版了一系列乡村治理的论著。还有不少学者也作出了相当贡献。应该说，"治理"从学术上的热词扩展为政治领域的热词，政治学学者有一份贡献。

值得注意的是，"治理"并不是一个完全泊来的外国名词，相反，在中国有着深厚的话语根基。这在于中国是一个古老的文明国家。中国长期流行"大禹治水"的传说。大禹是领导权威，他率领民众，进行治水，就是一种治理活动。因此，在中国，治理的历史悠久，且内涵十分丰富，并形成中国特有的治理语汇。在中国历史上，治理包括四层涵义：一是统治和管理。《荀子·君道》："明分职，序事业，材技官能，莫不治理，则公道达而私门塞矣，公义明而私事息矣。"《汉书·赵广汉传》："壹切治理，威名远闻。"《孔子家语·贤君》："吾欲使官府治理，为之奈何？"二是指理政的成效。如天下大乱达到天下大治，一治一乱。三是治理政务的道理。清严有禧《漱华随笔·限田》："'由此思之，法非不善，而井田既湮，势固不能行也。'其言颇达治理。"四是处理公共问题；对某事某物的整修、整顿等。如：治理黄河、治理官吏。

无论从西方，还是中国来看，都应该将治理放在"国家"及国家与社会关系的角度来分析。在恩格斯看来，国家是人类进入文明社会的门槛。从国家构成要素看，包括国土、人口与政权。当今，每个人都生活在一定的国家范围之内，取得一定国家的国籍，在一定的政权领导管理之下。从国家实质看，国家指政权，反映了政权与民众的关系。国家职能包括政治统治、经济管理、社会管理等。国家行使职能的过程就是治理的过程。因此，"治理"作为一个政治术语，非常强调政治过程和政治绩效。世界银行首次使用"治理危机"就是指一些国家尽管也有政权，甚至有引进的外国政治制度，但不能对国家进行行之有效的治理，甚至出现治理危机，导致治理失败。中国历史上经常说到的"天下大乱，达到天下大治"也是从治理过程和治理绩效来讲的。

所以，应该从特定的背景去理解"治理"的涵义。如果要给"治理"下一个定义，我认为是：治理是政治主体运用公共权力及相应方式对国家和社会的有效管控和推进过程。概括起来就是：谁治理，如何治理，治理成效如何？

▲在谈到国家和人民的关系时，有"国家统治"、"国家管理"、"国家治理"等不同的概念描述。"少一些统治，多一些治理"，是21世纪世界主要国家政治变革的重要特征。从政治学理论来看，统治、管理与治理有何区别？

●"国家统治"、"国家管理"、"国家治理"三个概念既相互联系又相互区别，其背后有不同的历史背景、思维理念、认识方法，反映了政治活动的变化。我们还是可以从政治主体、政治方式和政治过程三个维度加以分析。

国家统治是指统治阶级运用国家政权对国家和社会的支配性控制。统治更多是从阶级对立和政治冲突的角度表达的，体现着压迫—被压迫关系。由于阶级对立而形成统治与被统治两大对立阶级，统治阶级以强制性的方式支配和控制被统治阶级。19世纪，马克思主义为了揭示国家的实质，运用阶级分析方法看待国家，比较关注国家统治，将国家视之为阶级压迫的工具。从政治主体看，国家统治强调统治阶级的中心地位，甚至唯一地位。国家统治是不能由两个对立的阶级分享的。从政治方式看，国家统治强调强制性、压迫性。恩格斯因此将军队、警察、监狱等暴力机器视为国家的支柱。从政治过程看，国家统治强调统治阶级的单向度支配和控制，强调国家政权的稳定。因此，国家统治注重的是政治主客体之间的"关系—地位"，且这种关系—地位是固化的。

进入20世纪以后，"国家管理"的概念使用得多了起来。一方面在于随着社会经济的发展，政府由一种消极无为的"守夜人"的角色变为积极的行动者，国家机器愈益发达，国家管理活动的内容日益丰富。著名德国社会学家韦伯非常注重官僚体制或者说科层制的研究并取得了大量成果，反映了20世纪以来政治生活的变化。与此同时，无产阶级取得国家政权以后也面临着如何运用国家政权管理国家与社会的问题。20世纪50年代，毛泽东就表示，社会主义制度建立以后，国家政治生活的主要内容就是管理问题，也会产生管理者与被管理者的矛盾。因此，与"国家统治"相比，"国家管理"比较注重"方式"，强调国家制度建设和运用国家制度对国家与社会的支配，其内容和形式比国家统治更为丰富。从政治主体看，国家管理主要是执政党、政府。从政治方式看，国家管理注重自上而下的纵向支配和管控，体现着命令—服从关系。政府本身就是一个由不同层级构成的科层制组织体系，并会运用不同方式和手段去支配和管控社会。尽管国家管理强调方式和手段，但其背后仍然强调管理者的中心地位和单向性。

国家治理是20世纪后期，特别是进入21世纪以后大行其道的政治术语。国家治理的流行反映了社会的巨大变化。人类社会生活的复杂性、多变性、相互联系性超出以往的任何时候。一方面，社会迅速进步，不同国家之间在紧密联系的过程中又相互竞争；另一方面，社会进步过程中又面临大量新的问题，这些问题的影响远远超出人们所能想象的范围，引起社会的共同关注，如贫困、贫富差距、战争、霸权主义、恐怖主义、生态等问题。只有解决好这些问题，人类社会才有一个美好的现在和未来。而这些问题的解决需要有新政治思维和认识理念。"国家治理"因此应运而生。

国家治理包含着国家统治、国家管理的因素，但内涵更丰富，更具有开放性、动态性、积极性。从治理主体来看，除了直接执掌政权的国家和管理者以外，还包括大量的非直接执政的政治组织和个人。由于国家治理是一个多层次的体系，即使是一些非政府性的经济组织、社会组织也参与国家治理，或者在国家治理过程中扮演着重要角色。在历史上，与市场相关的经济组织长期没有纳入到国家治理主体的范畴。但随着市场经济在经济生活中的地位愈益重要，与市场经济相关的经济组织，如公司也成为国家治理的重要支点。当今，为数众多的人们都生活在公司组织体系内，遵循公司规则。公司治理对于国家治理具有重要作用。除了经济生活以外，人们还有大量社会生活是通过社会组织进行的。社会组织不仅将分散的个人联接和组织起来，将一个个孤立的为私利而生的"经济人"变为有机体中的"社会人"，而且参与或者推动国家治理。在大量社会生活领域，人们自己直接管理自己的生活，无需政府干预，这就是社会自治。因此，在"国家治理"的话语体系下，政治主体的范畴大大扩展了。尽管核心主体仍然是政党和政府，但远远不止于政党和政府。从政治方式看，除必要的政府强制外，治理更多的是通过引导、协商、沟通、参与来达到治理目的。从政治过程看，除必要的政府单向管控外，国家治理更强调多元互动共治。国家治理成效是国家与社会双向良性互动的结果。因此，国家治理比较强调"共识、合作共赢、良性互动"，国家治理过程是共同解决所面临的问题，共同推动社会进步，而不仅仅是某一个阶级的统治权，也不仅仅是政府的单一行为。因此，与国家统治、国家管理相比，国家治理更强调治理过程和绩效。

从国家统治、国家管理与国家治理三个术语看，它反映了人类社会的进步，国家治理这一术语将人类政治认识提升到一个崭新的境界。

二 国家治理与中国特色社会主义理论话语创新

▲改革开放35年来,中国共产党始终把理论创新作为推动中国特色社会主义事业发展的强大动力。2003年党的十六届三中全会将"社会建设和管理"列入贯彻落实科学发展观的"五个统筹"之中;2004年十六届四中全会提出"加强社会建设和管理,推进社会管理体制创新";2007年党的十七大和2012年党的十八大,都提出加强和创新社会管理、健全社会管理体制的问题。十八届三中全会继续推进理论创新,把"推进国家治理体系和治理能力现代化"列为全面深化改革的总目标,作为新时期深化改革的执政理念和治国方略。那么,在当代中国的语境下,从"管理"到"治理"的改变反映了中国共产党的执政理念发生了怎样的变化?变化的深层动因是什么?有着怎样的理论和实践意义?

●的确,理论创新是中国特色社会主义不断向前发展的强大动力。而我国的理论创新有一个重要特点,就是不断适应时代的发展要求,积极回应实践提出的挑战,是根据时代和实践活动渐次展开的。1978年,邓小平同志提出解放思想,随后召开的中共十一届三中全会实现了工作重心由以阶级斗争为纲向以经济建设为中心的大转移。1992年邓小平"南方讲话"之后,我国终于将社会主义市场经济作为经济制度确立下来。随着经济建设和市场经济的发展,我国社会发生了巨大变化。如何治理一个正在走向现代化的中国,成为重大课题。20世纪90年代后期,中央提出了依法治国的基本方略。进入21世纪,中央提出了社会建设的重大任务,积极推进社会管理创新。在这一过程中提出了要形成党委领导、政府负责、社会协同、公众参与、法治保障的社会管理体制。这其中,就包含现代治理的理念和方法。

正是在此基础上,中共十八届三中全会提出了全面深化改革的总目标是完善和发展中国特色社会主义制度,推进国家治理体系和治理能力现代化。这一提法具有全面性、总体性、战略性,其内涵十分丰富,涵盖国家治理的各个方面、各个层次和各个领域。这是执政党执政理念、执政思维和执政方法的重大跃升,是对新时代新课题的积极回应。其重大理论和实践意义在于：

一是完善中国特色社会主义制度的需要。新中国成立，特别是改革开放以来，经过数代人的探索，中国走出了一条中国特色社会主义道路，这条道路不同于原有计划经济模式，也不同于西方现有的模式，它所取得的成就使我们获得了理论自信、制度自信、道路自信。以"高楼、高铁、高速公路"为代表的"中国奇迹"令世人瞩目。但是，从总体上看，中国特色社会主义制度体系还有待完善。正如邓小平1992年在"南方讲话"中所说，恐怕再有30年时间，我们才能在各方面形成一整套更加成熟、更加定型的制度。正是因为我们制度体系还不完善，出现了许多制度性漏洞；正是因为发展中还面临着一系列体制机制性障碍，所以要全面深化改革。

二是实现社会主义现代化的内在要求。我国历史悠久，但主要是传统农业社会的历史，治国理政带有许多传统的框架。当下中国和未来数十年的总体目标是实现现代化，即2049年中华人民共和国成立100周年时初步实现现代化。现代化不仅是工业、农业、科技等层面，也包括制度和能力层面。没有国家治理体系和治理能力的现代化，也不可能有其他层面的现代化，或者难以持续。国家治理体系和治理能力的现代化本身就包括现代世界人类社会的主流价值，如民主、平等、人权、法治、参与、协商等。大量使用"治理"，而不是"统治"、"管理"，也反映了我们国家面向现代化的治国理政理念的变革，无疑是我国政治生活的一大飞跃，体现着现代政治生活的基本价值和人类理想目标。应该看到，我国的国家治理还有不少传统的元素，甚至治理思维还停留在传统框架内。"中国特色"往往成为保护中国落后的代名词。同时信息化、国际化的大环境，也改变着我们的政治生态。这都要求在各个方面推动国家治理体系和治理能力现代化。近些年我们在实践中提出了建立现代企业制度、现代大学制度等具体领域的现代制度。而"推进国家治理体系和治理能力的现代化"则是全面推进我国治理体系走向现代化。

三是有效处理大量新情况、新问题的要求。经过改革开放数十年，我国进入到一个全新的社会阶段，即"中等收入阶段"。治理贫穷社会不容易，治理相对富裕的社会更艰难。随着人们的权利意识增强，人们对执政者的要求提升，人们不再是根据执政党的历史来衡量而是根据其政绩和能力来决定其认同性。而改革开放中出现的发展不平衡、发展不公正问题也给执政党能否长期执政和国家能否实现现代化提出了严峻的挑战。所有这些都要求推进国家治理体系和治理能力现代化，及时有效应对面临的一系列挑战和问题。

总体上看，"推进国家治理体系和治理能力现代化"的实质就是如何治理一个现代中国的问题。使用"治理"而不是"管理"，一则在于"治理"的内涵更为丰富；二则在于"治理"不仅包括"管理"中的管控和稳定，更在于进步与发展；三则在于"治理"内含着民众的主体地位和积极作用。这与我国现代化走向是高度一致的。

▲中共十八届三中全会将"国家治理体系"和"治理能力"两者放在一起，作为全面深化改革的总目标。您如何理解"国家治理体系"与"治理能力"的内涵以及二者的内在联系？

●正是因为中共十八届三中全会提出的"推进国家治理体系和治理能力现代化"是一个新的提法，全会之后，中共中央总书记习近平就"国家治理体系"与"治理能力"的内涵以及二者的内在联系作了专门解释，认为：国家治理体系和治理能力是一个国家制度和制度执行能力的集中体现。国家治理体系是在党领导下管理国家的制度体系，包括经济、政治、文化、社会、生态文明和党的建设等各领域体制机制、法律法规的安排，也就是一整套紧密相连、相互协调的国家制度；国家治理能力则是运用国家制度管理社会各方面事务的能力，包括改革发展稳定、内政外交国防、治党治国治军等各个方面。国家治理体系和治理能力是一个有机整体，相辅相成，有了好的国家治理体系才能提高治理能力，提高国家治理能力才能充分发挥国家治理体系的效能。

简单来讲，"国家治理体系"和"治理能力"就是"制度"与"人"的关系。要治理一个国家，特别是我们这样一个历史悠久并正在成为世界性大国的国家，必须有完备的制度体系。事实上，自国家诞生以来，治国就需要有一定法度。即使是传统国家，也有一整套完备的制度体系，如中国的儒法制度。通常讲的"人治"是指国家最高统治者的意志可以凌驾于国家法律制度之上，具有相当的随意性。但即使如此，统治者也不尽是为所欲为。当然，制度一旦定型，也有可能阻碍社会的进步。愈是成熟和定型的制度，愈有可能成为社会进步的障碍。中国"变法维新"之所以比日本的"明治维新"难，与传统制度过于成熟密切相关，最后不得不采用革命的方式推翻旧的制度。"革命"意味着以"人力"破除，"革命"之后则需要"立新"。特别是社会主义是一个超越于一切过往制度的新型社会，如何建立新型的制度体系还是一个极具挑战性的课题。在这一过程中，由于过分迷恋"革命"中人的意志作用，社会主义国家的开国执政者对建立新的制度有所忽视，甚至出现了重大失误。如中国的"文化大革命"就是在革命后又试图用"革命"的方式解决"革命"后的问题。这种"革命"并没有实现主政者预期的通过"天下大乱"达到"天下大治"的结果，特别是依靠"七、八年再来一次"的"革命"根本不可能实现"长治久安"。正因为如此，"文革大革命"结束后，邓小平十分强调制度的作用，提出制度问题更带有根本性、全局性、稳定性和长期性。在国际共产主义运动历史上，邓小平高度重视制度的作用并致力于制度建设是具有开创性的。正因为如此，1978年以来，我国拉开了改革开放的大幕。改革开放说到底就是在突破旧的制度障碍过程中建立起新的制度。应该说，改革开放以来，中国在经济、政治、文化、社会等各个领域都建立起了一套行之有效的制度，提出了依法治国的基本方略。正因为如此，我们才有足够的信心和底气表达制度自信。只是从治理一个现代中国来讲，现有的制度体系

还不完善。特别是在通过制度的力量实现"长治久安"方面还有大量工作需要做。

另一方面，制度不是万能的。制度再好，不能"落地"就会"悬空"，不能"运转"就会"僵滞"。让制度"落地"和"运转"需要人，需要有能力的人。正因为如此，进入21世纪以来，中国共产党高度重视执政能力建设，提出要建立一个"学习型政党"，不断提升执政能力。十八届三中全会将"国家治理体系和治理能力"两者放在一起提，一是赋予治理能力以更丰富的内涵，二是将"制度"与"能力"联系了起来，使治理更具有动态性、互动性、发展性。

▲老子曾说过："政善治，事善能，动善时"。您认为善治的标准是什么？"善治"与实现"国家治理体系和治理能力现代化"的目标是

否一致？

●老子提出的这句话原文是："上善若水。水善利万物而不争，居众人之所恶，故几于道。居善地，心善渊，与善仁，言善信，政善治，事善能，动善时。夫唯不争，故无尤"（出自于《道德经》第八章）。从上下文看，"政善治，事善能，动善时"，通常来讲就是，为政要善于治理好，处事能够善于发挥所长，行动善于把握时机。但当下治理研究中，是将"善治"作为一个词汇来看的，指的是"好的治理"，即"good governance"。这里讲的"善"是一种价值标准。在老子看来，一个好的政府，一种好的治理，要像水一样"利万物而不争"。政府要为民服务，给民众带来好处而不是与民争利，因此他主张"政府无为"。相反，与民争利，甚至压迫民众的政府和治理则属于"苛政"，甚至是"暴政"，应该受到谴责和反对。事实上，当国家产生并有了国家治理以后，人们就在探索一种好的治理。古希腊哲学将"善"作为人类社会和国家治理的最高标准，"善"包括公平正义等一系列价值元素。人们为什么需要有国家，是因为国家能够使人类生活得更美好。当然，在马克思主义看来，国家来自于社会又会凌驾于社会之上，有可能造福于社会，也可能祸害于社会。因此，追求一个好的国家和好的国家治理，即"善治"就成为人类社会的理想目标。

在我看来，"善治"与实现"国家治理体系和治理能力现代化"的目标是一致的。现代化是一个历史过程，但这一过程受现代性的价值目标所牵引。这就涉及到价值理性和工具理性的分立和关联问题。自现代化启动之后，人们所看到和直接能够感受到的更多的是器物层面，或者工具理性层面的现代化，而容易忽视现代化内在的价值和精神。因此，在推进国家治理体系和治理现代化进程中，一定要高度重视其内在的核心价值理念。国家治理体系和治理现代化的目标是"善治"，是为了改善国家治理，提升国家治理水平，使人们通过良好的国家治理获得更美好的生活。因此，国家治理体系和治理现代化不仅仅在于技术工具层面，更在于价值理念层面，要将实现公平正义等先进理念贯穿于治理现代化的全过程之中。

▲衡量一国治理是否现代化的标准是什么，您认为当前中国推进国家治理现代化的基本路径有哪些？

●国家治理体系和治理能力现代化是目标，也是一个过程。它相对于传统治理而言，至少包括五个要素或者标准：

其一，治理制度化，即有完备的国家治理制度体系。这一制度体系不仅仅在于解决当下的问题，更重要的是能够推进社会的持续发展，实现长治久安。韦伯将统治分为三种类型：一是传统型，二是个人魅力型，三是法理型。从总体上看，国家治理现代化属于法理型。这在于现代社会的复杂性和多变性，没有一个完备的制度体系和执行机制，就无法支撑现代国家治理的有效运转，也无法促成社会的有序发展。我国提出依法治国的基本方略便体现了国家治理的制度化，只是国家治理制度化包括的含义更为丰富，它要求国家治理的各个方面、各个领域都能够有制度可依照，按制度治理，有一个以法律为核心的制度体系。

其二，治理民主化，即国家治理体系和治理过程都要体现主权在民或人民当家作主，国家治理过程中的公共政策和行为方式要从根本上体现人民的意志和人民的主体地位。这是传统治理与现代治理的重要区别。当下更多使用国家治理而不是国家统治和国家管理，不仅体现着人民主权地位的实质，更要求通过一系列体制机制将人民主权落在实处，让广大公民通过不同形式参与治理过程，实实在在地感受和体验到公民的存在，不断维护和扩展公民权利。

其三，治理法治化，即宪法和法律成为国家治理的最高权威。国家治理体系要围绕宪法和法律加以完善，国家治理能力要体现宪法和法律精神。执政党要依法执政，政府要依法行政，政府工作人员要依法办事，公民要依法行使权利。国家治理法治化是对国家范围内每个组织和每个人的要求，特别是对执政党和政府的要求。正因为如此，中国共产党多次提出，党领导人民制定法律，同时要模范遵守法律。

其四，治理高效化，即国家治理要积极应对复杂多变的挑战和问题，通过决策科学化和执行的高效率，最大限度地实现社会经济效益，促进社会稳定和推动社会发展。现代国家治理对决策科学化要求愈来愈高，要尽量避免出现具有颠覆性的失误。如从理论上看，社会主义属于更具有先进性的制度，但为什么社会主义命运出现了比较大的曲折，重要原因就是决策的重大失误。而有了科学的决策还需要强化执行力，将决策转化为实际行动。在以往政治动员时代，执行力强是一大优势，而随着市场经济发展和利益多样化，如何强化执行力面临新的挑战。

其五，治理协调化，即现代国家治理的各个方面和各个层次成为一个有机整体，相互协调，互动共进。现代国家和现代社会处于高度分工和分化状态，各个主体有自己的利益和价值，在这一背景下，国家治理很容易出现"碎片化治理"，每个主体都在使力用劲，但发生的作用力和着力点不一致，还会是相反状态，不仅力量相互抵消，还会相互对抗。因此，现代国家治理特别强调系统治理，在多元社会中寻求最大社会公约数，在多元共治中强化核心治理力，以推进治理的协调化。

国家治理体系和治理能力现代化是一个不断推进的过程，不同阶段有不同的重点，就如同中医一样缺什么补什么。当前中国推进国家治理现代化的基本路径，一是要完善国家治理体系。除了发挥党和政府在国家治理中的核心和主导地位以外，更加重视市场与社会在国家治理中的作用。十八届三中全会强调市场在配置资源中起决定性作用，这一作用不仅仅在于经济领域，实际上还具有建构经济秩序的效应。人们在每天的日常工作和生活领域形成的规则和秩序是最具有活力、最为基础也最具有持续性的。当然，在建构市场和社会秩序中，执政党和政府不是无所作为，而是要创造条件，发挥引导规范的能动作用。二是特别注重体制机制创新。我国经过数十年的建设，已形成了基本的制度原则。当前最重要的是通过一系列体制机制让这些制度原则能够"落地"和"运转"。如我国提出了人民当家作主的理念原则，超越了历史上经由精英民主再到大众民主的常轨。但如何为人民当家作主、参与国家治理提供条件，创造有效的实现形式则还亟待解决。三是加强政治整合，将发挥创造性、积极性与国家有效治理结合起来。传统国家统治和国家管理比较注重的是稳定性、管控性，国家治理既要保持稳定性，更要注重发展性。因为没有发展的稳定最终是不稳定的。发展就要发挥社会的积极性、创造性。在这一过程中，可能出现一些主政者意料之外的现象。这就需要有足够的自信，相信经过多年的发展我们有足够的底气应对挑战，同时也要采取更为有效的方式加以处理和化解。否则，就可能只有"治"而缺乏"理"。

▲推进国家治理能力现代化对治理主体提出了怎样的要求？

●在众多治理主体中，执政党无疑居于核心和中心地位，因此对执政党的治理能力要求也更高。21世纪以来，中国共产党就提出要建设一个学习型政党，努力提高执政能力。国家治理能力与执政能力密切相关，但内涵更为丰富。对于执政党而言，谋划、统筹和驾驭全局的能力尤其重要。治理结构是一个合理分工的体系，其中包括"掌舵"和"划桨"的角色分工。对于执政党而言，最重要的是提高"掌舵"能力，把握国家治理的总方向、总原则、总目标，同时动员其成员为实现总目标而率先垂范。

政府是国家制度的主要执行者，政府的治理能力现代化尤其重要。21世纪以来，我国提出要建设服务型政府、法治型政府。国家治理能力现代化对于政府提出了更高和更全面的要求。对于一个现代政府而言，一是效率要高，二是成本要低，三是为政要廉。就这三个方面看，我国政府还有很大的努力空间。我国政府在经济社会发展中居于主导地位，属于积极政府，但长期历史上延续着"父爱主义"传统，习惯于包办一切。这在一个简单性社会还有其价值，而今中国进入到一个复杂多变的社会，政府包不了，也包不好所有事务。这就需要强化市场和社会的作用，将政府治理与社会治理联接起来。面对复杂多变的社会，需要加强政府的回应能力、整合能力、执行能力。

市场主体和社会主体愈来愈成为国家治理的重要主体。中国历史上长期是"官管民"，民众也习惯于被官管。随着现代国家的建设，国家开始赋权于民。特别是改革开放以来，人们的权利意识迅速萌生，参与国家治理的活动愈来愈多。但总体上看，当前十分迫切的是提升公众的参与能力。如我国公众在日常生活中并不愿意参与公共治理，一旦利益受到损害，还是习惯于以传统的方式表达自己的诉求，表现为一种"平时冷漠，非常激情"。在自治空间内不能自己管理好自己，最后导致只能由外部力量介入进行"他治"。因此，除了继续赋权于民以外，还要加强赋能于民，在实践中不断提升公众参与国家治理的能力。

▲党的十八届三中全会提出，要摒弃单一的行政管控手段，重点培育、优先发展行业协会商会类、科技类、公益慈善类、城乡社区服务类社会组织，让人民群众依法通过社会组织实行自我管理、自我服务和参与社会事务管理。与政府部门相比，社会组织对于一些社会问题的解决具有哪些优势？

●社会组织在解决社会问题方面确有其独特的优势。一是社会组织存在于社会之中，可以及时了解、发现问题。政府毕竟外在于社会，不可能及时了解社会正在发生的问题。二是社会组织是社会内部生存的，其权威植根于社会内部。而大量社会问题属于人们日常生活问题。这些问题通过草根性的社会组织加以解决，效果可能更好。如由社会组织出面调解民间纠纷比动辄"告官"更有效。三是社会组织在解决社会问题过程中可以形成一整套自我运转的规则和秩序。这样的规则和秩序内化于社会内部，久而久之，就可以转化为人们的一种生活习惯。这种习惯的力量不需要外部性监督，其作用更为持久和坚韧。

我国古代"皇权不下县"的重要条件是"乡村有自治"，大量社会问题由民间社会组织加以解决。而当今中国正由"乡土熟人社会"进入到城市"陌生人社会"，人们居住近了，心却远了，"猫狗之声相闻，老死不相往来"，大量公共性的社会问题得不到及时有效解决。尽管政府积极有为，但能力终究有限，效果也不尽好。特别是我国历史上农村长期实行自治，而城市属于官治，人们也习惯于政府包办。相对村民自治来讲，城市社会自治更为艰难。这就迫切需要推动发展各种类型的社会组织，使其参与解决社会问题。

三　全球治理与中国责任

▲随着全球化的发展，各民族国家的命运前所未有地联结在一起。进入21世纪后，国际政治领域最引人注目的发展之一，便是全球治理作为一种理论思潮与实践活动的兴起。您如何理解全球治理的内涵，它兴起的原因是什么？

●全球治理是时代发展的走向，也是人类社会智慧的结晶。自19世纪以来，全球化便成为一种趋势。但这种全球化极具竞争性，其极致就是战争。因此，20世纪发生了两场世界大战，局部性战争更是难以胜数。进入20世纪后期，人们逐渐发现竞争，特别是战争并不是解决矛盾的最好方式，其结果导致的是"双输"。而且，许多问题和矛盾不是一个国家，更不是依靠暴力能够解决的。如气候问题对于全球都是一个挑战，而且单独依靠一个国家的力量难以解决。"全球治理"因此得以兴起。其兴起不仅仅在于需要解决全球共同面临的问题，更在于获得一种新的理念，这就是"合作共赢"。"全球治理"就是全球各国相互合作，共同解决所面临的问题。这标志着全球化进入到一个崭新的阶段。

▲从现实进程来看，全球治理取得了哪些积极成果，是否能满足全球化进程的需要，其演变趋势如何？

●应该说，近些年来，全球治理取得了一些积极成效。一是"合作共赢"的理念日益深入人心，多对话少对抗，多合作少对立愈来愈成为时代的主流。二是在解决共同面临的问题方面也逐渐找到一些机制和办法。三是在共同解决所面临的问题方面取得了一些卓有成效的进展。

当然，相对国家治理而言，全球治理更为艰难。这在于国家治理有核心治理主体，有必要的实力和手段。尽管联合国在全球治理中居于重要地位，但其作用因为没有主权国家那样的能力而受到影响。同时，在日益广泛深入的全球化进程中，各个国家之间的价值、利益等冲突也更为广泛和深刻，对立和对抗性思维及方式仍然大量存在。这必然会制约全球治理的成效。但无论如何，通过有效的全球治理达到世界和平和发展，建构人类命运共同体，已成为人类社会的共同价值和追求。

▲西方的民主和治理模式是否适用于中国？

●由于现代化进程的起点不同，西方国家的民主和治理模式会起到一定的示范效应。但是，任何模式都是在特定的时空中产生的。特定的时空作为给定的条件制约着人们对民主治理模式的选择。因此，西方的民主和治理模式并不是普遍适用的。即使是同属于社会主义国家的苏联模式也不适用于中国，不能简单照搬。改革开放以来，我国提出建设中国特色社会主义，就是针对过去存在照搬苏联模式而言的。当然，西方民主和治理模式蕴含的某些价值、理念，特别是方式、手段还是可以借鉴的。不能因为"中国特色"而排斥吸收人类文明进步的东西。那种追求纯而又纯的"某国特色"是一种臆想。应该看到，随着全球化进程，各个国家的进步都是在文明交流融合中取得的。我国的改革是与开放联系在一起的。换言之，没有开放，改革也缺乏动力和目标。中国的改革除了内在的动力以外，还来自于外部的影响。我国现在提出国家治理体系和治理能力现代化本身不仅是本国发展的需要，也反映了人类共同追求的目标。它既有本国深厚的历史文化根底，又能吸取借鉴外国的先进文明，因此能够超越一般的固定模式。

▲作为一个负责任的发展中大国，中国在全球治理中应发挥怎样的作用，承担什么样的责任？

●当今中国正处于历史的大变化之中。在长期历史上，我国还只是一个地区性大国，其影响主要在周边领域。改革开放以来，我国不仅作为一个政治大国，而且作为一个经济大国进入世界体系，正在成为一个世界性大国。所谓世界性大国，首先是世界离不开中国。如当今中国已取代美国成为第一制造大国。没有"中国制造"，世界很难享用到低廉实惠的产品。正如19世纪的英国一样，没有英国的棉纺业，世界就不可能享受到廉价耐用的棉织品。另一方面，中国也离不开世界。中国现在已成为世界第一汽车大国，也是世界第一石油进口国。离开了世界，中国民众的日常生活就会受到重大影响。这与当年中国可以作为无所求人的"天朝帝国"所面临的情形完全不一样。作为一个世界性大国，它所面临的责任更为重大，在全球治理中发挥的作用也更为重要。首先，中国要把自己的事情做好。正如邓小平当年所说，将占世界人口1/5的中国的事情办好，本身就是对世界的一大贡献。其次，中国要以世界性大国的地位和角色参与全球治理，在全球治理中发挥主动性作用。特别是作为长期历史上的地区性大国，中国没有充当世界霸权的历史，能够取得更多治理合法性，能够在建立更为公正的世界秩序中发挥更大作用。当然，在这一过程中，要避免重复当年强国只求霸道而缺乏王道的行为。

地方公共服务中的公民参与

——中国与加拿大城市的案例研究及比较分析[*]

陈振明

摘　要：通过中国与加拿大的城市若干公共服务领域的案例研究及比较分析可以发现，中加地方公共服务中的公民参与情况与两国的不同背景尤其是政府体制密切相关，从两国地方公民参与的演进也可以看出两国地方治理中公民参与的不同特征。中国和加拿大的城市公共服务若干典型领域，诸如城市贫困治理、环境治理、保障性住房供给、城市新移民及其子女教育等的公民参与，也体现了中加两国地方公共服务中公民参与的某些显著的相似和不同之处。对一个发达国家和一个发展中国家地方治理中公民参与的比较分析，有助于从理论和实践两个层面了解地方治理在变革社会中的发展趋势。

关键词：公民参与；公共服务；地方治理；中国和加拿大。

近十年来，厦门大学公共事务学院与加拿大西安大略大学社会科学学院建立了密切的学术交流与合作关系，合作双方进行学者互访和学生互换，并就共同关注的学术主题展开合作研究与研讨活动，其中包括一项关于中加地方公共服务中公民参与的比较研究项目。这项研究的内容及任务是：（1）研究中国和加拿大地方性参与的实践及案

---

[*] 本文原载于《厦门大学学报（哲学社会科学版）》2014年第6期。

例；（2）将这些实践及案例置于现有的公民参与学术文献背景中；（3）项目研究采用比较的视角；（4）为年轻学者提供机会，参与各专题的研究及论文写作。项目研究的主旨在于通过中国与加拿大的城市若干公共服务领域的案例研究及比较分析，了解两国地方公共服务中的公民参与的现状及其异同。本文概括及评述该项目研究的内容及成果，从中可以窥见中加两国地方公共服务中公民参与的某些显著的相似和不同之处。

一 不同的政府体制背景

中加地方公共服务中的公民参与情况与两国的不同背景尤其是政府体制密切相关，这是比较研究首先必须说明的问题。加方项目负责人安德鲁·桑克顿（Andrew Sancton）教授在"中国和加拿大地方性公民参与概述"的专题中对此做了说明。他解释"公民参与"及"地方治理"在两个国家里的不同含义，讨论两国不同的政府体制结构，为后面各专题的研究提供背景知识。

在桑克顿看来，中国是由共产党领导的国家，宪法中规定了党在国家中的核心地位。尽管中国有各种形式的非制度性参与，但不允许人们采取集体行动来动摇中国共产党的领导地位。而加拿大奉行的是西方自由民主，虽然没有明确对公民参与政治活动加以限制，但蓄谋以暴力推翻现有法律秩序显然是非法的，参与旨在鼓励仇恨某一种族、民族或宗教群体的政治活动也是非法的。另外，与美国不同的是，加拿大限制富人和企业花自己的钱去影响选举结果。中加两国在选举的重要性以及政策实施和参与的相关性方面持有不同观点。中国的户籍制度和社会团体登记制度，导致了两国公民参与的某些明显差异。

对于公民参与的内涵和范围，两国学者的理解有所不同。中国学者把选举当作公民参与的一个重要机制或途径。胡荣的"社会资本与中国农村居民的地域性自主参与"专题研究涉及的正是中国村委会选举问题，他对中国乡村选举中公民参与的相关研究主要集中于投票和参与选举的过程。他认为，当地社会网络的参与是当地选举过程参与的重要决定因素，目前这项特殊的改革仍然没有扩展到城市地区。而加拿大作者在本项目研究中较少提及选举，他们把公民参与看作是某种超越投票的行为。这在某种程度上是由于在加拿大关于地方投票的研究比较有限，或者加拿大的学者更加倾向于将地方选举与地方参与视为不同的研究主题，这种倾向可以在后述的格雷厄姆有关加拿大地方参与的一般论述中看到。她对加拿大地方上的选任官员提出质疑——这些官员以为他们获得选举胜利，所以即使是在两次选举之间，没有严格的机制来保证市民的声音能被倾听的情况下，他们做出的地方性决策还是具有合法性的。实际上，在加拿大各地，投票人数常常少于40%，低得可怜的投票率严重削弱了选举的合法化功能。例如，布鲁内特-杰利在他的专题研究中说到，在温哥华的地方选举中，1999年只有37%的选民投票，2002年为50%，而在2005—2008年重新下降到30%左右，2011年为35%。

桑克顿进而对中加两国的政府结构加以比较。他认为，中国和加拿大都是幅员辽阔的国家，中国与加拿大一样，存在着较大程度的地方分权——皮埃尔·兰德里（Landry PierreF，2008）甚至声称中国"是世界上地方分权程度最高的国家之一"。加拿大是联邦制国家，由10个省所组成。此外，目前在北方至少仍有三个地区处于联邦（国家）政府的正式管辖之下。各省在"市政府体制"方面均有独特的宪法责任，这意味着加拿大有10种截然不同、互不相关的地方决策体系（Andrew，2011）。除了魁北克省的部分地区和不列颠哥伦比亚省，加拿大是没有地方性政党的，市议会的参选议员们普遍奉行无党派的市政府。与大多数国家相比，加拿大的市政当局从功能上来说是相当薄弱的。例如，他们不控制公共教育，主要关心的是提供城市公共基础设施和管理人工建筑环境。市长虽然由直选产生，但其拥有的正式权威一般比较弱。在市议会里，市长只有一票，他们被看作是象征性的领袖。每个市政当局都有自己的工作人员。关于市政官僚结构，在加拿大没有全国性的统一规定，各省也只做了很少的规定。加拿大市政当局的财政来源几乎完全依赖于契税及用者付费产生的收入。

中国是单一制国家。中国大陆的地域划分为5个自治区，22个省和4个中央直接管辖的、相当于省一级的直辖市（北京、重庆、上海和天津）。中国各省不具有加拿大各省所拥有的独立的地方立法权或政治权力，地方政府的最终控制权掌握在中央政府的手里。但无论如何，省恐怕是中国最重要的行政区域了，了解各省显然是了解中国的重要方式。省之下又划分为地级市和县。有些县整个被划为市（"县级市"），由许多乡、镇以及数百个村组成；市与县管辖下的偏僻农村分开，形成另一个县级政权，而一些市和县则被合并起来打造成"副省级城市"（一共有15个"副省级城市"）。作为一个行政单位，市明显地更关注城市发展问题，这一点与加拿大的城市政府非常相似。市进一步划分为区和街道（街道办事处），街道又划分成小的居委会。县主要划分为非城市化的乡和镇，乡镇是党和政府组织在农村地区的基本单位。乡镇的下面是村，每个村都设村委会（是自治组织，而不是中国地方政府的正式组成部分）。1988年以来，村委会成员一直是由公开、竞争的选举产生，这早已引起了对中国政治变革有兴趣的学者们的高度关注。有学者全面列举了中国各级政府的相应职责（这与加拿大各级政府的职责不太容易对应），并认为中央政府和省级政府关注"政策、标准和监督"，而市政府（各级市）更注重直接提供服务（Wu，2007：122-123）。另外，政府间的冲突和相互责难在加拿大是非常普遍存在的问题，而由于中国的整个政府体系由于党的领导而连结在一起，这种问题似乎相对较少发生。

二　两国地方公民参与的演进

在关于地方性公民参与的一般评述中，凯瑟琳·格雷厄姆（Katherine A. H. Graham）与陈芳分别回顾和评述了本国地方公民参与发展的历程、现状与趋势及其特征。这两个专题研究的视角与方法有所不同，前者较为微观细致，后者较为宏观粗线条。

凯瑟琳·格雷厄姆在"参与悖论：加拿大地方政府与公民参与发展"的专题研究中表明："共享政府"（shared government）正在成为"加拿大城市政府公民参与的新范式"。格雷厄姆认为，20世纪90年代，在加拿大，日益复杂的卫星选区开始出现，政府减负导致的地方经济和社会健康的斗争也不断涌起，作为这些现象的合理延伸，一个加拿大公民参与市政工作的新范式已崭露头角。这一范式建立在合作模式的基础之上，涉及地方政府，私营部门和当地志愿组织，以及推动地方公共议程向前发展的积极公民。这个过程涉及到很多地方组织，市政府只是其中的一个，一个已经被设定好的角色，其他部门和其他政府也有他们各自所要扮演的角色。这种新范式被菲利普（Phillips，SusanD，2006）等人称为"共享政府"（又称"社区建设议程"），这是关于加拿大地方治理公民参与新阶段的一种表述，体现的理念正是面对加拿大地方政府与其所服务的公民间关系正变得日益复杂与多样化，市政府不应在获取地方公共物品的决策与提供上具有垄断地位。市政府的观念发生了从"居民"到"公民"的转变——前者消费地方服务，后者则同时具有参与的权利和义务。在公私伙伴关系（Public – Private Partnership，PPPs或P3s）基础上，出现了一些有关可替代性服务供给方式。

"共享政府"或"社区建设议程"阶段的主要特点是社区居民参与一体化服务的供给以及公民、当地志愿组织、政府间的合作规划——由当地政府主导但也不排除其他层级的政府参与社区事宜的可能性（Phillips，SusanD，2010）。为了更确切地解释"共享政府"这一概念，格雷厄姆列举了许多加拿大的实例。例如，渥太华市的妇女创议会（The City for All Women Initiative，CAWI）将自身定位为"妇女与多元社区、组织、学界和渥太华市的伙伴关系"，积极参与城市议会关于预算的规划。公民参与是通过市政当局及其他途径完成。例如，在多伦多市，市政当局当前形势分析的发展是通过"多伦多之音"创议完成的。

陈芳的"地方治理中公民参与的发展与中国特色"专题更多地使用中国日常的政治话语，是一个比较宏观的叙事，这与厄本涅克（Tom Urbaniak）在"抗争抑或促进：加拿大经济落后地区的社会政策、城市政府与市民社会"专题的方法呈明显对比。美国学者约翰·克莱顿·托马斯（John Clayton Thomas，2005：4）在《公共决策中的公民参与》一书中将公民参与公共政策过程的发展划分为传统公民参与和新公民参与两个阶段——前者将公民参与限定在政策制定或决策上，而后者则更强调对政策执行的参与，而且扩展了参与对象的范围，参与过程包括了低收入阶层的公民及相关公民组织。陈芳（2008）等人也曾经借用托马斯的这个划分方法，系统分析改革开放以来中国地方治理中公民参与的这两个阶段（传统公民参与和新公民参与）的公民参与主体、参与领域的区别。在本专题的研究中，陈芳沿用这个划分方法来描述中国地方治理中公民参与的历程。在她看来，中国党和政府鼓励公民参与，但个人的参与行为更多地通过官方渠道；而且近年地方治理的公民参与最为活跃的领域之一是对公共服务供给的评价。格雷厄姆在有关加拿大地方治理中公民参与的论述中对于这种形式的参与也有所涉及，并且在她的分类中将其称为"需求参与"（engagement by necessity）。本项目的中国案例研究并未过多论及这方面内容，没有明确关注地方政府在项目评估方面努力的案例。需要指出的是，陈芳所论述的是中国一般性的地方参与，而我们项目研究中也只有五个中国案例的分析。她的讨论中涵括电子参与的相关内容（这个话题在余章宝关于环境治理的案例中有所涉及）。

  透过两位作者的评述，我们可以看到两国地方治理中公民参与的不同特征。在格雷厄姆看来，加拿大地方政府中的公民参与实践随着加拿大地方政府与所服务的公民之间日益复杂、多样化的关系的变化而转变；市政府对服务对象的认知已经从"居民"转变为"公民"——前者单纯消费地方服务，后者则同时具有参与的权利和义务。参考菲利普的说法，格雷厄姆还认为当前加拿大公民参与的主要特点是社区居民参与服务供给、参与当地政府主导的公民、当地志愿组织、政府三者之间的合作规划以及国际政府组织对社区事务的参与。陈芳则从中国社会发展所处的特殊历史时期对地方政府职能的复杂要求出发，认为动员参与、有序参与、基层民主自治及重视信访等都是地方公民参与发展呈现出的中国特色，而这些特点正是由于地方政府既要发挥领导经济建设的职能，又要履行维持社会稳定并积极扶持社会力量以促进公民参与公共事务的管理的职能所致。

三 城市贫困治理中的公民参与

中加地方公共服务中公民参与比较的研究重心是对中国和加拿大的城市公共服务若干典型领域的公民参与进行案例研究及比较分析，这些领域包括城市贫困治理、环境治理、保障性住房（公共住房）、城市新移民及其子女教育等。

伊曼纽尔·布鲁内特－杰利（Emmanuel Brunet-Jailly）和丁煜的案例研究涉及城市贫困治理中的公民参与及其困境。布鲁内特－杰利以温哥华市中心东区（Downtown Eastside，DTES）为研究个案，讨论在这样一个有着悠久而激进的公民参与历史和多层级政府决策体系的社区，城市贫民和新移民在何种程度上能够参与到社区治理中。他梳理了四任市长的施政纲领和相关政策，介绍温哥华公民参与的背景，研究的重点是 DTES 地区。这是在繁华的温哥华市中心的一个"城中村"，聚居了贫困的原住民和新移民。温哥华市政府、一些来自于中产阶级和企业集团的社团并没有忽视 DTES 的存在，也没有对 DTES 城市贫民的生存状况熟视无睹，甚至还有一些温哥华人认为 DTES 恶劣的生活环境是温哥华的耻辱。但时至今日，DTES 依然充斥着吸毒、犯罪、无家可归者等社会和经济边缘群体，即使在备受瞩目的"温哥华协议"（The Vancouver Agreement）这一具有综合治理意义的机制发挥作用后，非营利性组织在此框架下为 DTES 地区的城市贫民提供了大量的社会服务，但城市贫民依然只是被动地接受这些自上而下的服务，并未能够在此框架下获得更多、更好的参与治理的条件。

布鲁内特－杰利论述了温哥华市丰富多样的参与机制，主要包括：（1）选举投票。布鲁内特－杰利认为，在温哥华不同时期不同的选举结果会导致不同种类的政策结果，因而在他看来，市政选举中的投票是一种颇具影响力的参与方式。（2）社区（邻里）协会的游说作用。他论述了社区协会的游说作用，并认为其中最具代表意义的是温哥华市中心东区（DTES）案例。（3）商业协会。他指出商业协会，特别是温哥华贸易委员会，是影响他所关注的政策结果的重要因素。（4）社区综合服务团队。他援引当地市政府的一个机构——社区综合服务团队，该机构主要关注引起并促进公民参与，尤其是来自于贫民的参与。（5）倡导联盟。①温哥华预防犯罪和药物治疗联盟（the Vancouver Coalition for Crime Prevention and Drug Treatment）作为一个倡导联盟的团队，在制定著名的温哥华"四大支柱"战略过程中起到至关重要的作用，该战略旨在减少药物滥用。（6）原住民。原住民作为一个社区，其作用也应受到关注，主要是因为他们长期受到布鲁内特－杰利所描述的各种病症的严重影响。（7）非营利组织。他提及大量的非营利组织，这些组织不仅为不同客户提供多种形式的服务，并且在各级政府中充当增加资金的倡导者。

布鲁内特－杰利的研究试图说明，尽管市政府雄心勃勃地致力于构建参与式治理机制，但城市贫民和新移民参与治理的程度依然有限。人们一般认为温哥华是一个具有开放性和包容性的城市，并已成功地赋予公民参与政策决策的权力。但DTES的事实表明，参与有程度不同之分，甚至有的参与也不乏象征性之嫌。具体而言，虽然从机制设计上为城市贫民参与治理提供了可能性，亦有证据表明他们的声音能够被社会听见，但基层社区的参与能力和参与水平仍需要加强，离真正意义上的社区治理（community governance）还存在差距。

作为比较研究，丁煜在福建省厦门市精心地选择了一个中心城区的街道（ZH街道）作为案例。ZH街道位于老市区，贫困人口主要由下岗失业人员、没有养老金收入的老年人、长期患病或残障人士等构成。厦门的ZH街道与温哥华的DTES虽同为老城区，但ZH街道是厦门市著名的商业中心，整体贫困状况并不严重。如果说DTES属于"连片贫困区"话，那么ZH街道则属于"插花式贫困"，即城市贫困人口的居住并未表现出地理上的聚集。之所以选择ZH这样的街道而不是某一个"城中村"社区，主要是考虑到中国城市反贫困治理的主要对象仍是具有当地户籍的贫困群体，低保人士才是中国城市贫困人口的典型代表。

就研究内容而言，布鲁内特－杰利重在研究城市贫民的参与，包括在城市治理和公共政策决策中的参与机会、参与方式和参与水平；丁煜的研究则集中在贫困人口在城市反贫困治理中的社区参与。丁煜考察了中国党和政府的基层组织、街道办事处的居民委员会与辖区内要求获得生活津贴的贫困人口之间的相互关系。从某种意义上说，居民委员会本身就是地方参与的一种形式，其成员也许并不像布鲁内特-杰利所描述的各种非营利组织的志愿者，事实上他们可以称为国家行政管理体系内的高效志愿者。但丁煜的研究结果表明，贫困人口（补贴的接受者）参与政策过程的机会并不多。

这两个研究内容的差异主要源于国情的不同：加拿大具有丰富的政党政治和选举文化，而中国条块兼具的街道管理体制和"家长式"的居委会帮扶模式也别具一格。事实上，体现各具特色的城市贫困治理模式，正是两位作者比较研究的魅力所在。更有意思的是研究结论。两篇论文的主要结论是：无论是温哥华还是厦门，似乎都陷入了城市贫困治理的困境，尤其是作为治理的对象——贫困人口如何参与到社区治理和公共政策的决策之中，两个城市都尚未找到最优的解决之道。

首先，两位作者都认为，在地方政府的公共政策决策中应更多地体现城市贫困人口的声音。在温哥华，城市贫民在治理参与中虽不及中产阶级和商业集团，但左翼政党已成为他们的代言人，并通过执政成功地为 DTES 引入了诸多社会服务和福利项目。在厦门，虽然贫困人口并未直接参与到政策决策过程，但以提升人民福祉为己任的地方党委和政府，有反思、纠错和完善公共政策的能力，公共政策优先次序的调整与低保制度价值取向的转变就是一个很好的例证，反映出党委和政府对民意的积极回应。在厦门，贫困人口自然地认为政府尤其是基层政府应该代表自己的利益，因而更加依赖政府，也更加顺应政府。在温哥华，城市贫民则更多地"要求"政府，如果政府不能为他们代言，他们的应对策略不是"恳求"而是通过政治选举改变政府。这样的不同，并非意味着温哥华城市贫民的民主权利更大或更有效。事实上，从布鲁内特-杰利的研究中也可以发现，政党轮替更多的是政治力量之间的明争暗斗（much in fighting），给予城市贫民更多福利成为换取选票的"礼物"，这些带有"施舍"意义的恩惠并未能提高城市贫民的参与水平。

其次，两位作者都认为，虽然"倍受重视"，但城市贫困人口都仍处于弱势地位。相对于温哥华的城市贫民而言，厦门的贫困人口更多地表现为经济弱势地位，因而所关注的公共政策焦点是经济福利；而温哥华的城市贫民更多地关注经济福利之外的社会权力，有着更高的政治诉求，希望以实际行动介入到基层社区治理和公共政策决策之中。不过，令人遗憾的是，无论是温哥华还是厦门，城市贫困人口的社会经济地位都没有太多乐观的根本性改变，厦门的贫困人口依然滞留在社会经济底层，缺乏向上流动的能力甚至动力；温哥华的城市贫民依然只能有限地参与到社区治理，自己的命运掌握在更有话语权的主流社会群体中。这样的结果，显然不是这两个城市的政府希望看到的，因为无论是温哥华市政府还是厦门市政府，主观上都有改善城市贫困人口劣势地位的努力，也很用心地构建城市贫困人口的参与机制。之所以如此，最主要的原因在于两个城市的政府或多或少都存在消极地提供服务，而并未积极致力于改善城市贫困人口的能力不足和权力不足问题。

四 环境治理中的公民参与

卡罗·艾格克斯（Carol Agocs）、凯特·格雷汉姆（Kate Graham）和余章宝分别对加拿大安大略省伦敦市与中国厦门市的地方环境治理案例进行研究。卡罗·艾格克斯和凯特·格雷汉姆描述了安大略省伦敦市的当地居民在城市发展过程中为保护环境脆弱地区所采取的相关行动。斯托尼克雷克之友（the Friends of Stoney Creek）作为一个环保团体，致力于保护各种水域和林地，是本地网络的一部分。网络作为此类组织的典型存在形式，在加拿大地方政治中至关重要。斯托尼克雷克之友最有趣的特征之一是它与当地的水土保护管理局（local conservation authority）保持十分密切的联系，该机构主要负责管理当地河流流域的使用。卡罗·艾格克斯和凯特·格雷汉姆的研究表明：公民团体并不总是将政府机构视作其对手——有时他们将政府作为敌对方，有时他们甚至接受来自于政府机构的资金。但是，当这些团体意在积极应对某些既得利益（尤其是产业发展方面）时，可能会产生相关的问题。如果他们更加积极地参与政治，往往会失去政府的支持；如果他们抵制政治参与，又会被积极分子视为屈从于政府，仅仅作为政府官方政策实施的代理人而存在。这是地方组织参与政治的一个经典困境。

在有关中国的环境问题和"新社会阶层"的出现两个重要问题的讨论之后，余章宝描述了"网民"如何阻止在厦门引入PX化工项目的全过程。它有力地说明公民参与对地方政府的政策制定有时能够产生实质性的影响。在温哥华，创建一个"倡导联盟"，但它完全是非正式和无组织的，需要积极分子通过互联网进行匿名倡议，否则的话将会受到当地政府的干预。然而，厦门引入 PX 化工项目案例中的公民政治参与在许多方面更为西方国家所熟悉，尤其是学术专家与公民听证会在公民参与中所发挥的重要作用方面。甚至政府从既定立场中谨慎撤退这一现象也是西方地方政治观察者所常见的。

余章宝借用中国日常的政治话语，将厦门市民参与地方环境治理的途径区分为"正常渠道"和"非正常渠道"。所谓"正常渠道"和"非正常渠道"的区别主要在于这种参与环境治理的途径有没有获得官方的认可。"正常渠道"主要是指制度化的参与渠道，包括各级人民代表大会和政治协商会议以及政府对民众意见的收集渠道（如听证会、市长热线、信箱、电邮、投诉和举报电话、信箱以及信访等）；所谓"非正常渠道"是指没有获得官方认可的非制度化参与渠道（包括市民的网络民意和街头民意等）。余章宝的研究试图表明，这两种参与渠道之间存在着替代性关系，"非正常渠道"是"正常渠道"功能缺失的替代物，当民意与政府决策发生分歧时，民众首先会在现有制度框架内，通过"正常渠道"来解决分歧。如果正常渠道功能良好，政府能及时回应民意，居民的环保要求和经济发展就会在一个新的利益权衡点上发生均衡。当正常渠道被当地政府过度控制，无法发挥政府与民间之间的沟通功能时，公众可能就要寻求"非正常的渠道"。

卡罗·艾格克斯和凯特·格雷汉姆参照余章宝的"正常渠道"和"非正常渠道"的概念框架，对加拿大伦敦市的环保团体参与环境治理这两种方式的有效性进行考察。尽管加拿大被视为一个民主治理体系的国家，地方政府在环境治理方面为本地市民提供了一系列公民参与的制度化渠道。然而，作者的研究表明，当地环保组织利用官方现有的制度化的"正常渠道"时，它们所能发挥的作用仅限于提高政府决策合法性的外观，也就是协助政府执行已经制定好的政策和服务，成为政府机构的一种延伸。换言之，伦敦地方政府的环境治理的那种制度化的公共参与，仅仅属于一种技术性与行政性的参与，它既不是政策议程设定前的参与，也不是民主决策的参与。

余章宝所说的"非正常渠道"，即当地环保组织所采取的抗争行动,如示威游行、媒体海报宣传以及向市议员、政府官员和开发商施压等,这些非制度化的参与渠道有可能影响政府的决策。这种非制度化的参与才是一种政治性和决策性的参与。相反,制度化的"正常渠道",尽管被人们理解为环境治理的公民参与,然而,它的政治参与有效性是值得商榷的。正是从这个意义上,卡罗·艾格克斯和凯特·格雷汉姆强调:伦敦市地方政府在公众有效参与政治活动方面是无效的。尽管卡罗·艾格克斯和凯特·格雷汉姆使用了"正常渠道"和"非正常渠道"的概念框架,但由于中加两国的国家治理体系不同,他们与余章宝各自所研究的侧重点以及得出的结论也就不同。卡罗·艾格克斯和凯特·格雷汉姆还进一步将公民参与区分为形式性的"技术与行政性参与"和实质性的"政治性参与"两种形式,并分别纳入制度化"正常渠道"和非制度化"非正常渠道"的框架之中,拓展了"正常渠道"和"非正常渠道"概念框架的内涵。

五 保障性住房供给中的公民参与

汤姆·厄本涅克(Tom Urbaniak)和孟华的案例研究涉及保障性住房(公共住房或社会住房)领域。虽然这两位研究者采用不同研究方法——一位采用个案研究,另一位在问卷的基础上进行定量分析,但是,两个专题研究的关注点都在于公民参与对于解决贫困人口住房问题中的作用。在中国与加拿大的不同背景下,公众都能够通过特定的方式不同程度地参与到贫困人口住房问题的解决中去。但是,通过这两位研究者有关住房问题的研究成果不难看出,这种公民参与在程度与方式上都有着非常明显的区别。

在加拿大的案例中,卡普顿地区市政当局曾试图借助于宪法条文向新斯科舍省政府提起诉讼,从而为解决经济与社会发展问题寻找思路,包括解决城市贫困人口的住房问题。但是,这一尝试失败了。贫困人口住房问题最终是借助于当地发达的社会资本的运作来解决的。大学教授与学生、住房修复领域的非营利性组织等在贫困人口住房问题上都发挥着重大而且直接的作用。这些社会力量直接参与到破旧住房的修复中去,督促政府获得旧房的所有权,设计和实施修复工作,然后将修复好的房屋租给穷人或者让穷人有机会先租后买。公众的这种参与不但是直接的，而且深入到了住房修复的各个环节中去，成为住房修复工作的主导力量。显然，这一案例与加拿大土地和房屋的私有权是有着明显的关系的。在土地和住房私有的前提下，城区内大量弃置的私人旧房成为解决贫困人口住房问题的一个重要渠道。解决这一问题的关键就是如何获得这些遭到弃置的旧房并加以修复。在住房修复过程中，地方政府的预算约束，导致其不愿承担更多的责任。这就为社会资本的动员，为公民参与到贫困人口住房问题解决的实践提供了空间。

汤姆·厄本涅克为读者提供了一种不同形式的案例研究，是本项目研究中唯一的参与观察（participant-observer）的案例。他首先指出加拿大城市政府在体制和财政方面的不足，特别是他生活于其中的布雷顿角地区，该地区属于新斯科舍省的经济欠发达地区。厄本涅克认为，即使是权威不足的城市（即所谓的"弱城市"，weak municipalities），在将人们聚集起来共同解决问题的过程中依然能够起到催化剂的作用。在本案例中，该地区存在的问题是：尽管有许多房屋由于人口下降而被遗弃，但仍有许多居民居住在令人不甚满意的房屋里。如何将破旧的房屋改建为令人满意的房屋？这并不容易，解决方案也不全面。但是，厄本涅克指出通过志愿努力和熟练的尝试去获得来自其他政府机构和组织（包括他本人任教的当地大学）的有限资金能够显著改善状况。这是一种不同的参与方式，试图将当地政府的社区基础（community base）作为主要财富而非其他的财政或决策权威来解决问题。

在中国的案例中，由于实施土地国有政策，廉租房的建设或获取、分配与管理等活动都是由政府主导的，公民参与的空间有限。厦门的调研数据就显示，公民参与贫困人口住房政策过程的水平并不高。在参与能力方面，虽然公众潜在的参与意愿与兴趣不低，但是，对政策的认知水平较低，对政策并不太了解。在参与行动方面，公民参与更多地是通过低水平参与方式——即通过媒体等渠道了解、学习政策或者对政策进行讨论等来进行的，而高水平的公民参与行动——公开表达政策意见和建议等则相当少。在参与渠道方面，公众更倾向于采用非制度化的网络渠道涉足廉租房政策问题。虽然房地产商通过招投标方式会参与到社会保障性住房的建设中去，廉租房的住户也可以在住房使用中针对住房问题借助于媒体表达他们的不满，或者采取不合作的方式来表达这种不满，但是，真正对廉租房的建设与管理发挥着重要作用的一直都是地方政府，公民参与主要起到的是锦上添花的作用。

孟华针对厦门居民就其对公共住房和 PX 化工项目的参与兴趣加以对比，结果表明厦门居民对公共住房问题明显缺乏兴趣，而对 PX 化工项目却具有浓厚的兴趣和强烈的参与意愿。如果人们对某一问题缺乏兴趣，他们不太可能会参与其中。孟华认为中产阶级居民一般对公共住房缺乏参与兴趣，而对公共住房感兴趣的低收入潜在受益人却往往不具备相应的参与能力；同时也缺乏相应的社会组织能够代表这部分低收入者的主张与利益。重要的是，孟华关于公共住房公民参与的研究是基于统计资料和访谈，其主题是，在缺乏相关的社会团体的情况下，还能做些什么？政府官员认为他们通过政府网站对政策方案的宣传和在线应用的推进，他们对参与者是开放的。然而，政府就政策本身与市民进行协商的情况却较少发生。

六　城市新移民及其子女教育中的公民参与

中加地方公共服务中的公民参与比较项目还对城市新移民及其子女教育中的公民参与问题进行研究。卡罗琳·安德鲁（Caroline Andrew）和让·昆兹（Jean Kunz）的研究是关于加拿大城市移民相关事务的公民参与问题。这两个案例的研究都表明新移民具有较高的参与水平，但这种情况仅存在于部分地区，这些地区的各种政府机构与非营利组织精心培育城市新移民（安德鲁的案例）和学龄儿童（昆兹的案例）的政治参与。与其他方面相比，昆兹一直关注政府公共服务方面的公民参与，他在本案例研究的是教育方面的公民参与。对于中加两国都需要注意的是，除非人们首先了解到政府服务具有包容性和文化差异的敏感性，并且对所有人都是公平的，否则他们不会努力学习成为参与式公民。

如艾格克斯和格雷汉姆一样,安德鲁也参考了余章宝研究中的制度化参与和非制度化参与的划分方法,区分了不同类型的社会团体,主要包括协助移民的团体和致力于影响有关移民的相关政府政策的团体。他在有关渥太华市的相关案例中寻找到能够代表每一种类型团体的生动案例。由于加拿大不同层级的政府通过不同的方式参与移民事务,安德鲁在其专题研究中强调各层级政府间的关系维度,从而要求参与移民事务的社会团体应熟悉每一层级政府所承担的责任,并在此基础上采取相应的行动。

李学对厦门市外来务工人员子女的教育问题的相关研究也强调政府间协作的维度(intergovernmental dimension)。这主要是中央政府提供国内迁移的规制框架,并致力于制定国家教育标准的结果。但是,政策执行主要由较低层级的政府承担,如李学研究的案例中的厦门市思明区。该案例对于不了解中国外来务工人员问题的人来说是十分有趣的。然而,回到本项目的研究目的,这个专题主要表明在政府外部积极参与相关的政策执行过程的人不多。值得注意的是,外来务工人员中还未出现能够代表其利益的非正式组织的存在。与中产阶级反对引入PX化工项目的案例不同,没有人组织任何形式的网络行动以致力于提高厦门大多数外来务工人员子女接受教育的机会。

昆兹、李学和安德鲁的这三项研究表明,在该领域的中加公民参与有着几个明显的差异:一是公民参与制度化程度的差异。在加拿大的治理体系中,国家正式构建了公民参与的制度空间,即加拿大地方政府为公民参与提供了合法的、稳定的参与框架,使公民参与到地方层面的公共服务与社会治理过程之中。而中国的公民参与的稳定的、制度化的参与框架尚不成熟,公民参与地方事务的能力也有待进一步提高。

二是责任体系方面的差异。基于对外来人口子女入学教育政策方面的比较分析,不难发现中加两国之间公民参与的差异。中国倾向于将国家层面的公共服务提供责任转移至地方基层政府,公民参与的诉求压力,主要由地方基层政府承担;而加拿大政府则非常注重各级政府之间的责任分担,注重各级政府之间协作体系的构建,从而强化了加拿大政府在解决移民子女教育问题的能力。

三是公民参与对地方决策结构实际影响程度的差异。昆兹和安德鲁的研究表明，加拿大政府关注公民在参与过程中提出的政策诉求，并将其纳入其决策结构之中。无论是制度参与还是非制度参与，都能较有效地回应公民的合理诉求，对社区公共事务产生某实质性的影响。而在中国外来务工人员子女入学问题的解决的过程中，其利益的诉求主要是以社会议题的形式影响到高层政府的决策，并以官僚体制压力的形式，塑造地方政府的行为偏好。外来人口在解决与自身事务相关问题时，过分依赖于地方决策体系中官员的善意和上级压力，而非公民直接的利益诉求。

四是公民自主性的差异。加拿大移民群体公民参与的自主性较强，公民可以利用政府提供的制度化参与途径，也可以建立自身的移民组织，以自组织的方式影响地方政府，促使地方的决策结构更好地服务于移民的利益。相比之下，中国城市中的外来务工群体，其所享有的城市市民待遇和参与公共决策的机会有所不足，也无法组织自身特殊的民间组织，以影响地方政府的决策，其利益的保护往往取决于城市上级政府的治理理念和所在城市政府的善意、良知与回应。

总之，中加地方公共服务中公民参与比较项目描述了中加两国地方治理中公民参与的现状，并力图揭示两个国家的地方公共服务中的公民参与的某些异同之处。本项目的每个参与者都意识到中国和加拿大两国之间深刻的政治制度差异并在研究中时刻加以注意。本项研究并没有涉及中国和加拿大两国高层政治及其未来发展趋势等方面的争论。项目研究的目的只是考察各自国家地方公共服务或地方治理中的公民参与，并设法在研究中使用共同的或相近的学术话语，在实践中探寻共同的做法，如正式的公众听证会和为评估政府计划而开展的市民调查等。我们也发现，两国学者在如何研究地方参与所发现的实质内容方面存在相当大的差异。因此，实施比较研究的难度是可想而知的。

参考文献

1. 陈芳、陈振明（2008），《当代中国地方治理中的公民参与》，《东南学术》，第4期。

2. 约翰·克莱顿·托马斯（2005），《公共决策中的公民参与：公共管理者的新技能与新策略》，孙柏瑛等译，中国人民大学出版社。

3. Landry, Pierre F. (2008), Decentralized Authoritarianism in China: The Communist Party's Control of Local Elites in the Post-Mao Era. Cambridge: Cambridge University Press.

4. Phillips, Susan D. (2006), "The Intersections of Governance and Citizenship in Canada: Not Quite the Third Way". Montreal: IRPP. Vol 7. No. 4.

5. Phillips, Susan D. (2010), "'You Say You Want an Evolution?': From Citizen to Community Engagement in Canadian Cities". In Emmanuel Brunet-Jailly and John Martin (eds.). Local Government in the Australian and Canadian Federations: A Comparative Analysis. Toronto: University of Toronto Press.

6. Sancton, Andrew (2011): Canadian Local Government: An Urban Perspective. Toronto: Oxford University Press.

7. Wu, Fulong, Xu Jiang, and Anthony Gar-On Yang (2007): Urban Development in Post-Reform China—State, Market, and Space. London: Routledge.

地方政府政策执行力的动力机制及其模型构建

——以协同学理论为视角[*]

丁　煌　汪　霞

摘　要：地方政府政策执行与协同理论规律有极高的相似性。地方政府政策执行系统是一个开放的非线性系统，具备动力学系统和耗散结构的相关特征。用协同学理论分析地方政府政策执行力的动力系统、动力根源和动力实现过程有利于深入认识地方政府政策执行力的内在机理。通过构建利益激励相容制度、积累社会资本、构建政策执行信息沟通机制、促进政策执行民主化等措施可使地方政府政策执行过程获得持续性驱动力，从而从根本上提升地方政府政策执行力。

关键词：地方政府；政策执行力；动力机制；协同学。

一　协同理论与地方政府政策执行力

德国物理学家哈肯（H. Haken，2005：1）创立的"协同学（Synergetics）"意为"协调合作之学"。哈肯在创立该学科之初就指出：协同就是系统中诸多子系统相互协调的、合作的或同步联合作用的集体行为，系统演化的动力来源于系统内部的协同作用，协同是系统实现自组织的动力。协同动力系统形成之初，由于子系统杂乱无章没有形成合作

---

[*] 本文原载于《中国行政管理》2014年第3期。

关系，系统呈现出一种无序状态，当涨落达到阈值时，系统因一个或几个参数的变化产生"临界涨落"，并迅速以一种巨大的协同力量支配其它子系统。子系统之间形成的合作关系引起系统整体结构和功能的突变，这个过程就是协同过程，也是系统产生动力的过程。地方政府政策执行力是政策执行权力结构协同转换进程中所体现的合力，是各执行主体协同作用呈现的协同执行力。从学理上看，地方政府政策执行过程与协同现象有巨大的相似性，这为研究地方政府政策执行力的动力机制奠定了理论基础（见表1）（曹堂哲，2009）。

表1　　　　协同学与地方政府政策执行研究的相似点

比较对象	地方政府政策执行研究	协同学
研究对象的特征	具有复杂性、动态性、目的性。行为的协调性、不同阶段的衔接。	多样性的统一，差异的整合、不同部分的耦合、不同行为的协调、不同阶段的衔接、不同结构或形态的转变以及总体布局、长期预测、目标优化、资源配置、信息创生与利用之类。
整体	通过执行中各个权力主体之间的相互作用，形成特定的整体结构，实现系统的目标。	通过子系统之间的相互作用，整个系统将形成一种整体效应或者一种新型结构。在系统这个层次上，这种整体效应具有某种全新的性质，而这种性质可能在微观层面不具有。
行为	地方政府政策执行是复杂的行为，通过一定的机制才能实现协同。	研究系统整体行为的复杂性和协同机制。
比较对象	地方政府政策执行研究	协同学
结构	地方政府政策执行过程中权力结构的转化。	协同学研究的是系统怎么从原始均匀的无序状态发展为有序结构，或从一种有序结构转化为另一种有序结构。
自组织和人工装置	地方政府政策执行是自组织和人工装置的统一。目的性系	协同学认为人工制造的装置与自组织具有相同的运行机制和原理。

续表

目的性	地方政府政策执行是围绕特定目标合作和协同的过程。	系统被拖到相变点,子系统迅速地建立起合作关系,以很有组织性的方式协同行动

用协同学理论分析地方政府政策执行力的动力机制首先要明晰地方政府政策执行力的动力系统及其结构,并在此基础上深入分析地方政府政策执行力的动力根源以及动力实现过程,从而为构建地方政府政策执行力的动力机制模型奠定理论基础。

二 地方政府政策执行力的动力系统及结构

地方政府政策执行力的动力系统是产生政策执行力的各要素之和。在协同学的视阈中,地方政府政策执行力动力系统由人力熵流、财力熵流、物力熵流组成,具体包括:(1)人力熵流:指地方政府政策执行主体的配备问题,包括执行主体及人员结构、执行者数量尤其是质量等要素。(2)财力熵流:包括成立机构、组织人员,维持机构运转、激励人员积极性等方面的经费保障。(3)信息熵流:包括政策执行系统内部的信息沟通与传递,也包括与系统外部的信息交换。(4)权威熵流:政策执行的基本特点是多个政策执行主体的共同活动,而共同活动"首要条件要有一个能处理一切所管辖问题的起支配作用的意志"(马克思、恩格斯,1995:226),这个意志就是权威。"权威是政策执行的根本保证,是政策有效执行的一项特殊而重要的资源"(陈振明,2004:252)。权威是地方政府政策执行不可或缺的负熵流。(5)制度熵流。制度是指稳定的、受到尊重的和不断重现的行为模式,制度化是组织与程序获得价值和稳定性的过程(亨廷顿,1988:12)。政策执行过程中的制度熵流包括人事制度、组织制度、领导制度、监督制度、责任制度等,是政策稳定性和程序化的基本保证。

协同学理论认为,自然界存在两种有序状态:以静态有序为特征的平衡结构和以动态有序为特征的非平衡结构。起始状态为无序的开放系统能以各种方式与外界进行各种能量交换,当这种交换达到阈值时,原来的无序状态可转变为有序状态，即生成耗散结构。地方政府政策执行力动力系统是复杂的非线性开放系统，具有耗散结构特征：（1）地方政府政策执行力动力系统具有熵减机制。地方政府政策执行力动力系统的熵增量 dS 由系统内产生的熵 diS 和系统与外界的熵交换 deS 两部分组成，符合系统熵 dS = diS + deS 的特征。deS 是正、负还是零视系统与外界的交换来确定。当 deS < 0 时，只要这个负熵流足够大，它除了能消除掉系统内部产生的 diS 外，还能使系统的总熵增量 dS < 0。为避免 dS > 0 情况的发生，必须不断地提供必要的执行资源以形成耗散结构，避免执行系统 dS > 0 引发的无序。（2）地方政府政策执行力动力系统远离平衡状态。作为开放系统，地方政府政策执行力动力系统内部要素差异巨大。一是各要素发展不平衡，政府居于主导，社会组织、公民个人居于辅助地位，二是不同地域的地方政府政策执行资源差异巨大，三是政策对象之间存在的差异容易造成政策执行力的多变性。这些差异使得政策执行力动力系统出现程序性的波动和偶然性的干扰，从而使系统内产生涨落。（3）地方政府政策执行力动力系统是个非线性体系。地方政府政策执行力动力系统随机性的涨落、各要素间的非线性互动使系统与外界发生非线性关联，在政策目标的指引下，各执行要素之间通过催化和自催化作用产生非线性耦合和放大效应。非线性耦合使系统中形成序参量，并在此支配下产生系统行为，在放大效应的作用下逐渐形成协同力，即为地方政府政策执行力动力系统耗散结构的动力。

地方政府政策执行力的动力由各执行要素在耗散结构下协同产生，没有足够的执行资源或不合理的系统结构都是政策执行动力的阻碍，强化地方政府政策执行力的动力，可从提供执行资源和优化系统结构两个层面入手。

三 地方政府政策执行力的动力根源

协同是一种形式和现象，其根源是什么呢？美国学者罗伯特·阿克塞尔罗德（Robert Axelrod，2007：58）指出：合作不源于友谊，或至少不源于友谊而源于双方的利益关系。笔者（丁煌，2004）也曾明确指出："政策的存在作为一种社会现象并不是人们遵守或违反它的原因，人们之所以遵守政策或违反政策，是因为政策表现了一定的利益，利益追求是政策执行主体行为的内在驱动力，正是利益推动着人们去执行政策或违反政策。"

政策执行主体之间的协同行为也源于对利益的追求，利益是政策执行力的动力根源。首先，从政策的功能来看，政策的本质是社会利益的再分配，对利益进行调控是政策的基本功能。政府用政策这根杠杆控制了利益的分配和调节过程，包括地方政府政策执行者在内的社会组织和个人为了实现自身利益都十分关注政策，因为政策不仅包含了他们的利益诉求，也能协调他们的利益冲突。不少地方政府政策执行动力不足的主要原因就在于这些政策没有充分体现和满足其利益。其次，从政策执行过程来看，利益是地方政府政策执行协同行为的根本驱动力。执行政策与违反政策是地方政府政策执行过程中的两种对立行为，这两种相反行为的发生不取决于政策本身，而根源于政策所体现的利益。地方政府作为中央政府的代表，理所当然应代表社会公共利益的，但是，公共选择理论表明，如同竞争市场中的个体一样，地方政府作为理性经济人也无可置疑地存在着政府自身利益，霍布斯（1986：144）说：政府机构中的工作人员"在政治身份方面虽然留意谋求公共福利，但他会同样谋求他自己以及他的家属和亲友的私人利益。在大多数情况下，当公私利益冲突的时候，他就会先顾个人的利益，因为人们的感情的力量一般来说比理智更为强大"。现实政策执行实践也表明，是利益满足驱动地方政府实施政策，利益受损阻碍地方政府的政策执行积极性。当前各地出现的地方保护主义、机会主义行为是在地方利益的推动下进行的，而作为地方政府的突出代表，一些政府官员为了保护局部利益和个人利益抵抗中央政策，而他们之所以乐意执行某一政策，也是因为该项政策能够获得一定的利益。由此可见，利益对于地方政府政策协同执行具有推动作用，它是地方政府政策执行力的动力根源。

四 地方政府政策执行力的动力实现过程

（一）交叉利益是地方政府政策执行力动力系统从混沌到协同过程中的序参量

在协同学理论中，序参量是个重要概念，它指的是系统内大量子系统集体运动的宏观整体模式之参量。一方面，序参量是系统内部大量子系统竞争和协同的产物，另一方面，序参量又支配子系统，主宰系统的整体演化进程，它既是子系统合作效应的表现，又是系统整体运动状态的度量。对此哈肯（1988：56）论述到："它（序参量）通知各子系统如何行动，此外，它又告诉了观察者系统的宏观有序态的情况。"地方政府执行政策的最终目的是为了达成政策目标，实现公共利益应是各执行主体的核心追求，然而，"追求自身利益最大化始终是各政策执行主体的最基本的行为特征，即便是在公共选择活动中个人也首先是追求个人利益，只不过可能会比在私人市场活动中要隐蔽和复杂一些而已，但绝不是像传统政治学理论中所认为的那样，只追求公共利益而不考虑个人利益。"而且，追求公共利益并不是执行主体的天然需要和自主使命，而需在外界监督和内部自省的基础上经过复杂竞争才能达成。因此，支配地方政府政策执行系统的外显参量不是公共利益，而是公共利益与政策执行主体自身利益的交叉利益，政策执行的动力是在执行者追求自身利益与实现公共利益的重复博弈过程实现的。交叉利益支配政策执行主体的行为，是地方政府政策执行系统从混沌到协同演化的序参量。

（二）自组织运动

协同学理论认为："如果一个体系在获得空间的、时间的或功能的结构过程中，没有外界的特定干涉，我们便说该体系是自组织的。这里'特定'一词是指，那种结构或功能并非外界强加给体系的，而且外界是以非特定的方式作用于体系的"（Hermann Haken，1988：11）。自组织（self-organized）是组织或系统无需外界指令而实现自行创生、自行组织、自行演化、自主地从无序走向有序的过程，与此相反，"被组织"（organized）是组织或系统只能依靠外部指令推动自身的演化，是外部力量驱动的，举例来说：自由恋爱是"自组织"的，而包办婚姻则是"被组织"的；市场经济主要是"自组织"的，而计划经济则主要是"被组织"的（吴彤，2001：49）。自组织无需外界特定的干涉，但又不能缺少外部因素的作用。在没有制度规范之前，地方政府政策执行系统处于混沌状态，通过交叉利益这一序参量来整合执行过程。交叉利益使各执行主体之间实现协同并不断强化放大，促使系统达到全新的有序状态，这就是地方政府政策执行系统的自组织运动。如果每一个执行主体都是在外部命令下按事先预先确定的方式执行政策就是被组织行为，如果没有外部指令，而是依靠执行者之间的自主沟通和相互协作实现政策目标的行为，就是自组织过程。地方政府政策执行系统自组织演化过程如图1所示。

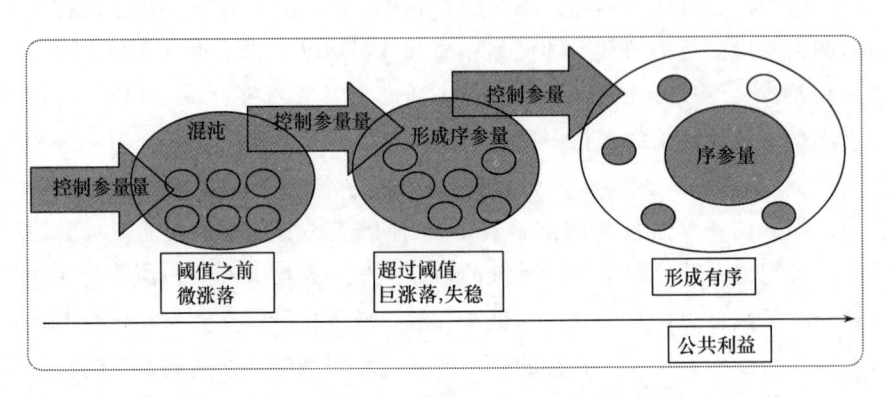

图1 地方政府政策执行系统自组织演化示意图

在图中，未封闭的小圆是指各政策执行主体的行为状态及其自身利益，虚线圆代表整个执行系统的利益大小。在交叉利益这一序参量还没有取得支配地位时，各个执行主体之间表现为巨大竞争和冲突，执行系统处于混沌状态；而当控制参量的作用达到或超越阈值后，政策执行系统出现无序和涨落，并逐渐形成新的有序结构，在协同效应的作用下产生公共利益。地方政府政策执行系统的自组织力量主要来源于各主体对自身利益的追求，具体表现为：各执行主体从自身利益出发去理解和执行政策，而在交叉利益的指引下又各尽所能、各司其职、互相协调、相互沟通，共同实现政策目标。自组织驱动是政策执行系统最强大的内在动力，与此同时，被组织（法律、制度、民情社意等）通过外在引导和调节的方式进一步强化系统内的自组织行为。"在政策自组织执行过程中，主体间的协商沟通促进政策执行自主演化；与此对应的被组织执行是建立在政府权威和官僚组织之上，强制和威胁是主要手段（汪霞，2011）。"

（三）主要控制参量——制度与民意

控制参量指执行系统外部的各种因素之和。作为一个开放的系统，自组织系统离不开外部环境的影响，子系统通过控制参量来感应外部环境，促进自组织演化。举例来说：有很多人在一个有限的舞池中跳舞，在没有人指挥大家怎样跳的情况下，开始时舞池的次序肯定是混乱的。大家我碰你你碰我。随后，有些人在跳舞的过程中发现：只要与他们旁边的一对舞伴方向一致就不会产生碰撞，这种行为的范围逐渐扩大，于是，舞池中的秩序就逐渐形成了：大家都按照某一个方向围绕舞池的中心旋转，这是一种自组织运动，但这种有序的形成需要很长的时间，倘若有一个人在舞台中心指挥引导大家集体顺时针或逆时针跳舞，舞池很快就会井然有序。在这个时候，外力即控制参量起了重要作用，外界的干预行为最终转化为系统的自组织行为。影响地方政府政策执行系统的控制参量有法律规范、制度环境、政府政策、舆情民意、观念更新、技术革新等，其中制度与民意是推动执行系统相互协作、共同朝着公共利益方向行动的最重要因素，是地方政府政策执行系统动力的主要控制参量。

五 地方政府政策执行力动力机制的模型构建

地方政府政策执行力动力机制的模型如图 2 所示。在图中，四个大圆圈代表人力熵流，主要由政府执行主体、社会执行主体和公民个人执行主体组成，圆圈大小代表各执行主体的利益大小。中间小圆圈是政策目标预设的公共利益与各执行者自身利益之间的交叉利益。虚线意味着各执行主体自身利益会因制度、法律、监督机制的完善状况发生改变，交叉利益也因执行者自身利益的扩张或抑制呈现出时大时小的变化。围绕在执行主体周围的是制度熵流、信息熵流、权威熵流和财力熵流等动力系统要素。地方政府、社会组织、公民等执行主体因其不同的利益取向、行为特征和行动逻辑而呈现出"自组织"特征，与其它熵流一起构成的政策执行动力系统用小方形表示，虚线代表该系统是一个与外部环境有能量交换的开放系统。虚线组成的大方形是政策执行系统的外部环境，对执行系统而言主要包括由制度和民意组成的控制参量。各政策执行主体本能地围绕自身利益自组织运动，但在控制参量的压力和公共利益的驱使下形成交叉利益，支配着政策执行过程。在公共利益和自身利益的消长中，各执行主体之间进行复杂而广泛的互动，同时，由其组成的政策执行系统不断地与外部环境进行物质、信息和能量交换，在非线性机制的作用下达到突变，形成耗散结构，输出政策执行动力。

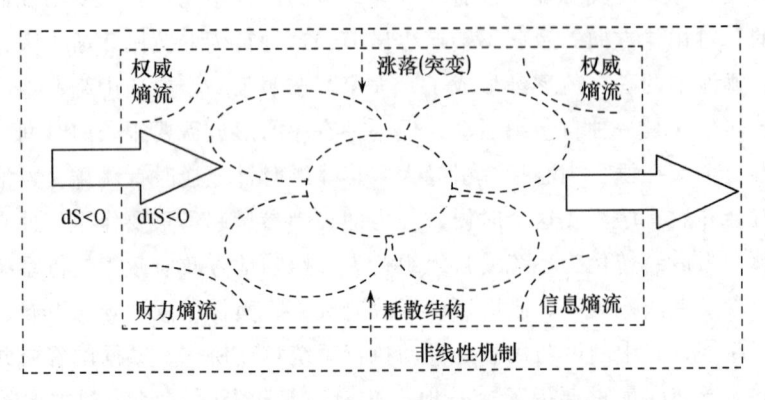

图 2　地方政府政策执行力动力机制模型示意图

上述模型指出了地方政府政策执行力动力机制的动力系统及主体、动力结构和动力根源，也暗含了地方政府政策执行动力的实现过程。为确保模型运转顺畅，形成尽可能强的政策执行动力，需解决以下三个关键问题。

（一）要扩大交叉利益范围

实现政策预设的公共利益是地方政府执行政策的根本目的，而交叉利益作为执行系统的序参量，是驱动执行者各司其职、各尽其责、实现公共利益的内在动力。由于执行者的自身利益与公共利益不是直接等同的，只有在执行者自身利益得到满足并能充分分享实现公共利益带来的好处时，他们才会有稳定而持久的执行动力。因此，执行者自身利益与政策目标所要实现的公共利益的交集即交叉利益是地方政府政策执行系统的根本内生动力源，也正因为如此，扩大交叉利益范围就成为强化政策执行主体积极执行政策的根本保障。构建执行者的利益激励相容机制、扩大交叉利益范围是确保政策执行动力机制有效运转的关键。在政策实践中，地方政府政策执行者往往被置于"公仆"地位而缺乏足够的物质激励，他们因不能明确追求自身的经济利益而被迫采用非正当方式实现潜在的利益冲动，这在很大程度上导致政策执行系统的无序和执行动力机制运行受阻。利益激励相容机制能使执行者在促进政策公共利益的同时满足其自身利益，使局部利益与公共利益保持一致，从而强化执行系统的自组织行为，提高系统协同力。构建利益激励相容制度首先可以对政策执行者实施差异化、多样化、人性化的功绩制，因为"功绩制兼顾了政府的双重性，使政府自身利益与公共利益在合理的限度内有了较好的兼容"（汪霞，2013）。其次，构建利益激励相容制度要完善政策执行问责制。"问责制度就是让掌握公共权力的政府官员对其行为负责。有效的问责制度事前能够起到威慑和防范的作用，事后能够进行处理和调整的作用"。当政府官员有了"不尽职就丢官"的风险意识，自然会在无形中加强自我约束和自我要求（汤振宁，2005）。再次，构建利益激励相容制度要实施弹性化的奖励机制，摆脱"以德养廉"的软约束，实行积极薪金制，在不削减政策执行者基本利益的同时再设计多样化的激励措施以提高其执行积极性。

（二）要促使政策执行系统自组织运转

政策执行系统自组织运转是行为主体通过有能力、负责任的自主行动及相互间高效的沟通和协商达成的理想政策执行状态。在自组织政策执行过程中，每个执行主体都认同政策指令，并将政策指令内化为行为惯例和日常规范，因此，政策执行系统自组织运转是降低政策执行内耗、减少执行系统熵 diS 值和推动耗散结构形成的关键。那么，如何促使政策执行系统自组织运转呢？笔者认为最重要的是要培育和积累社会资本。社会资本是能够通过推动协调的行动来提高社会效率的信任、规范与网络，它包括三层涵义：首先是主观态度和价值观，它促使人们相互合作、信任、互惠、理解和同情；其次，它主要体现在个人或者组织的各种社会关系之中；再次，它是社会关系和社会结构的一种特性，有助于推动行动和解决问题（李惠斌、杨雪冬，2000：12）。深厚的社会资本是政府、社会组织和公民个人规范行为及有效互动的基础，它使各政策执行主体用共同的政策目标促进相互间理解，稳定相互间的期望，促进人的相互信任，使执行者乐于牺牲眼前利益而拒绝机会主义行为，最终达到化解政策执行阻滞、强化政策执行动力的目的。

（三）要确保控制参量发挥作用

虽然政策执行系统自组织运转是产生政策执行动力的最有效方式，但这个过程往往需要太长时间或基础条件难以具备而无法实现。此时，要维持一定的政策执行动力还有赖于控制参量这个外在要素发挥作用。系统外的监管、舆论、社情民意等控制参量迫使政策执行者更多地追求公共利益而减少其自利行为，从而为扩大交叉利益奠定基础。保持政策执行系统的开放性，使政策执行系统与外部环境保持充分的信息沟通是确保控制参量发挥作用的关键。信息沟通能增加政策执行系统的负熵流，加快系统自组织演化，是执行系统的重要动力催化剂。为此，构建政策执行信息沟通机制，减少信息非对称性、避免信息传递渠道受阻是外部环境催生政策执行动力的基础条件。此外，地方政府还应不断促进政策执行过程民主化，建立听证、舆论反馈等制度保障社会公众的政策参与权。

参考文献

1. 曹堂哲（2009），《公共行政执行协同机制研究的协同学途径——理论合理性和多学科基础》，《中共浙江省委党校学报》，第1期。

2. 陈振明（2004），《公共政策分析》，中国人民大学出版社。

3. 丁煌（2004），《利益分析：研究政策执行问题的基本方法论原则》，《广东行政学院学报》，第6期。

4. 霍布斯（1986），《利维坦》，商务印书馆。

5. 赫尔曼·哈肯（2005），《协同学：大自然构成的奥秘》，上海世纪出版集团。

6. 赫尔曼·哈肯（1988），《信息与组织》，四川教育出版社。

7. 罗伯特.阿克塞尔罗德（2007），《合作的进化》，上海人民出版社。

8. 李惠斌、杨雪冬（2000），《社会资本与社会发展》，社会科学文献出版社。

9. 马克思、恩格斯（1995），《马克思恩格斯选集（第3卷）》，人民出版社。

10. 塞缪尔·亨廷顿（1988），《变革社会中的政治秩序》，华夏出版社。

11. 汤振宁，绍蓉（2005），《在我国食品药品监督体系中推行问责制》，《中国药业》，第2期。

12. 吴彤（2001），《自组织方法论研究》，清华大学出版社。

13. 汪霞（2011），《我国公共政策自组织执行的价值维度及策略——以被组织与自组织理论为视角》，《天津行政学院学报》，第1期。

14. 汪霞（2013），《生态政府建设中的利益悖论及破解》，《科学社会主义》，第3期。

15. Hermann Haken（1988），Information and Self-Organization：A Macroscopic Approach to Complex Systems. Springer-Verlag, p11.

国内外服务型政府和公共服务体系建设研究述评

张立荣　姜庆志

摘　要：国外一些国家（主要是西方国家）较早开展与服务型政府和公共服务体系建设相关的理论研究活动，其学术倾向随着政府职能的调整而变化，显现出公平取向与效率取向此消彼长和包容整合的特点。国内学者基于不同的学术背景，对中国式服务型政府和公共服务体系建设问题进行了多维度、多层面的探究，共识与分歧并存。为使后续的研究更具科学性和有效性，需要拓宽研究视野、调整研究重点、优化研究方法。

关键词：服务型政府；公共服务体系；政府职能。

建设服务型政府和公共服务体系，是党的十七大确定的改革行政体制的重要任务。党的十八大再次将"建设职能科学、结构优化、廉洁高效、人民满意的服务型政府"和"加快健全基本公共服务体系"作为深化行政体制改革的目标选择。可见，建设服务型政府和公共服务体系在我国行政体制改革中具有十分重要的地位和意义。我国服务型政府和公共服务体系的建设，已有十多年的历程。在这一进程中，国内学术界一方面引入西方政府机构改革和公共服务的理念与经验，一方面围绕"如何建设"的问题进行着"中国化"的思考，取得了丰硕的成果。在

＊ 本文原载于《政治学研究》2013年第1期。

此，笔者从国外和国内两个方面对服务型政府和公共服务体系建设问题的研究状况进行检视和评论，以期为后续的研究提供参考和帮助。

一 国外研究进展回眸

就我们所掌握的信息和材料而言，国外没有"服务型政府"（Public Service Oriented Government）这个提法，对公共服务体系（Public Service System）的研究主要集中在基本内容和管理模式方面。可以肯定，国外（主要是西方国家）较早地开展了与服务型政府和公共服务体系建设相关的理论研究活动，这种活动主要体现在对"公共服务"（Public Service）的探讨之中。对此，我们综述如下。

西方国家对公共服务的研究是随着西方经济发展史和西方社会治理模式变革的推展而演变、深化的。其演变、深化的进程大体可分为创立与发展、成熟与改革、反思与创新三个阶段。

（一）创立与发展阶段

现代意义上的公共服务滥觞于古典自由主义理论和社会契约论。古典自由主义理论的代表人物亚当·斯密（1974：251—254）认为，政府在经济发展中应该起"守夜人"的作用，政府的职能被界定为保护本国社会的安全、建立一个严正的司法行政机构、建立并维持某些公共机关和公共工程等。英国政治学家托马斯·霍布斯在《利维坦》一书中提出了社会契约论和利益赋税论，其思想可以概括为"政府本身就是一件最重要的为个人提供公共服务的公共物品"（吴爱明等，2009：58）。

伴随着工业社会的发展，政府公共服务的职能日益凸显，理论界对政府"守夜人"和"必不可少的恶"的职能定位进行了修正和调整。19世纪末20世纪初，英国经济学家约翰·阿特金森·霍布森（1909：173—175）提出了"最大社会福利的思想"，主张国家通过实施强有力的干预增进社会福利，如实行完全的义务教育、土地全民所有、控制垄断等。德国经济学家阿道夫·瓦格纳（1989：113—115）极力主张财政的社会作用，并提出了"公共支出增长法则"，认为社会进步的"政治压力"，以及在工业化经营方面的"社会考虑"会要求政府增加财政支出，政府应有增强社会文化和福利的目的。德国新历史学派的代表人物古斯塔夫·冯·施穆勒、路德维希·布伦坦诺等人认为国家是公务机关，国家在不断进步的文明社会中应不断扩大、增强其公共职能（庞绍堂，2008）。法国公法学家莱昂·狄骥（1999：53）明确提出了公共服务的概念，认为公共服务"具有除非通过政府干预，否则便不能得到保障的特征"。这些思想观点以及福利国家的早期实践促进了公共服务理论的创立。

  20世纪20年代末的经济大萧条使得"福利经济学"迅速发展起来。剑桥学派代表人物庇古（2007：127—659）提出了"社会资本优先配置理论"，将福利经济学系统化，阐述了"收入均等化"的思想。1941年，威廉·坦普尔（1941：14—17）首次提出了"福利国家"的概念，并将其定义为"为普通民众服务的国家"，以区别于纳粹德国的"强权国家"。他认为，国家对经济政治的干预，可以促进社会秩序和健全人格的形成。保罗·萨缪尔森（1954）在《公共支出的纯理论》一文中指出，由于市场失灵的存在，市场经济存在着生产或消费无效率的情况……所以必须通过政府提供公共物品来调节经济的运行。政府干预理论的提出者约翰·梅纳德·凯恩斯（2003：530）认为，没有政府的积极干预，经济就容易被困在低水平的均衡中。因此，需要发挥政府这只"看得见的手"的必要作用去弥补市场的缺陷。现代财政经济学奠基人理查德·阿贝尔·马斯格雷夫（2000：47）认为，政府的主要作用在于"公共物品的供应、实现分配的正义以及实施宏观政策"。与此同时，瑞典学派和福利社会主义也提出了公共服务的基本原则，即资本主义原则和社会主义相结合的原则、社会民主原则、社会权利普遍化原则和"充分就业"原则。此外，在公共行政学界，"新公共行政学"得到发扬光大。新公共行政学倡导社会公平价值观，对传统公共行政学的"效率至上"观进行了反思和批判，认为公共行政最主要的目的在于促进人类的幸福，主张发展以服务对象为重心的组织，强调服务对象与组织机构互动的重要性，并认为行政人员应该更加忠于服务对象和计划（Frank Marini，1971：354—367）。新公共行政学的理论观点对美国政府的全面质量管理运动起到了推动作用，也促使政府的公共服务更加注重对社会民众需求的回应。至此，公共服务理论开始形成，并得到了快速发展。

（二）成熟与改革阶段

20世纪70年代后，西方国家的经济滞涨和福利国家的"过度"建设带来了巨大的财政压力，以哈耶克为代表的新自由主义再次受到人们的关注。新自由主义反对凯恩斯的国家干预主义，认为较高水准（甚至仅是中等）的社会福利供给和税收将对一个国家的经济运行产生不利影响（Hay Colin, 1998），主张减少福利支出的社会政策。

20世纪80年代后，西方国家相继开展了以"政府再造"为主要内容的新公共管理运动。经历了"市场失灵"与"政府失灵"的双重洗礼后，新公共管理主张以"企业家政府"模式提高政府公共服务的质量和效率，强调公共服务的顾客导向、市场化和分权化。在服务理念上，新公共管理皈依公民本位，注重对公民需求偏好的回应，给公民提供"用脚投票"选择公共服务的机会，如奥斯本和盖布勒（2010：131—133）所言："顾客驱使的制度让人们在不同类服务之间做出选择"，"迫使服务提供者对它们的顾客负有责任"；在服务方式上，新公共管理将决策和执行分开，打破了政府对公共服务的垄断，提供以公私合作为特点的"工具箱"，如政府服务、政府出售、政府间协议、合同承包、特许经营、政府补助、凭单制、自由市场、志愿服务和自我服务等（E.S. 萨瓦斯，2002：69）；在服务效果评价上，新公共管理强调效率、结果和服务质量，认为政府应当注重公共服务的绩效管理。

20世纪90年代，治理理论崛起成为西方学术界的"显学"。治理理论对社会科学传统的二分法思维进行了解构，打破了公域与私域、国家与社会、市场与政府之间的界限，力图通过善治建立新的公共权威和公共秩序，实现公共事务的合作管理。对公共服务而言，治理理论的思想可以概括为公共服务社会化，即拓展公共服务主体，把政府无力承担的公共事务转化为非政府公共事务，由非政府公共组织来承担和处理（燕继荣，2009）。治理理论框架下的公共服务理论研究以多元化、协同化和分权化为旨趣，强调服务的高效性与回应性，在一定程度上是对新公共管理理论的继承与发展。与新公共管理理论相比，治理理论更加强调社会之于公共服务供给的作用。如奥斯特罗姆夫妇提出多中心体制，认为公共服务供给和提供之适当安排有若干潜在的选择，可以在政府与市场之外找到"自主治理"之道，包括政府经营自己的生产单位、与私人签约、让消费者购买、签发凭单、与其它政府签约、与其它组织共同提供服务（奥斯特罗姆，2000：113）。美国学者莱斯特·M. 萨拉蒙（2008：11—13）在分析第三方治理理论的基础上，认为公共服务中应"创造一个政府机构与非营利组织之间巨大的伙伴关系网络"。

这一阶段理论研究的共同取向是，主张在公共服务的提供中，假设社会公众是向政府提供税收的纳税人和享受政府服务的"客户"或"顾客"，政府的职能是提供高效的、具有回应性的公共服务。在结构安排中主张公共服务机构的分散化、小型化和自主治理；在政府管理中引入市场化手段和企业管理方法，注重多中心制度设计。

（三）反思与创新阶段

这一阶段全球化进程加速，西方行政体制改革也进入了"后新公共管理"时代。盛极一时的新公共管理运动被贴上"忽视公平"和"碎片化"等标签，遭到来自多方的质疑。其中最有代表性的便是登哈特等人（2010：124）提出的新公共服务理论。该理论融合了公民权理论、社区和公民社会理论、组织人本主义、后现代公共行政等多种理论，"主张用一种基于公民权、民主和为公共利益服务的新公共服务模式来替代当前的那些基于经济理论和自我利益的主导模式"。应当指出，新公共服务理论并未完全抛弃传统公共行政理论和新公共管理理论，而是试图通过去伪存真的过程树立一种适应公民社会发展需要的理论框架。新公共行政学的代表人物弗雷德里克森（2009：5—6）也站出来对新公共管理和企业型政府进行批判，认为政府问题的解决之道在于更多的政府，而不是最少的政府，"新公共行政致力于有效的公共服务，重视公共行政的伦理性……但在新公共管理那里，公共服务是空洞的"。福克斯、米勒、沙赫特等人也对新公共管理的"新管理主义"价值观进行了批判。

虽然如此，新公共管理的效率逻辑并未消失，许多研究者对其进行了反思和创新，这集中体现在"整体政府"及其相关理论上。整体政府是针对新公共管理运动所带来的碎片化问题而形成的一种新的政府改革模式。整体政府的内涵相当丰富，"包括中央行政部门不同政策领域之间日益增加的横向协作、部委与其代理机构之间的内部纵向协作以及地方机构在提供公共服务时进行的协作"（Tom Christensen & Per L·greid，2006）。整体政府注重"跨界"合作为公众提供联合服务，它包括排除相互破坏与腐蚀的政策情境、更好地使用稀缺资源、促使风险管理者在特殊的政策领域和网络中一起工作并产生协同效应、为公众提供无缝隙的服务四个方面的含义（Christopher Pollitl，2003）。与整体政府相关的理论元素还有"网络化治理"、"协同政府"和"跨部门合作"。网络化治理更加关注组织间的关系，其理论内核是"将第三方政府高水平的公私合作特性与协同政府充沛的网络管理能力结合起来，然后利用技术将网络连接到一起，并在服务运行方案中给与公民更多的选择权"（戈德史密斯、D. 埃格斯，2008：17）。协同政府强调在公平服务供给过程中通过共同的工作、联合的信息系统、各机构间的对话来实现政策目标。与整体政府目标与手段相互增强的要求不一样，协同政府强调目标与手段的一致性（Perri 6，2004）。跨部门合作意在超越固有界限的政策和做法来解决服务分散的问题，强调"两个或两个以上的机构通过一起工作而非独立行使来增加公共价值"（巴赫达，2011：13）。与整体政府理论相比，跨部门合作理论更加注重公共服务手段的创新。

　　伴随着政府改革的推进，公共服务评估成为热门话题，世界银行组织编撰的《公共服务提供》一书就从政府绩效的角度考察了公共服务的效率与公平。该书从功效、效率、替代公共服务、金钱价值四个维度对公共服务绩效进行了经验主义的测试（安瓦·沙，2009：1—2）。英国学者艾伦·劳顿关注到公共服务的伦理问题，认为公共服务精神处于近几年发生的管理变革带来的威胁中，要对公共管理者进行伦理培训，以保持公共服务管理实践与伦理结构的一致性（艾伦·劳顿，2008：69、178）。此外，美国学者保罗·乔伊斯（2008：7）认为公共服务需要战略管理，而战略管理的作用过程就是"努力实现组织的重组或重新设计，以使组织运转得更加高效和提供更高质量的服务，并与别的组织建立伙伴管理或战略联盟"。

　　这一阶段的理论研究具有多元性，既有价值层面的反思性研究，又有工具层面的创新性研究，研究领域也得到了扩展。公平取向与效率取向共存，组织内外部变革并进，不断创新公共服务手段是这一时期研究的典型特征。

二　国内研究维度检视

（一）服务型政府构建研究的七种维度

针对"如何构建服务型政府"的问题，学者们基于不同的学术背景提出了多种多样的研究维度。概而言之，主要的研究维度有以下七种：

维度之一：基于理念重塑的研究。公民本位、社会本位是服务型政府的"原教旨"。在这一要义的指导下，一些学者认为，服务型政府建设首先应在理念上树立为公民服务的精神。服务行政应以社会公众的需求为出发点，确立亲民意识，以社会公众的意志为根本向度（沈荣华，2004）。既要在组织层面上明确政府"公共人"角色、强化政府伦理责任、完善政府伦理法制、加强政府伦理教育（何士清、徐进，2008），又要在个体层面上加强公务员队伍服务精神的教育，树立为民意识（刘熙瑞，2004）。也有学者认为，要从实践上推动服务型政府的构建，需要树立起以人为本的发展观、执政为民的政绩观、依法行政的法治观、科学民主的决策观和从严治政的责任观（彭向刚、王郅强，2004）。

维度之二：基于国家与社会关系调整的研究。有学者主张，服务型政府建设首先必须真正解决政府与社会的关系。有研究者从限制政府规模的理念出发，认为政府必须告别作为统治者或管理者的角色，以服务于整个社会的姿态出现，任何时候都不以任何手段去追求政府自身的利益（张康之，2004）。有学者提出，中国的政府职责模式应该选择"强政府，大社会"，不能理想化地把解决问题的希望寄托在大规模的社会自治和第三部门的发展上。同时也要避免服务型政府建设中政府的"单边主义"，充分调动多元主体的积极性，形成"双向互动"的公共服务供给方式（朱光磊、于丹，2008）。伴随我国公民社会的发展，研究者越来越重视公民参与在服务型政府建设中的作用。一些研究者认为，在公共服务中引入公民参与，可以赢得公民的认同，提高公共服务执行的效率，提升政府的合法性，并在价值上体现以公民为本位的思想（汪锦军，2011）。开发民间组织的有益功能，是构建公共服务型政府的有效路径，政府应把构建公共服务型政府与规范民间组织的发展有机结合起来（林尚立、王华，2006）。

维度之三：基于顶层设计、总体规划的研究。一些学者认为，服务型政府建设目标的实现需要顶层设计、整体规划，"统筹协调、分阶段推进"（薄贵利，2011a）。还有学者系统地提出和论证了我国服务型政府建设的中长期规划（2011—2020年）及近期实施纲要（2011—2015年）（张立荣，2011）。

维度之四：基于政府机构改革的研究。机构是功能的载体。一些学者认为政府机构改革是政府职能转变的必然要求，也是服务型政府建设的题中应有之义。我国服务型政府组织结构变革应秉承自治、合作、弹性和扁平化的原则，以行政审批制度、问责制度、公共服务市场化、政务公开为突破口（高小平、王立平等 2009：157—171）。也有学者认为，政府机构改革要推行"大部制"改革，健全部门间协调配合机制。同时，应探索有利于服务型政府建设的中央与地方关系构架，中央政府要加强经济社会事务的宏观管理，减少和下放具体管理事项（陈振明，2008）。有学者提出，必须减少行政层级，积极探索"省直管县（市）"的体制；加强政府机构的法制建设，实现政府组织机构及人员编制向科学化、规范化、法制化的根本转变（薄贵利，2011b）。

维度之五：基于评估标准建设的研究。有研究者设计了一套由政府公共服务、公共物品、政府规模、居民经济福利四个因素及其子因素组成的测度省级地方政府效率的指标体系（唐任伍、唐天伟，2004）。有研究者从行政管理、经济发展、社会稳定、教育科技、生活质量和生态环境6个领域，遴选66个指标，构建了地方政府绩效的评价体系（范柏乃、朱华，2005）。也有研究者从宏观层面，提出了由价值与职能标准、技术标准、结构标准、社会心理标准、管理标准5个一级标准指标、24个二级标准指标以及若干三级标准指标构成的"中国服务型政府标准体系"（张立荣、冷向明，2009）。还有研究者构建了由规划能力、资源汲取能力、资源配置能力和危机管理能力构成的县级政府公共服务能力结构模型，并以此对鄂赣两省部分县级政府公共服务能力进行了实证检测（张立荣、李晓园，2010）。

  维度之六：基于管理机制优化的研究。这一维度的研究成果颇为丰富。在协作机制上，有学者认为，政府与非政府组织、社区及私人部门合作，推动公共服务的社会化和市场化，构建公共服务的"多中心治理"模式，是服务型政府建设的道路之一（李军鹏，2003）。在供给方式上，有学者认为，要通过委托服务、管理承包、特许经营等方式鼓励社会力量参与公共服务，同时加强公共部门内部的竞争（陈福今，2004）。在工作方式上，有学者认为，地方政府在改革中所进行的扩大服务项目、集中服务提供、改善服务态度的尝试，就是在进行服务型政府建设（井敏，2003：29）；也有学者认为，电子政府具有促进政府职能向公共服务转变、提高政府运作效率、增加政府透明度、增强政府竞争力等功能，能够拓展服务型政府的发展空间（钟明，2003）。在服务标准上，有学者主张应按职权法定的原则设定政府服务标准，内容包括运作状况、服务成本、服务状况及管理机构等（姜晓萍、刘汉固，2003）。在法制规范上，有学者认为，应通过公法变革来拓展公共服务范围、确立公共服务原则、重塑公共服务程序、完善公共服务配套机制（袁曙宏，2006）。在评估机制上，有学者认为，服务型政府建设需要构建主体多元、指标合理、标准适当、方法科学的评价体系（盛明科，2009）。在信息公开机制上，有学者提出，应建立公共服务决策项目的预告制度和重大事项的社会公示制度，完善公共政策听证制度（蒋云根，2005）。在问责机制上，有学者认为，应健全以行政首长为重点的行政问责制度，同时明确和规范问责范围、问责程序，加大责任追究力度，提高政府执行力和公信力（高小平，2008）。在财力保障机制上，有学者主张，应建立公共服务型财政体制，增加政府公共支出。同时，对公共支出进行结构性调整，合理界定中央与地方的财权和事权，有效地实行转移支付，认真解决地方政府债务问题（唐铁汉，2004）。

  维度之七：基于国外经验借鉴的研究。在理论层面，由于西方没有"服务型政府"的概念，因此国内学者的研究主要表现为对西方公共管理理论的总结与借鉴，如新公共管理理论、新公共服务理论、治理理论等（燕继荣，2009）。也有学者关注到西方"整体政府"的公共服务模式，认为该模式具有公平正义的公共服务目标、联合的公共服务方法、协调的公共服务政策三个特点，并从价值取向、组织结构、供给方式、技术手段等方面讨论了对我国服务型政府建设的借鉴意义（张立荣、曾维和，2008）。

在实践层面，有学者对西方"新公共管理运动"进行了总结：在处理政府、市场和社会关系方面，西方政府采取了"非国有化"、"自由化"和"压缩式管理"的方法；在政府职能优化方面，践行"市场理念"和"管理主义"的改革策略，推行政府业务合同出租、以私补公、建立政府部门与私营企业的伙伴关系、公共服务社区化等政策；在政府部门内部行政工具的优化方面，着眼于提高政府的工作效率、效益、管理水平和服务质量，采取了建立完善行政信息系统、分权与权力下放、组织结构改革、人事制度改革、提升公共部门形象、引入工商企业管理方法、立法手段与行政改革协调推进等方式（陈通、王伟，2006）。也有一些学者在总结英、美等国政府改革经验的基础上，将西方国家政府再造运动的要义归结为三点，即社会、市场管理与政府职能的优化，社会力量的利用和公共服务社会化，内部的管理体制改革（中国行政管理学会课题组，2005）。

在如何看待国外有关服务型政府建设的理论和经验的问题上，国内大部分学者的立场是一致的：既要积极借鉴，又不能照搬照抄；既要顺应世界发展潮流，又不能脱离本国国情。也就是说，要以科学的态度看待国外有关服务型政府建设的理论和经验，根据我国的现实国情和发展需要，择善而从，走有中国特色的服务型政府建设之路（何水，2008）。

（二）公共服务体系建设探讨的六个维度

与学术界对服务型政府构建问题进行多维度研究一样，学者们对公共服务体系建设的问题也开展了多维度的探讨。择其大端有如下六个维度：

其一，公共服务的含义和类型探讨。这一维度力求通过公共服务的含义和类型的讨论，明确公共服务的性质、廓清政府职能的边界、厘清供给主体间的责任。有学者从公共物品属性的角度出发,将公共服务分为"纯粹公共物品"、"混合性公共物品"、"带有生产的弱竞争性和消费的弱选择性私人物品"等三类物品,进而认为政府对这三类物品的管理策略和生产与提供的介入程度是不同的(马庆钰,2005)。有学者根据公共支出的内容,将公共服务分为"维护性公共服务"、"经济性公共服务"和"社会性公共服务",并认为随着社会的进步和发展,社会性公共服务将成为政府公共服务的主要内容(唐铁汉、李军鹏,2005)。有学者按照需求层次将公共服务分为"基本公共服务"和"非基本公共服务",前者是政府必须承担和满足的公共产品和服务,后者则可以通过政府以外的社会组织或市场来提供(项继权,2008)。还有学者根据公共服务的受益范围等标准,将公共服务分为"全国性公共服务"和"地方性公共服务"、"劳动密集型公共服务"和"资金密集型公共服务"、"保障性公共服务"和"发展性公共服务"等(王海龙,2008)。应当说,每一种公共服务的分类方法都为我们提供了一条研究进路。

其二,公共服务的标准探讨。这一维度注重公共服务评估标准、投入标准、规范化标准的理论构建和实证检验。有研究者基于新中国公共服务供给制度的演进,开发了一个包含8个子系统和165个指标的指标体系,并采用基准法和数据包络分析的评估方法,对我国31个省级行政区的公共服务进行了评估(陈昌盛、蔡跃洲,2007)。也有学者从地区间公共服务产出的角度出发,运用综合评价(Comprehensive Evaluation)法,构建了一个包含4个级别共25个指标的中国公共服务均等化水平指标体系,并运用该指标体系对我国2000—2006年间的公共服务均等化水平进行了评估(安体富、任强,2008)。也有学者从公共服务内涵出发,构建了一个由1个一级指标(基本公共服务均等化指数)、1个二级指标(地区基本公共服务指数)、4个三级指标(基础教育指数、公共卫生指数、社会保障指数、基础设施指数)组成的评价体系,并对中东西部代表省份的公共服务水平进行了实证研究(马昊、曾小溪,2011)。还有学者运用专家测评法,构建了一个包括基础教育、医疗卫生、公共科技、社会保障、公共文化、公共设施、生态环境、公共安全和公共行政9个方面、由28个指标组成的指标体系,并运用指数评估模型进行了实证检验（张立荣、江易华，2010：114—125）。

其三，公共服务的供给探讨。在"谁来供给"的问题上，有学者认为，划分各级政府公共服务的职责范围，是建立公共服务体系的首要前提和基础。应确立各级政府公共服务职责分工的体制框架、确定各级政府的支出责任、减少行政层级、改进层级政府间的绩效评估体系、实现政府间公共服务职责划分的法制化（沈荣华，2007）。有学者从供给主体结构的角度，总结出"权威型"、"商业型"和"志愿型"三种供给模式，并认为私人部门、非政府公共部门及其他社会力量已与政府共同承担起公共服务的责任（唐娟、曹富国，2004）。有学者主张，在公共服务过程中，委托代理、中介行为、志愿者参与、社区群体活动均可广泛介入，但是政府的主导作用不可替代（李琪、董幼鸿，2004）。在"如何供给"的问题上，有学者认为，政府在基本公共服务的生产和供给中有三种基本方式，即规制、付费和生产。选择何种方式，需要根据公共服务的性质、特点及成本和效益来决定（项继权，2008）。受西方公共服务市场化改革的影响，不少学者提出我国公共服务体系建设也应当以市场化为导向。但也有学者认为，市场化并非是最优的选择，在实施公共服务市场化的过程中，应当考虑周全，谨慎行事（李艳波，2004）。

其四，公共服务的法规制度探讨。这一维度主要探讨规范和保障公共服务有效供给的各种法律法规和制度安排。有学者认为，行政法应更加重视公共服务的有效提供，对政府的公共服务职责、质量与数量、标准与条件、提供的方式与途径、程序与救济等进行规范（蔡乐渭，2008）。还有研究者认为，应当建立公共财政制度，推动基本公共服务均等化工作的开展，具体的做法包括：增加公共服务领域的财政投入、健全财权和事权相统一的财税体制、加大转移支付力度、完善财政奖励补助政策和省以下财政管理体制、增加公共产品生产的财政投资规模等（金人庆，2006）。

其五，公共服务体系的子系统探讨。这一维度主要探讨我国公共服务体系中各子系统即具体领域的公共服务体系的现状、问题和改进举措。在内容方面，包括教育公共服务体系、卫生公共服务体系、社会保障公共服务体系、科技公共服务体系、就业公共服务体系、公共文化公共服务体系等；在空间方面，包括城市公共服务体系、农村公共服务体系、欠发达地区公共服务体系以及具体省份、县市的公共服务体系等。

其六，公共服务的国际比较和借鉴探讨。这一维度着力总结世界各国公共服务的建设经验和教训，并结合我国公共服务的发展状况，提出"本土化"的改革策略。有学者认为，国外公共服务体系建设中将公共服务作为政府核心职能、提高社会性公共服务的地位、完善社会保障制度、强化政府就业公共服务职能、发挥政府教育公共服务职能、重视公共卫生服务和科技公共服务职能、发挥各级政府和非政府组织、私人部门的作用的做法对我国公共服务体系建设很有裨益（唐铁汉、李军鹏，2004）。中国行政管理学会课题组在考察发达国家、新型工业化国家和发展中国家公共服务改革实践的基础上，认为我国可以从以下几个方面进行借鉴：适时建立比较完善的公共服务体系、把公共服务作为政府的主要职能、不断加大对公共服务的投入、形成多元化的公共服务供给主体（中国行政管理学会课题组，2011）。还有学者通过对发达国家和发展中国家基层政府公共服务能力的考察，认为我国公共服务体系建设要改革现行的财政体制，明确各级政府事权，优化地方税主体税种，完善省以下转移支付制度（安体富、贾晓俊，2010）。

三 总体性评述：特点、态势与瞻望

（一）国外研究的主要特点

1. 公平取向与效率取向的此消彼长和包容整合。

综观西方国家公共服务的学术研究历程，可以看出，其公平与效率价值取向的嬗变呈现出此消彼长和包容整合的情形。在创立与发展阶段，公共服务理论以公平为价值取向；在成熟与改革阶段，新公共管理等理论使公共服务奉行"效率至上"的原则；在反思与创新阶段，新公共服务理论又主张公共服务回到公平正义的价值轨道上来。而"整体政府"理论则在反思和批判传统官僚制公共服务模式和新公共管理"管理主义"公共服务模式的基础上，主张通过协同和整合的方式为公民提供无缝隙服务。

显而易见，与公共服务相关的种种理论都因试图解决现实问题而打上时代的烙印，视角和主张也不尽相同。但就理论本身而言，公平取向与效率取向的分野并非非此即彼、矛盾冲突。比如，新公共管理理论在强调效率的同时也认同公民价值，新公共服务理论在彰显公民权的同时也认为效率不应被忽视。同一发展时期内，公共服务理论也并非只有一种声音。诚如美国学者登哈特夫妇（2010：8）所言："即使在一种思想占据支配地位的时期里，其它思想也从来不会被完全忽略……效率和生产力等价值观不应丧失，但应当被置于民主、社区和公共利益这一更广泛的框架体系之中。在这个框架中，其他有价值的技术和价值观（比如传统公共行政理论或新公共管理理论的核心思想）都可能粉墨登场。"从这个意义上说，正是这些理论在不断扬弃中的包容整合，才使公共服务理论逐步走向成熟。

2. 学术倾向随着政府职能的调整而变化。

公共服务理论的历史沿革与政府职能的演变有着密切关联，各流派观点伴随着政府、市场和社会三者关系的张弛而不断变化：自由市场经济时期，自由放任的政策主张取代了古典的国家干预论，学术界信奉"管得最少的政府就是管得最好的政府"。这一时期政府的功能主要定位于维护经济运行和保障私有财产；经过20世纪30年代经济大萧条的"洗礼"，西方政府对经济生活进行全面干预，公共服务的内容也伴随着政府职能的增加而扩大，包括提供核心公共产品、混合公共产品和部分私人产品。在这一时期，福利国家的思想理论大行其道；经济全球化时期的政府是一种以公共服务为主要职能的政府，它以公民或顾客至上、程序便民、绩效导向为原则，主张控制数量，提高质量，充分体现了"有限政府"的理念。与此相适应，公共服务的供给模式也从政府本位转向公民本位，研究内容主要包括公共服务的政策、模式、结构、体制及管理方式，形成了以公民治理为中心的公共服务体系。伴随着治理理论话语权的增强以及公共事务的增多，国家与社会、政府与市场协作管理公共事务的观念深入人心，公共服务领域确立了以合作主义为讨论框架的共识。

（二）国内研究的基本态势与瞻望

1. 基本态势

经过十几年的发展，我国服务型政府和公共服务体系建设问题的研究形成了"百家争鸣"的态势，呈现出视角多样多元、内容丰富多彩、层次不断深入的特点。党的十七大召开之前，服务型政府和公共服务体系的研究主要着力于理论层面的解读，内容主要包括"什么是服务型政府和公共服务体系"、"服务型政府和公共服务体系建设的背景与动因"、"国外相关理论和经验对我国服务型政府和公共服务体系建设的借鉴"，建设路径的探讨也多集中在"政府职能转变"、"政府与公民关系调整"等宏观层面，具体操作方案的研究较少；党的十七大召开之后，服务型政府和公共服务体系建设的讨论更多的转向实践层面，公共服务的战略管理受到学术界的高度关注，分析对象也多集中于地方政府或具体公共服务。同时，依托国家课题，立足于大规模调研的实证分析也逐渐增多，代表性成果有张立荣主编的国家社科基金重大项目"促进社会公平正义的服务型政府建设和公共服务体系完善研究"系列成果、石亚军主编的国家社科基金重大项目"中国行政管理体制现状调查与改革研究"系列成果，以及朱光磊依托教育部哲学社会科学研究重大课题攻关项目所主编的《中国政府发展研究报告》等。这些成果对服务型政府和公共服务体系建设问题的研究转型起到了导向作用，也标志着该领域的研究内容从理论建构走向实践解剖，研究旨趣从广义对策探讨走向顶层设计，研究方法从规范分析走向实证分析。

国内服务型政府和公共服务体系建设研究的另一种态势是共识与分歧并存。

基本共识包括：第一，服务型政府和公共服务体系建设应坚持"以人为本"。这既是服务型政府和公共服务体系理念提出时的初衷，也是建设的根本原则和根本方向。只有坚持这一基本要求，才能保证服务型政府和公共服务体系建设不被扭曲和形式化。学术界普遍认为，必须突出政府公共服务职能，完善公共服务体系，扩大公共服务的覆盖范围，实现基本公共服务的均等化，行政体制、政治体制和经济体制的改革都应置于公共服务的语境之下。第二，建设服务型政府和公共服务体系是一个系统、复杂的工程，涉及到观念更新、政府职能转变、政府机构改革、政府运行机制优化等诸多问题，需要统一思路、整体布局、稳步推进，需要协调好长远与当前、一般与特殊、全局与局部的关系。在服务型政府和公共服务体系建设过程中，应当发挥党委、政府、社会、市场及公众的合力，推动服务型政府和公共服务体系建设的法制化进程，完善绩效评估、行政问责、信息公开等运行机制，并注重市场化、社会化、工商管理技术、电子信息技术等工具的综合运用。第三，公共服务的实现方式、手段和方法具有普遍性和相互借鉴性，建设服务型政府和公共服务体系应当积极借鉴国外有益经验，但不能照抄照搬国外经验，必须根据我国经济发展、民主进程和文化特质对"舶来品"进行本土化的改造。

主要分歧包括：第一，服务型政府和公共服务体系建设的理念。理念研究属于学科基础理论研究的范畴，理念不明，实践就难以推进。虽然学术界都赞同"兼顾公平与效率"的观点，但在谁更优先的问题上存在着分歧。有学者认为，市场经济条件下服务型政府和公共服务体系的建设应以效率为先；有学者则主张服务型政府建设不应是效率为优先取向，而应以公正为优先取向。应当指出的是，"效率优先"的观点在当下的学术界已不占主流，但在实践中仍具有较大的影响。在服务型政府建设的导向上，大部分学者认同"顾客导向"或"公民导向"，但也有学者认为公共服务型政府必须建立在市场经济的基础上，必须面向市场、亲市场、以市场为导向（罗德刚，2003）。关于市场化的改革导向，学术界亦有分歧。有学者认为市场化能够提高公共服务供给的效率；有学者则认为市场化改革是政府"卸包袱"，违背了公共服务的基本规律，加剧了教育、医疗、住房等领域的不公平。还有学者认为应当反思和重构市场化的改革道路，"政府责任市场化"的倾向应予纠正，而"公共服务提供机制的市场化"要加大力度（周志忍，2010）。第二，服务型政府建设理论的渊源。有研究者认为服务型政府理论可以溯源至西方古典经济学、福利经济学等理论，持这种观点的学者多是从政府职能调整的视角理解服务型政府。还有一些学者认为"服务型政府"是一个中国式命题，需要中国学者自觉大胆地去构建系统的服务型政府理论，而不是抱着"等待收获成果的消极心态"去西方寻找服务型政府的理论和模式（张康之，2006）。虽然这种理解对服务型政府的内涵没有实质性影响，但却导致后续研究取向的不同，前者更多地站在"全球化"的立场上，采用西方理论来构建我国服务型政府的建设进路，后者则更多地通过"本土化"的研究提出具有中国特色的话语体系。第三，政府与社会关系的处理。在国家与社会的二元分析框架下，一些学者认为政府职能转变应"矫枉过正"，建立"小政府、大社会"的治理模式。也有学者认为在政府职能不断增多、公民社会发育不良的中国，"大政府、小社会"的模式才是务实之举。有学者则认为应当放弃这种争论，因为"社会的自我运行机制总是与政府的公共职能互为补充的"（张康之，2004），在划定政府职能边界的基础上思考政府与社会的关系才是有效之策。

2. 未来瞻望

对于未来的研究，我们认为，需要坚持以马克思主义唯物史观为指导，秉承"体现时代性、把握规律性、富于创造性"的理念，通过严谨、科学的研讨活动，巩固和扩大共识，减少和弥合分歧。我们还认为，为使今后服务型政府和公共服务体系建设问题的研究更具科学性和针对性，应从以下三个方面协同发力：

第一，拓宽研究视野。一是要对世界各国、特别是经济发达国家实行的与服务型政府和公共服务体系建设相关的改革措施和经验进行细致的比较分析，注重研究相关理论的生成背景和内在逻辑，并结合我国实际对这些理论和经验进行"改造性吸收"，从而获得理念层面的有益启示和操作层面的合理借鉴。二是要整体准确地把握服务型政府和公共服务体系建设的实践情形和研究现状，减少和避免重复研究和无效研究，增强学术探究的创新性、实用性和前瞻性。三是要对服务型政府和公共服务体系建设进行多视角的综合考察，摆脱研究中"自说自话"的窘境。特别是在研究具体公共服务时，要兼顾行业属性和公共管理属性。

第二，调整研究重点。即将服务型政府和公共服务体系建设研究的重点由当下的一般性学理阐释、个案性经验管窥和广义性对策构建转向深刻性理论开掘、瓶颈性问题剖析、长远性战略规划和操作性制度安排（张立荣，2012：32）。具体而言，一是要从大背景、大趋势、原动力、新变量四者综合作用的视角深入揭示服务型政府和公共服务体系的建设逻辑，将目光更多地投向与之相关联的政治、经济、文化、社会和生态问题。二是要深化服务型政府和公共服务体系建设标准的研究，为服务内容和对象的确定、供给主体和方式的选择、服务质量和绩效的评估等问题的解决提供依据。三是要着力研究特殊地域、特殊领域、特殊群体的公共服务问题，如欠发达地区公共服务体系建设、教育医疗卫生服务改革、弱势群体公共服务等。

第三，优化研究方法。目前，学术界大都运用规范分析的方法研究服务型政府和公共服务体系建设问题，虽然近年来实证研究的文献有所增多，但在总量上仍占较小比重。这种状况的形成，与我国服务型政府和公共服务体系建设的实践不长有关，也与我国人文社会学科领域研究方法单一有关。随着服务型政府和公共服务体系建设实践向纵深推进，我们认为，应当着重运用实证的、定量的方法进行研究，亦即以深度访谈、典型经验、大样本问卷调查和统计数据为基础，更多地采用统计分析、计量分析的方法，从而使得研究结论和对策建议更具科学性和有效性。有条件的研究团队，可以采用实验研究的方法，通过对某些因素或变量的控制，来探索和揭示政策方案和措施与服务型政府和公共服务体系建设的内在逻辑。

参考文献

1. 艾伦·劳顿（2008），《公共服务伦理管理》，清华大学出版社。
2. 安体富、贾晓俊（2010），《外国基层政府公共服务能力考察及对我国的启示》，《地方财政研究》，第 5 期。
3. 安体富、任强（2008），《中国公共服务均等化水平指标体系的构建——基于地区差别视角的量化分析》，《财贸经济》，第 6 期。
4. 安瓦·沙（2009），《公共服务提供》，清华大学出版社。
5. 薄贵利（2011），《建设服务型政府必须深化行政体制改革》，《国家行政学院学报》，第 1 期。
6. 薄贵利（2011），《论研究制定服务型政府建设的战略规划》，《中国行政管理》，第 5 期。
7. 保罗·乔伊斯（2008），《公共服务战略管理》，清华大学出版社。
8. 庇古（2007），《福利经济学》，华夏出版社。

9. 布坎南、马斯格雷夫（2000），《公共财政与公共选择两种截然对立的国家观》，中国财政经济出版社。

10. 蔡乐渭（2008），《公共服务的发展与行政法的新任务》，《中国行政管理》，第6期。

11. 陈昌盛、蔡跃洲（2007），《中国政府公共服务：基本价值取向与综合绩效评估》，《财政研究》，第6期。

12. 陈福今（2004），《全面落实科学的发展观，大力推进公共服务创新》，《国家行政学院学报》，第5期。

13. 陈通、王伟（2006），《西方政府再造对我们建立现代服务型政府的借鉴研究》，《西北工业大学学报（社会科学版）》，第3期。

14. 陈振明（2008），《深化行政体制改革　加快服务型政府建设——中国政府改革与治理的新趋势透视》，《福建行政学院学报》，第4期。

15. 戴维·奥斯本、特德·盖布勒（2010），《改革政府——企业家精神如何改革着公共部门》，上海译文出版社。

16. E. S. 萨瓦斯（2002），《民营化与公司部门的伙伴关系》，中国人民大学出版社。

17. 范柏乃、朱华（2005），《我国地方政府绩效评价体系的构建和实际测度》，《政治学研究》，第1期。

18. 高小平（2008），《创新行政管理体制和机制建设服务型政府》，《中国行政管理》，第S1期。

19. 高小平、王立平等（2009），《服务型政府导论》，人民出版社。

何士青、徐进（2008），《论服务型政府的伦理构建》，《中国行政管理》，第5期。

20. 何水（2008），《国内服务型政府研究述评》，《政治学研究》，第5期。

21. 姜晓萍、刘汉固（2003），《建设"服务型政府"的思路与对策》，《四川大学学报（哲学社会科学版）》，第4期。

22. 蒋云根（2005），《公共服务型政府的制度建构》，《广东行政学院学报》，第3期。

23. 金人庆（2006），《完善公共财政制度逐步实现基本公共服务均等化》，《求是》，第22期。

24. 井敏（2003），《构建服务型政府：理论与实践》，北京大学出版社。

25. 莱昂·狄骥（1999），《公法的变迁》，辽海出版社、春风文艺出版社。

26. 莱斯特·M. 萨拉蒙（2008），《公共服务的伙伴——现代福利国家中政府与非营利组织的关系》，商务印书馆。

27. 李军鹏（2003），《论中国政府公共服务职能》，《国家行政学院学报》，第4期。

28. 李琪、董幼鸿（2004），《论公共服务型政府的建设与创新》，《中国行政管理》，第11期。

29. 李艳波（2004），《关于公共服务市场化的思考》，《中国行政管理》，第7期。

30. 林尚立、王华（2006），《创造治理：民间组织与公共服务型政府》，《学术月刊》，第5期。

31. 刘熙瑞（2004），《切实加强积极服务型政府的研究和建设》，《新视野》，第2期。

32. 罗德刚（2003），《论全面推进地方公共服务型政府建设》，《中国行政管理》，第4期。

33. 马昊、曾小溪（2011），《我国基本公共服务均等化的评价指标体系构建——基于东中西部代表省份的实证研究》，《江汉论坛》，第11期。

34. 马庆钰（2005），《关于"公共服务"的解读》，《中国行政管理》，第2期。

35. 庞绍堂（2008），《社会保障中的干预主义与自由主义》，《经济学研究》，第3期。

36. 彭向刚、王郅强（2004），《服务型政府：当代中国政府改革的目标模式》，《吉林大学社会科学学报》，第4期。

37. 乔治·弗雷德里克森（2009），《公共行政的精神》，中国人民大学出版社。

38. 沈荣华（2004），《服务行政的法治架构》，《中国行政管理》，第1期。

39. 沈荣华（2007），《各级政府公共服务职责划分的指导原则和改革方向》，《中国行政管理》，第1期。

40. 盛明科（2009），《服务型政府绩效评估体系的基本框架与构建方法》，《中国行政管理》，第4期。

41. 斯蒂芬·戈德史密斯、威廉·D.埃格斯（2008），《网络化治理：公共部门的新形态》，北京大学出版社。

42. 唐娟、曹富国（2004），《公共服务供给的多元模式分析》，《华中师范大学学报（人文社会科学版）》，第2期。

43. 唐任伍、唐天伟（2004），《2002年中国省级地方政府效率测度》，《中国行政管理》，第6期。

44. 唐铁汉（2004），《强化政府公共服务职能，努力建设公共服务型政府》，《中国行政管理》，第4期

45. 唐铁汉、李军鹏（2004），《国外政府公共服务的做法、经验教训与启示》，

《国家行政学院学报》,第 5 期。

46. 唐铁汉、李军鹏(2005),《公共服务的理论演变与发展过程》,《新视野》,第 6 期。

47. Tom Christensen & Per L·greid (2006),《后新公共管理改革——作为一种新趋势的整体政府》,《中国行政管理》,第 9 期。

48. 王海龙(2008),《公共服务的分类框架:反思与重构》,《东南学术》,第 6 期。

49. 文森特·奥斯特罗姆、埃莉诺·奥斯特罗姆(2000):《公益物品与公共选择》,见迈克尔·麦金尼斯(2000),《多中心体制与地方公共经济》,上海三联书店。

50. 吴爱明、沈荣华、王立平等(2009),《服务型政府职能体系》,人民出版社。

51. 汪锦军(2011),《公共服务中的公民参与模式分析》,《政治学研究》,第 4 期。

52. 项继权(2008),《本公共服务均等化:政策目标与制度保障》,《华中师范大学学报(人文社会科学版)》,第 1 期。

53. 亚当·斯密(1974),《国民财富的性质和原因的研究(下册)》,商务印书馆。

54. 燕继荣(2009),《服务型政府的研究路向——近十年来国内服务型政府研究综述》,《学海》,第 1 期。

55. 尤金·巴赫达(2011),《跨部门合作——管理"巧匠"的理论与实践》,北京大学出版社。

56. 袁曙宏(2006),《服务型政府呼唤公法转型——论通过公法变革优化公共服务》,《中国法学》,第 3 期。

57. 张康之(2004),《限制政府规模的理念》,《行政论坛》,第 4 期。

58. 张康之(2006),《把握服务型政府研究的理论方向》,《人民论坛》,第 3 期。

59. 张立荣(2011),《加快服务型政府建设的对策与建议——基于东部、中部、西部和东北地区调研的系统思考》,《人民论坛》,第 20 期。

60. 张立荣(2012),《当代中国服务型政府建设和公共服务体系完善理论与实证研究:以促进社会公平正义为依归》,中国社会科学出版社。

61. 张立荣、曾维和(2008),《当代西方"整体政府"公共服务模式及其借鉴》,《中国行政管理》,第 7 期。

62. 张立荣、江易华(2010),《当代中国县级政府基本公共服务绩效评估指标体系的理论构建与实证研究》,中国社会科学出版社。

63. 张立荣、冷向明（2009）,《当代中国服务型政府建设的标准体系——基于系统权变模型的理论与实证研究》,《政治学研究》,第5期。

64. 张立荣、李晓园（2010）,《县级政府公共服务能力结构的理论建构、实证检测及政策建议——基于湖北、江西两省的问卷调查与分析》,《中国行政管理》,第5期。

65. 珍妮特·V·登哈特、罗伯特·B·登哈特（2010）,《新公共服务:服务,而不是掌舵》,中国人民大学出版社。

66. 中国行政管理学会课题组（2005）,《服务型政府是我国行政改革的目标选择》,《中国行政管理》,第4期。

67. 中国行政管理学会课题组（2011）,《国外公共服务体系建设与我国建设服务型政府》,《中国行政管理》,第2期。

68. 钟明（2003）,《电子政府:现代公共服务型政府的实现途径》,《中国软科学》,第9期。

69. 周志忍（2010）,《深化行政改革需要深入思考的三个问题》,《中国行政管理》,第1期。

70. 朱光磊、于丹（2008）,《建设服务型政府是转变政府职能的新阶段——对中国政府转变职能过程的回顾与展望》,《政治学研究》,第6期。

71. John AtkinsonHobson (1909), The Crisis of Liberalism: New Issues of Democracy. P. S. King & Son, pp. 173 – 175.

72. Richard Abel Musgrave, & Peggy B. Musgrave (1989), Public Finance in Theory and Practice. McGraw-Hill Book Company, pp. 113 – 115.

73. WilliamTemple (1941), The Citizen and Churchman. Al and Spotswood Press, pp. 14 – 17.

74. Paul A. Samuelson (1954), The Pure Theory of Public Expenditure. The Review of Economices and Statistics, 36 (4), pp. 387 – 389.

75. Skidelsky, Robert, John MaynardKeynes (2003), 1883 – 1946: Economist, Philosopher, Statesman. Pan MacMillan Ltd, p. 530.

76. FrankMarini (1971), Toward a new public administration: The Minnowbrook perspective. Chandler Publishing Company, pp. 354 – 367.

77. Hay Colin (1998), "Globalization, Welfare Retrenchment, and 'the Logic of no Alternative': Why Second-Best Won't Do". Journal of policy, 27 (4), pp. 525 – 532.

78. Christopher Pollitl (2003), Joined-up Government: A Survey. Political Studies Review, 1 (1), pp. 34 – 49.

79. Perri 6, Joined-Up Government in the Western World in Comparative Perspective: A Preliminary Literature Review and Exploration. Journal of Public Administration Research and Theory, 2004, 14 (1), pp. 106 - 137.

地方政府创新扩散的适用性

郁建兴　黄　飚

摘　要：地方政府创新扩散是地方政府创新研究中的重要议题。已有研究聚焦于地方政府创新扩散的影响因素及其微观过程，但是，并不是有效的地方政府创新都适合扩散。根据创新的本质进行划分，目前的地方政府创新可以分为目标创新与工具创新。目标创新扩散的适用性标准在于特定创新是否满足其他地方政府治理需求，而工具创新扩散的适用性标准在于移植或借鉴特定创新所需要的调试成本是否小于地方政府自身创新的成本。

关键词：地方政府创新；扩散；适用性。

地方政府创新是推动中国经济社会可持续发展的重要动力，是实现政府治理现代化的前提与保障。正因为如此，地方政府创新受到社会各界广泛关注，成为观察当代中国政府改革与政治发展进程的重要窗口。在地方政府创新的大量实践中，人们注意到，很多有效的创新并没有得到推广与扩散，90%的创新都只停留在地方层面，甚至名存实亡（芦垚，2010），政府创新的"孤例"现象十分普遍。创新扩散也因此成为地方政府创新研究中的重大议题，多位论者致力于有效推广与扩散地方政府创新研究。

＊ 本文原载于《经济社会体制比较》2015年第1期。

但是，进一步的问题在于，是否有效的地方政府创新都适合且应该得到扩散？答案是否定的。从地方政府创新的本质来看，已有的地方政府创新可分为目标创新和工具创新两类。不同类别的创新是否适合扩散的标准不同。目标创新扩散的适用性标准在于特定创新是否满足其他地方政府的治理需求，而对于工具创新，则应该比较移植或借鉴创新所需的调试成本与地方政府自主创新的成本。

一　已有研究述评

在一般意义上，创新是指政府第一次采纳某一新的项目或政策（Boehmke & Witmer, 2004），无论这一项目可能有多陈旧或有多少其他政府曾经采纳过这一项目（Walker, 1969）。创新扩散是指一项创新通过特定通道在社会系统的成员之间传播的过程（Rogers, 1983），即一项创新从发明或创造的源头到最终使用者或采纳者的过程（Lucas, 1983）。从这一定义出发，政策创新与政策扩散实际上是一个可以互换的概念。对于较早使用一项新政策的政府来说，自己的政策在另一个地区得到了应用，可以理解为政策创新得到了扩散。对于之后使用该政策的政府来说，将引进的政策应用于本地，则是政策创新（Zhu, 2014）。

学术界对于地方政府创新扩散的一般性讨论主要集中于两个方面。一类研究关注地方政府创新扩散的影响因素。其中主要有地缘关系（Boehmke & Witmer, 2004; Stone, 1999; Zhu, 2014）、区域内政府的沟通网络（Gray, 1973; Rogers, 1983; Heywood, 1965）、政府间的学习与竞争（Gray, 1973; Sabatier, 2007; Braun & Gilardi, 2006）、主导创新官员的职位升迁（杨雪冬，2008）。另一类研究主要着眼于地方政府创新扩散过程的模型建构。其中具有代表性的有创新扩散的 S 型曲线（Menzel & Feller, 1977），以及进一步提出的陡峭的 S 型曲线模型、陡峭的 R 型曲线模型、非递增扩散模型等（Boushey, 2010）。

在中国语境中，政府创新是指公共权力机关为了提高行政效率和增进公共利益而进行的创造性改革（俞可平，2011）。相应的，创新扩散是指某一地方政府的创造性改革传播到其他地方政府的过程。改革开放以来，伴随着政府与市场、社会关系的不断转型，中央与地方关系的不断重构，我国涌现出了大量地方政府创新实践。但近年来，人们发现，大量有效的地方政府创新难以推广，甚至创新成功的同时就成为了"孤例"。地方政府创新扩散遂成为重要议题。杨雪冬（2008）认为，良好的政府创新实践尚未制度化并在更大范围内加以推广是过去十年间中国政府创新实践中存在的十大不足与问题之一。周红云（2014）也认为社会创新应该强调可推广性和可持续性。

当前，对于中国地方政府创新扩散的研究主要聚焦于影响创新扩散的因素和创新扩散的微观过程。在分析创新扩散的影响因素方面，杨瑞龙（1998）较早关注到权力中心对地方政府创新及其扩散的影响。吴建南和张攀（2014）认为，容易扩散的地方政府创新主要具备以下几个特征：概念简单、操作简便、短期效果明显、采纳成本低廉、得益群体广泛、相关阻力小等。马亮（2014）指出推动社交媒体技术在政府间扩散的主要因素是政府规模、财富状况、电子服务和电子民主。杨代福等（2014）基于对中国城市社区网格化管理创新的分析，提出了影响扩散的五个要素：财政资源、上级压力、地级行政单位试点、下级政府诱致和临近效应。另一方面，在对政府创新扩散的微观过程的研究中，王浦劬和赖先进（2013）提出了中国公共政策扩散的四种基本模式：自上而下的层级扩散模式，自下而上的政策采纳和推广模式，区域和部门之间的扩散模式以及政策先进地区向政策跟进地区的扩散模式。卢福营（2014）基于对浙江省武义县后陈村村务监督委员会制度的研究，总结了村监会制度从基层创新上升为国家制度并在全国范围内推开的三个阶段：制度形成——经验扩散——优化拓展，展示了一个地方创新自下而上制度化进而自上而下扩散的全过程。王家庭和季凯文（2008）分析了中国的开发区制度，并提出了开发区制度扩散的四个阶段：供给主导型扩散阶段、需求主导型扩散阶段、制度创新进入权竞争阶段和中间扩散型阶段。

可以看到，学界对政府创新扩散的一般性讨论主要集中于影响创新扩散的因素和创新扩散的模型建构。关于中国地方政府创新及其扩散研究，论者们多考察地方政府创新扩散的一般过程与主要模式，分析影响地方政府创新扩散的核心因素，同时，也试图回答当下中国地方政府创新难以推广、扩散的原因。但是，这些研究在不断强调创新扩散的必要性，并对创新扩散的机理及其要素进行解释与分析的过程中，却忽略了一个重要的前提性问题：有效的地方政府创新是否都适合且应该得到扩散？如果不是，那么在讨论创新的扩散时，必须首先对创新扩散的适用性进行识别。

对此，已有研究中或多或少地提出过这样的反思，如罗杰斯在《创新的扩散》中指出：不是所有的创新都可以并能够被普及（Rogers，1983）。但是，他们并没有对创新扩散的适用性展开具体讨论。创新扩散的适用性是指一项创新被复制或借鉴之后，对其他组织环境的适应程度。如果一项创新在被复制或借鉴以后，能够适应新的组织环境，那么这样的创新就具有一定的扩散适用性。如果一项创新不能适应其他的组织环境，那么，这样的创新就不具备扩散的适用性。我们认为，并不是有效的地方政府创新都适合扩散。那么，什么样的地方政府创新适合扩散？本文根据地方政府创新的本质，将创新分为目标创新和工具创新。基于这一分类，我们试图对不同类型的创新其扩散的适用性进行探讨，并通过案例分析方式加以证明。

二 地方政府的目标创新

地方政府的目标创新是指地方政府创造性地提出新的目标、要求和结果，并且付诸实践。这类创新是否适合扩散的核心标准在于，特定的目标创新所预期达到的治理目的、要求和结果是否符合其他地区政府的治理需求。如果一项创新所提出的新的政策目标也是其他地方政府所希望达到的治理结果，那么，这项创新就适合扩散。而且，在具体创新实践中，有的地方创新在全国范围内得到了推广，部分甚至上升成为国家制度，而有的创新虽然没有普遍扩散，但也被部分地区学习借鉴。所以，在讨论适合扩散的目标创新时，还应该根据扩散适用性的普遍化程度，将其分为两种子类型，即适合全国性扩散的目标创新与适合局域性扩散的目标创新。

一些创新所预期达到的治理目标、要求和结果符合普遍的地方政府治理需求，也即创新的目标本身具有普遍价值，这类创新就适合全国性扩散。较为典型的案例如村务监督委员会制度。1987年，我国颁行

《中华人民共和国村民委员会组织法（试行）》，村民自治在全国范围内试点推行。1998年11月4日，九届全国人大常委会第五次会议通过了《中华人民共和国村民委员会组织法》（以下简称《村委会组织法》），标志着村民自治在全国范围内全面推广。《村委会组织法》虽然提到民主监督是村民自治的四大组成部分之一，但并没有提出监管村级公共权力的治理目标。而与此同时，随着村民自治制度的推开，民主监督的相对滞后逐渐显现（卢福营、江玲雅，2010），村级公共权力缺乏制约成为了基层治理中的普遍问题（徐勇，1996；党国英，2011）。2004年6月18日，浙江省武义县后陈村在村支部、村委会"两委"的基础上，选举产生了全国第一个"村务监督委员会"。村务监督委员会是独立于村党支部、村委会的第三方民主监督机构，其成员由村民代表大会选举产生，对村民代表大会负责，其职责是监督村务管理制度的实施、村务管理的运作以及村级财务开支。就在首个村监会成立四天后，中共中央办公厅、国务院办公厅联合下发了《关于健全和完善村务公开和民主管理制度的意见》。该文件第一次提出了"强化村务管理的监督制约机制，设立村务公开监督小组"的目标。村务监督委员会的出现，弥补了行政权力退出农村并实行村民自治以来村级公共权力监管的缺失，切实有效地监督了村两委的工作，约束了村干部的行为。后陈村连续十年实现村干部"零违纪"、村民"零上访"、群众"零投诉"、不合规支出"零入账"（方力，2014）。这一创新被权威媒体誉为"党的十六大以来政治体制改革大事记"之一（《人民日报》，2012），并获得了第三届中国地方政府创新奖提名奖、"全国村务公开民主管理制度创新奖"等荣誉。2010年10月，十一届全国人大常委会第十七次会议修订发布新的《村委会组织法》，其中第三十二条明确规定："应当建立村务监督委员会或者其他形式的村务监督机构，负责村民民主理财，监督村务公开等制度的落实。"至此，村务监督委员会正式成为国家层面的制度安排，并在全国推广。

  后陈村村务监督委员会制度的目标在于落实村民监督权，实现村民自治背景下村级公共权力的有效监管。这是在全国率先提出的新的治理目标，是一个典型的目标创新。而且，这一创新所预期解决的问题，也是各地农村公共权力运行中所面临的共同困境，符合普遍的基层治理需求。因此，村务监督委员会的制度创新适合进行全国性扩散。而从基层实践成功地上升为国家制度并在全国范围内推广的事实，也充分地证明了这一创新全国性扩散的适用性和必要性。

同时，有些目标创新所预期达到的治理结果虽然不具备普遍意义，但仍然符合部分地方政府的治理需求。这样的创新更多地适用于局域性的扩散。较为典型的案例如陕西省石泉县的关爱留守儿童长效机制。石泉县地处秦巴山区，农业人口占全县人口的近85%，属于国家级贫困县。劳务输出是当地农民增收的主要渠道。该县常年在外务工人员人数超过全县人口的20%，管理留守儿童是该县经济社会发展中面临的突出问题（中国政府创新网，2014a）。2006年，石泉县委县政府在深入了解、充分调研的基础上，积极探索留守儿童健康快乐全面成长的长效机制，实施了"党政统筹、部门联动、学校为主、家庭尽责、社会参与、儿童为本"六位一体的留守儿童长效管理机制，依托学校创设留守儿童教育成长中心，围绕社区设立留守儿童校外活动中心，政社合作共建留守儿童托管中心，并培育了代理家长、教育管护、志愿服务、校地合作四支队伍，构建留守儿童管理网络，致力于保证留守儿童"学业有教、安全有保、亲情有护、生活有帮、困难有助"。同时，该县还专门设立了留守儿童管理机构，负责充分协调各部门的工作，动员社会力量。截至2009年底，石泉县共建成留守儿童教育成长中心26所，校外活动中心5所，托管中心7所，建立了2477人的代理家长队伍，70人的教育管护工作队伍和250人的志愿者服务队伍。石泉县关爱留守儿童的工作取得了良好的成效，受到了当地各级政府的高度评价，并在陕西全省推广扩散（刘俊锋，2008）。2009年11月，石泉县被全国妇联、国务院农民工办授予为"全国农村留守儿童工作示范县"。2010年1月，石泉县关爱留守儿童长效机制建设获得第五届中国地方政府创新奖优胜奖，并被学界与媒体广泛誉为"石泉模式"。

石泉县的关爱留守儿童长效机制先于国家政策①，提出了新的政策目标，是既有治理要求之外的目标创新。该机制是在外出务工人员多，留守儿童群体大的条件下，进行的改革创新，适用于以劳务输出为主要

---

① 2012年的《政府工作报告》首次提出了"关爱留守儿童"的原则性要求。

增收方式且留守儿童问题较为突出的地区。相较之下，那些劳务输出量小，留守儿童问题不显著的地区，尤其是东南沿海经济较发达的省份，则并没有这样的治理需求。因此，"石泉模式"更多的属于满足局域性扩散要求的目标创新，适合在符合特定条件的部分地区推广扩散。地方政府创新奖的案例库中也有许多创新举措，其所预期达到的结果虽然不是普遍的地方治理需求，但是对于部分具有类似背景条件且面临相似问题的地方政府来说，仍然具有很高的学习与借鉴价值，适合也应该得到区域性的扩散，例如西藏尼木县的寺庙管理服务机制创新、内蒙古公安边防总队的草原110等。

此外，对于一些只是特定区域范围内，在特定时期为达到特定的目标而进行的创造性改革，其预期的结果并不符合其他地区的治理需要。这样的创新则并不适合扩散。陕西省神木县的全民免费教育就是一个较为典型的案例。2008年初，神木县政府出台《神木县12年免费教育实施细则》，在全县范围内实行12年免费义务教育制度。所有神木户籍的在册小学生、初中生和高中生全部免费就学，学校不再收取任何费用，同时，给予寄宿生每人每日3.5元的生活补助费。项目所需的所有经费由县财政承担。2011年9月，神木县又在全县范围内实施了学前三年免费教育的改革，推行"一免两补"制度，免除幼儿的保育保教费，补贴幼儿公用经费和非公办幼儿专业教师工资，将原有的免费义务教育范围从十二年扩展至十五年。

目前，国家层面上的制度安排规定政府提供从小学至初中共九年的义务教育服务。《国家中长期教育改革和发展规划纲要（2010~2020年）》也明确规定要"基本普及学前教育；巩固提高九年义务教育水平"。神木县义务教育制度创新的目标在于扩展免费义务教育时长。从其实践方式来看，这一目标创新需要强大的地方财政实力作为保障。神木县主要有煤炭、兰炭、电力、载能、化工、建材六大支柱产业。其中，煤炭产业的份额占到了70%以上，是神木县经济增长的核心要素（《南方周末》，2013），也是政府财政收入的主要来源（庄庆鸿、李林，2013a）。2005年前后，神木县更是依赖煤矿跻身全国百强县行列。这一制度是特定地区在满足一定条件的基础上实施的目标创新。神木县的教育制度创新实行至今，已经引发了外界许多关于"神木模式"的讨论。学界与社会各界对这一模式本身的可持续性都存在普遍疑虑，甚至有部分专家称其为"大跃进"式的制度创新（庄庆鸿、李林，2013b）。而且，这一创新所预期达到的治理目标也不符合其他地方政府当下的治理实际，并不适合推广扩散。

因此，对于地方政府的目标创新来说，如果其所预期达到的结果也是其他地方政府的共同治理需求，那么这一目标创新就适合全国性扩散。如果创新的目标并不符合普遍的地方治理需要，但仍然是部分地方政府所预期达到的治理结果，那么这一创新则更多地适用于局域性扩散。而如果这一创新的治理目标只是特定地方政府所预期达到的特定结果，不符合其他地方的治理需求，那么这样的创新并不适合扩散。如表1所示。

表1　　　　地方政府目标创新扩散的适用范围与识别标准

扩散的适用性	适用范围	识别标准
适合扩散	全国性扩散	创新的治理目标、要求和结果符合普遍的地方政府治理需要。
	局域性扩散	创新的治理目标、要求和结果符合部分地方政府的治理要求。
不适合扩散		创新的治理目标、要求和结果是特定地方所预期达到的特定结果，不符合其他地方政府的治理需求。

三　地方政府的工具创新

地方政府的工具创新，是指在既定政策目标下对达成目标的具体操作性机制的改良。这类创新是否适合扩散的标准在于，移植或借鉴政策工具的调试成本是否小于地方政府自主创新的成本。有些工具创新被移植或借鉴后的调试成本小于特定地方政府探索新的政策工具的成本，这样的地方政府创新就适合扩散。同样，从工具创新的扩散情况来看，适合扩散的工具创新也应分为两个层面讨论，即适用于全国性扩散的工具创新与适用于局域性扩散的工具创新。

对于得到全国性扩散的工具创新来说，其被移植或借鉴后的调试成本普遍小于其他地方政府自主探索的成本。这一方面典型案例就是行政服务中心制度的推广。1994年，国务院政府工作报告中首次提出了"各级政府都要在转变职能，提高工作效率上下功夫"的目标。1995年，深圳市把与外商投资项目审批有关的18个政府部门集中起来成立了联合审批服务中心，成为了全国行政服务中心的雏形（赵永伟、唐璨，2006）。1999年，浙江省金华市按照"一站式"审批服务的原则，对原市政府集中办事大厅进行了改革。同年，浙江省上虞市成立了全国首家规范意义上的行政服务中心，将具有行政审批职能的部门集中设立窗口办公，行政相对人在行政服务中心内可以完成所有的审批项目与环节。行政服务中心的设立有效地减少了办事环节，加强了政府职能部门间的协调，提高了政府行政效率。2001年国家实行行政审批制度改革以后，行政服务中心制度受到了其他地方政府的广泛关注，并在全国范围内迅速扩散（沈荣华、王荣庆，2012）。

浙江省上虞市建立行政服务中心，是响应中央政策要求之举，是既有政策目标之下的工具创新。而且，行政服务中心的建立并不涉及地方既有利益网络的调整，更多的是在现有利益格局之外的增量改革，被移植或借鉴所需要的调试成本较小，适用于全国性扩散。截至2011年底，全国共建设行政服务中心2912个，其中，省级中心10个，地市级中心368个，县区级中心2534个。30,377个乡镇（街道）设立了便民服务中心（靳江好等，2012）。行政服务中心在全国范围内的广泛设立也很好地证明了这一点。

而就局域性扩散的工具创新而言，其被移植或借鉴的调试成本可能高于部分地方政府自主创新符合自身实际的政策工具的成本。也有一些地方政府，面临着相同的治理困境，亟需类似的方法来解决实际问题，那么，移植或借鉴特定的工具创新不仅可以省去自我探索的组织成本，也可以在较短的时间内有效地实现预期的治理目标。在这一方面，第七届中国地方政府创新奖优胜奖的获奖项目"广东省中山市流动人员积分制管理"就是一个典型案例。1995年，中央政府召开了首次全国流动人口管理工作会议，讨论并通过了《关于加强流动人口管理工作的意见》，标志着从严控流动人口向管理流动人口的重大转变。该意见明确指出："各级党委、政府必须把流动人口问题作为直接关系国家发展和社会稳定的重大经济、政治问题，予以高度重视，采取有力措施，切实加强流动人口管理工作"，要"对流动人口问题进行综合治理"。广东省是我国的流动人口大省。第六次人口普查的数据显示，广东省外来人口数量已经超过两千万。其中，中山市共有常住外来人口165万多人，超过了当地常住人口总数的50%（中国政府创新网，2014b），在流动人口管理方面，面对着巨大的挑战。2007年，中山市以梯度式、渐进式户籍改革和基本公共服务均等化为导向，在全国率先推行了以"积分制"为主要手段的流动人口管理改革。积分管理的模式根据当地的人才需求和财政能力，以综合素质和社会贡献为主要指标，对流动人员进行积分登记。对于达到一定积分的流动人员，优先予以入户权，并提供子女入学、保障性住房的指标（阳盛益，2013）。2008年，中山市的改革实践受到了广东各地的广泛关注，并被写入《珠江三角洲地区改革发展规划纲要（2008~2020年）》。2009年，广东省出台《流动人口服务管理条例》，明确要求实行流动人口积分管理模式。自2010年中山市全面实施流动人口积分管理制度以来，共有10,765名流动人员入户当地，投靠入户人数13,000多人，78名流动人员获得公租房待遇，解决了25,530名流动人员子女的教育问题（中国政府创新网，2014b）。

中山市流动人口积分制改革是一项在中央政策要求之下的工具创新，有效地实现了流动人口综合治理的目标。对于流动人口密集，管理问题突出的地区来说，借鉴中山市的积分管理模式，能够较快、较好的实现流动人口的有效管理。更重要的是，流动人口管理涉及的部门数量众多，组织协调工作复杂，而且关系到地方经济社会的稳定可持续发展，稍有不慎就可能引发危害属地社会安全稳定的重大问题。但是，对于流动人口数量小，尤其是以劳务输出为主的欠发达地区，本身就不存在流动人口管理的问题，或是这类问题并不显著，不需要如此精细化的管理方式。在这种情况下，借鉴或复制积分管理的模式只会造成更多的资源闲置与浪费。因此，这一改革更加适合在部分区域进行推广扩散。与此类似的创新，在地方政府创新奖的案例库中还有很多，例如同为广东省中山市的另一项创新——外来人口社区融入与发展，浙江省庆元县的异地便民服务中心等。

  此外，有些工具创新被移植或借鉴后的调试成本普遍大于其他地方政府自身创新的成本，那么，这样的地方创新则并不适合扩散。宿迁的医疗体制改革就是具有代表性的案例。1996年底，中共中央、国务院召开了建国以来第一次全国卫生工作会议，讨论通过了《中共中央国务院关于卫生改革与发展的决定》。《决定》明确指出"满足区域内全体居民的基本卫生服务需求"，"不断提高卫生服务的质量和效率，更好地为人民健康服务"的政策目标。1999年开始，为了提升医疗服务供给总量，改善整体医疗服务质量，宿迁市推行了以市场化为导向的医疗体制改革，出售了辖区内所有的公立医疗机构。实施全盘民营化之后，宿迁市在财政对医疗卫生事业投入有限的情况下，实现了卫生资产总额、医技人员总数的持续增长。与此同时，宿迁全市的医疗卫生服务价格、医疗纠纷数量位列江苏省最低。宿迁医改显现了一些成效。

  宿迁市的公立医院民营化改革是一项在中央政策目标下的工具创新，在辖区范围内较好地实现了既有的政策目标。然而，宿迁市的创新实践是在医疗服务供给水平与民众需求发生较大张力，且地方财政无力支持医疗卫生事业发展的情况下，采取的非常举措。宿迁医改也因此引发学界的诸多争议（顾昕，2010；李玲、江宇，2007）。对于其他地方政府来说复制或借鉴全盘民营化的医改模式，也许可以在一定程度上实现提高卫生服务供给总量与效率的目标，尤其是在政府监管到位的情况下，社会资本确实能够较为有效地提供公共服务（Savas，2000）。但是，在目前情况下，效仿宿迁模式全盘出售公立医院的成本远高于地方政府自主探索符合自身特色的医疗服务供给模式所需要的成本。从目前各地广泛地探索混合所有制的医改实践来看，宿迁的全盘出售方式并没有满足其他地方政府对政策工具的需求。这一工具创新并不适合扩散。

  因此，对于地方政府工具创新的扩散来说，如果一项政策工具被移植或借鉴的调试成本普遍小于其他地方政府自主创新的成本，那么，这一创新就适合全国性扩散。如果这一政策工具被移植或借鉴后的调试成本只小于部分地方政府自主创新的成本，那么，这一工具创新则更加适用于局域性扩散。如果其他地方政府在移植或借鉴这项新的政策工具时，需要付出的调试成本远大于自主创新符合自身实际的政策工具的成本，那么，这一新的政策工具就并不适合扩散，如表2所示。

表2　　地方政府工具创新扩散的适用范围与识别标准

扩散的适用性	适用范围	识别标准
适合扩散	全国性扩散	新的政策工具被移植或借鉴后的调试成本普遍小于其他地方政府自主创新的成本。
	局域性扩散	新的政策工具被移植或借鉴后的调试成本小于部分地方政府自主创新的成本。
不适合扩散		新的政策工具被移植或借鉴后的调试成本大于其他地方政府自主创新的成本。

四　结论与讨论

　　改革开放以来，地方政府创新成为中国经济社会发展与制度变迁的重要动力来源，是中国改革进程中一道独特的风景线。伴随着地方政府创新实践的深入展开，创新难以推广、扩散的问题逐渐显现。地方政府创新扩散也因此成为地方政府创新研究中的重大议题。已有研究基于中国地方政府创新的现实问题，重点考察了影响创新扩散的核心要素，描述并解释了创新扩散的微观过程。创新扩散的影响因素及其路径分析固然重要，但并不是所有的创新都适合扩散，创新扩散的适用性是讨论创新扩散的前提与基础。而且，适合扩散的创新还可以在扩散范围上区分为适合全国性扩散的创新与适合局域性扩散的创新。不同类别的创新扩散有着不同的影响因素，其路径与机制也各不相同。而对于那些只是满足本地公共政策需求的政策目标或者仅仅适合本地区特定情况的政策工具，则应主要关注这类创新行为的法律环境，为创新设置边界即可。

　　本文基于地方政府创新的类型学分析，将创新区分为目标创新与工具创新两类。就地方政府的目标创新而言，衡量其是否适合扩散的标准在于其他地方政府是否具有相同或相似的政策目标。而工具创新扩散的适用性则在于对比移植或借鉴创新所需的调试成本和其他地方政府自主探索新的政策工具所需的成本。而且，在具体实践中，纯粹的目标创新或者工具创新只是地方政府创新中的一部分，许多地方政府改革兼具政策目标与政策工具创新。这类创新扩散的适用性取决于其中目标创新的扩散适用性。超越了具体目标的政策工具并没有复制或借鉴的价值，目标创新扩散的适用范围一定大于或等于工具创新扩散的适用范围。

以十八届三中全会通过《中共中央关于全面深化改革若干重大问题的决定》为标志，中国进入了全面深化改革时代。《决定》明确提出要"总结国内成功做法，借鉴国外有益经验，勇于推进理论和实践创新"。在全面深化改革时代，我们既要发挥地方政府创新在解决现实问题中的重要作用，也要提升创新的制度化能力，将适合推广扩散的地方创新及时上升为国家制度。在扩散与地方政府创新制度化过程中，必须对创新进行严格考察、科学论证，确保创新扩散的适用性，加强地方政府创新与顶层设计之间的耦合，使两者形成合力，在互动中有效地推动改革与转型。

当然，本文只是创新扩散适用性的原则性讨论，试图回答什么样的创新适合扩散、什么样的创新不适合扩散。进一步的问题在于，地方政府创新扩散适用性的二级评价标准是什么。而且，创新适合抑或不适合扩散也并非绝然二分。对于特定创新来说，如何从不适合向适合进行转换，或是将部分适合的内容进行提炼，使之符合扩散的适用性要求。这些都是兼具理论与现实意义的重要问题，也是本文的未尽议题，有待学界与政府的深入讨论和探索。

参考文献

1. 党国英（2011），《试论建立村民监督委员会的重要意义——基于对陕西农村建立村民监督委员会制度的调查》，《毛泽东邓小平理论研究》，第5期。

2. 方力（2014），《从全国首个村监委会到'全覆盖'——村级民主监督十年路》，《浙江日报》，6月19日。

3. 顾昕（2010），《走向能促型国家》，《中国医院院长》，第22期。

4. 靳江好、文宏、赫郑飞（2012），《政务服务中心建设与管理研究报告》，《中国行政管理》，第12期。

5. 李玲、江宇（2007），《2006：我国医改的转折点》，《中国卫生经济》，第4期。

6. 刘俊锋（2008），《我省将推广"石泉模式"》，《华商报》，7月29日。

7. 卢福营（2014），《可延扩性：基层社会治理创新的生命力——写在后陈村村务监督委员会诞生十周年之际》，《社会科学》，第5期。

8. 卢福营、江玲雅（2010），《村级民主监督制度创新的动力与成效——基于后陈村村务监督委员会制度的调查与分析》，《浙江社会科学》，第2期。

9. 芦垚（2010），《地方政府创新陷入尴尬》，《瞭望东方周刊》，10月12日。

10. 马亮（2014）《政府2.0的扩散及其影响因素——一项跨国实证研究》，《公共管理学报》，第1期。

11. 《南方周末》（2013），《神木：'财政亏空'谣言背后的危机》，7月17日。

12. 《人民日报》（2012），《党的十六大以来政治体制改革大事记》，5月14日。

13. 沈荣华、王荣庆（2012），《从机制到体制：地方政府创新逻辑——以行政服务中心为例》，《行政论坛》，第4期。

14. 王家庭、季凯文（2008），《我国开发区制度创新扩散的微观机理与实证分析》，《社会科学辑刊》，第2期。

15. 王浦劬、赖先进（2013），《中国公共政策扩散的模式与机制分析》，《北京大学学报（哲学社会科学版）》，第6期。

16. 吴建南、张攀（2014），《创新特征与扩散：一个多案例比较研究》，《行政论坛》，第1期。

17. 徐勇（1996），《由能人到法治：中国农村基层治理模式转换——以若干个案为例兼析能人政治现象》，《华中师范大学学报（哲学社会科学版）》，第4期。

18. 杨代福、董利红（2014），《我国城市社区网格化管理创新扩散的事件史分析》，《重庆行政：公共论坛》，第4期。

19. 杨瑞龙（1998），《我国制度变迁方式转换的三阶段论》，《经济研究》，第1期。

20. 阳盛益（2013），《农民市民化的新议程》，《中共浙江省委党校学报》，第1期。

21. 杨雪冬（2008），《简论中国地方政府创新研究的十个问题》，《公共管理学报》，第1期。

22. 俞可平（2011），《我们鼓励和推动什么样的政府创新》，载《政府创新的中国经验——基于"中国地方政府创新奖"的研究》，中央编译出版社。

23. 赵永伟、唐璨（2006），《行政服务中心理论与实践》，企业管理出版社。

24. 中国政府创新网（2014a），《陕西省石泉县委县政府：关爱留守儿童长效机制（优胜奖）》，http：//www.chinainnovations.org/index.php？m＝content&c＝index&a＝show&catid＝144&id＝947。

25. —— (2014b),《广东省中山市社会工作委员会：流动人员积分制管理》，http：//www.chinainnovations.org/index.php? m = content&c = index&a = show&catid = 193&id = 1131。

26. 周红云（2014），《中国社会创新的现状与问题——基于两届'中国社会创新奖'项目数据的实证分析》，《经济社会体制比较》，第 4 期。

27. 庄庆鸿、李林（2013a），《全民免费医疗教育，能否继续》，《中国青年报》，8 月 2 日。

28. —— (2013b),《不再"款"，高福利的"神木模式"还能学吗》，《中国青年报》，8 月 5 日。

29. Boehmke, Frederick J. and Witmer, Richard (2004), "Disentangling Diffusion: The Effects of SocialLearning and Economic Competition on State Policy Innovation and Expansion." Political Research Quarterly. 1：39 – 51.

30. Boushey, Graeme (2010), Policy Diffusion Dynamics in America. Cambridge：Cambridge University Press.

31. Braun, Dietmar and Gilardi, Fabrizio, 2006. "Taking 'Galton's Problem' Seriously Towards a Theory of

32. Policy Diffusion." Journal of Theoretical Politics. 3：298 – 322.

33. Gray, Virginia (1973), "Innovation in the States: A Diffusion Study." The American Political Science Review. 1174 – 85.

34. Heywood, Stanley J. (1965), "Toward a Sound Theory of Innovation." The Elementary School Journal. 107 – 14.

35. Lucas, Anelissa (1983), "Public Policy Diffusion Research Integrating Analytic Paradigms." Science Communication. 3：379 – 408.

36. Menzel, Donald C. and Feller, Irwin (1977), "Leadership and Interaction Patterns in the Diffusion of In-novations Among the American States." The Western Political Quarterly. 528 – 36.

37. Rogers, Everett M., (1983), Diffusion of Innovations. New York：Free Press.

38. Sabatier, Paul A. (2007), Theories of the Policy Process. Boulder：Westview Press.

39. Savas, Emanuel S. (2000), Privatization and Public-Private Partnerships. Chatham House Pub.

40. Stone, Diane (1999), "Learning Lessons and Transferring Policy across Time, Space and Disciplines." Politics. 1：51 – 59.

41. Walker, Jack L. (1969). "The Diffusion of Innovations Among the American

States. " American Political Science Review. 3: 880 – 99.

42. Zhu, Xufeng (2014), "Mandate Versus Championship: Vertical Government Intervention and Diffusion of Innovation in Public Services in Authoritarian China." Public Management Review. 1: 117 – 39.

元治理视阈下中国环境治理的策略选择[*]

唐任伍 李 澄

摘 要：针对当今社会提出的解决复杂性问题的需求，元治理理论主张简化模式和实践，以减少处理问题的复杂性，重视各种治理模式的相互协调配合；同时，要重视稳定关键角色的取向、期望以及行为准则。政府、市场、社会网络由于参与的身份和角度不同，必然会倾向于各自的偏好，但是对于环境治理这一复杂性问题，单一的治理模式均不足以解决环境问题。我国环境治理在传统模式下，政府以"统领"而非"治理"的姿态出现，各种治理模式、市场和社会网络机制无法有效运作。发展元治理理论，强化自治理，强调与政府权力相对应的责任，即政府运用手中的权力，承担起有效选择和协调各种治理模式"共振"，防止治理模式之间的互相倾轧，通过保持必要的多样性增加治理的弹性以应对环境治理这个复杂系统的责任。首先，将政府定位在"同辈中的长者"，意指政府的层级治理与市场治理和社会网络治理之间的关系是平等的，政府不能也不可能介入环境治理的全部环节；在平等的基础上政府要起到带头作用，运用法律法规，通过强制力达成环境治理模式的共振。其次，强调市场配置资源的决定性作用。政府要加强制度建设，为市场经济运行创造良好的外部环境，维护市场运行秩

---

[*] 本文原载于《中国人口·资源与环境》2014年第2期。

序，促进竞争，使市场的成本－收益机制得以有效运行，以此引导资源和技术在市场中的流向。第三，政府在促进公众参与的同时要适当鉴别和明确利益相关者，避免参与对象缺乏代表性和广泛性，同时注意杜绝环境相关政策的利益集团主导以及"一言堂"现象，畅通诉求表达机制和完善矛盾化解调处机制。第四，环境治理的政策制定要科学、明确、具体、细化。

关键词：元治理；环境治理；复杂性；政府。

中国共产党第十八届中央委员会第三次全体会议提出创新社会治理体制，推进国家治理体系和治理能力现代化，同时把加快生态文明制度建设作为当前亟待解决的重大问题和全面深化改革的主要任务，强调要紧紧围绕建设美丽中国深化生态文明体制改革，亟需不断创新完善环境管理思路，加快形成科学有效的环境治理体制机制。通过借鉴国外兴起的元治理理论，可以为创新环境治理体制、加快建立生态文明制度提供一些新的有益启示。

一 元治理理论内涵及对复杂性的回应

元治理（metagovernance）最早是由英国学者鲍勃·杰索普（Bob Jessop, 2003a: 6 - 15、19、16 - 18）在1997年提出的，其意为"协调三种不同治理模式以确保它们中的最小限度的相干性"。杰索普提出元治理的背景和原因是意识到在复杂性不断加剧的当代，市场、层级、网络治理都必然倾向于失灵；不同治理模式之间共振，即三种模式有机结合；针对特定治理目标选择模式。后来，他把元治理表述为："治理条件的组织，以及涉及市场、层级、网络的明智混合以得出可能的最好结果"（Bob Jessop, 2003b: 142 - 172）。

荷兰学者路易斯·慕利门（Meuleman Louis, 2011: 101 - 106）对于元治理的观点解释与杰索普有所不同，其强调的侧重点也与杰索普不尽相同。他在杰索普的基础上将元治理发展为两个概念：元治理是指通过应用其他两种实力类型的元素来支持选定的治理类型，并且或者保护它不受其他两种治理模式的破坏影响。这被称为一阶元治理。元治理是指结合三种治理模式并且管理这种结合,而没有对某一种治理模式的先天偏好。这被称为二阶元治理。

对于治理失灵,传统的学术界通常从不同治理模式的失灵的领域和表现进行研究,本文则通过借鉴控制论中的对于复杂性的研究,将层级、市场、网络治理的失灵归因于复杂性不足,即治理对象和目标的复杂性高于治理工具和手段的复杂性,使选定的治理模式无法达成治理目标。

复杂性相对应的是简单性,还原论者认为自然界的基本规律是简单的,一切复杂性皆可以还原为若干个简单的过程或因子。随着科学技术的飞速发展和社会的进步,越来越多的客观事实和科学研究表明,不将复杂性简单化就无法解决问题,但是复杂系统中各过程或各要素之间的强非线性相关关系,不能简单地用还原论方法进行处理,真正的复杂性需要用复杂性的方法来研究。针对当今社会提出的解决复杂性问题的需求,元治理理论主张简化模式和实践,以减少处理问题的复杂性,从而使得治理目标更加容易实现,但是这种简化的模式和实践仍须与真实世界的进程相一致;警惕将复杂性问题划分为诸多简单因素后,因为简单因素间的强非线性关系导致治理的子目标虽然成功但是综合后无法达到宏观治理目标而最终失灵。元治理的复杂性超过单一的治理手段,这种必要多样性带来的冗余虽然在经济角度看有一定浪费,但却是解决复杂性问题的弹性的来源,是必需的。

元治理理论虽然来源于对治理理论的批判和反思,然而其本身仍属于治理范畴,是治理理论的延伸。传统的治理理论强调以社会为中心,而元治理理论则主张将政府请回治理的中心位置,这看似矛盾,但与以往"国家中心论"中的国家高高在上、统治一切治理的形象不同,元治理理论主张的将政府请回中心的思想更加侧重于责任而非权力,从这种意义上看,政府更像是治理的"同辈中的长者",通过设计协作制度,提出远景设想,以此达成协作,并对治理失灵负责。政府作为元治理的主体,但不是高高在上的国王。

政府、市场、社会人群或组织由于参与的身份和角度不同,必然会倾向于各自的偏好,但是对于环境治理这一复杂性问题,单一的治理模式复杂性均不足以解决环境问题,需要各种治理模式相互协调配合

(Meuleman Louis，2010：49-70）。政府有责任和义务通过正式权威的强制力进行治理模式的选择和协调，可以说离开了政府这一中心，各种治理模式的协调是不可能的。为了减少治理复杂性问题所需要的"必要多样性"造成资源的浪费，政府要从复杂性程度由低到高选择治理策略。同时，元治理认为三种治理模式的协作并非简单叠加，如果处理不当，可能会使治理模式之间互相倾轧，产生1加1小于2甚至1加1小于1的情况。因此政府首先应当针对治理对象和目标选择适当的治理模式，为治理提供制度基础和法律保障，明确在哪些领域政府应该"伸手"，哪些领域政府应该退出，交给市场和社会处理，同时政府要保证及时在治理模式的选择上进行切换。当一种治理模式无法解决复杂性问题时，政府有责任引入其他治理模式进行辅助（一阶），或者共振（二阶）。由此而论，正式权威的运动范围应该尽可能地服从参与式治理的方式，所谓治理发生在"层级的阴影"下（Whitehead Mark，2003：6-14），这里的层级应当被理解为对社会的、民主责任的包容，而不是单边的自上而下的命令，其目的是尽量减少不适合的治理模式对适合的治理模式的倾轧，在最小化社会排斥条件下通过自反身性的方式使效率、效能和民主责任得以实现（Bob Jessop，2003a）。真正达到1加1加1远大于3的治理效果。

  当面对极为复杂的问题，元治理的复杂性不足时，元治理也有失灵的可能。元治理理论认识到了失灵的可能性，提出从认识、实践、哲学三个层面回应失灵。在认识层面，提出"部分失灵"和"部分成功"概念，即在承认失灵的前提下，通过细化、清晰治理对象和目标，明确可以接受的失灵程度，以及必须起码达到的部分成功程度。在实践层面，要加强学习和引进新的治理工具和手段，加强多样性的冗余以应对复杂性，最小化失灵，保证部分成功。在哲学层面，区别于宿命论、斯多葛主义的"理智的悲观主义"，面对必然的失灵元治理者要有罗蒂式浪漫主义的反讽，接受不完全和失灵是社会生活的基本特征，但是却继续活动就好像可能成功的"想一套做一套"的"意志的乐观主义"（Bob Jessop，2003a）。这就要求治理主体的政府在将复杂性问题简单细化的同时要坚持用复杂性研究复杂性的观点，保证简化后的复杂性问题仍与现实相一致。

二 元治理视阈下我国环境治理的现状与缺陷

近年来我国一直致力于深化体制改革，建设服务型政府，在带领市场和社会进行环境治理方面也取得了瞩目成就，但仍未摆脱"为民做主"的现状，在某种程度上还未切实走向"为民服务"。公民社会的发育还不够充分，社会力量比较薄弱，资源高度集中于政府之手，政府是唯一有能力的环境监管者，自然资源的公有制又使得政府实际掌握着几乎全部的环境资源，从而也在事实上主导着各种环境行为。建国以来，我国制定了一系列有关环境治理的法律、法规、规章、条例，对我国环境保护起到十分积极的作用。但是许多规章制度的修订是在20世纪七八十年代，带有很强的计划经济色彩，对于环境治理问题也是命令的强制性法律法规和制度较多，激励性的法律法规和制度较少，政府的指挥和命令深深渗透在市场和社会的各个方面，在市场中占据重要地位的国有企业占有大量的资源，从某种意义上作为政府的延伸与民争利的现象时有发生；许多社会组织依靠政府拨款，难以摆脱官办的性质，并不是真正意义上的非政府组织（NGO），难以作为社会网络治理的主体之一真正反映民意。

这种政府的高高在上容易导致其在环境治理中的越位和缺位问题。一方面，政府上项目时追求GDP，对社会意见不够重视，导致环境群体性事件增加；在环境治理中"拍脑门"决策影响企业正常生产运营。另一方面，环境部门重视有获利机会的审批环节，将许多本该政府承担的监督和管理职能推给社会和民间机构，而民间机构缺乏为政府所独有的强制力，因此监督和管理能力有限；由于政府监管不足，经常出现各地政府对环保未达标企业只是罚款了事，且由于惩罚力度较低，导致治污企业和排污企业基于"减排成本最小化"的利益共识，盲目追求低价招投标，减排走过场搞形式，造成我国环保"守法成本高，违法成本低"的现状（梁嘉琳，姜刚，辛林霞，2013）。

我国通过施行环境税、排污费、环境补贴等手段引入市场机制和社会网络机制，以弥补政府资源的有限，取得了一定的成效。但是无法使其有效发挥调节功能，许多并不适应市场规律，如排污费的征缴往往远低于污染治理设施的正常运行成本（一般仅为实际成本的50%，有时甚至不到10%），没有切实建立起反映资源稀缺程度的价格形成机制，无法将外部性真正有效内化为企业生产成本，在环境治理方面市场机制无法有效运行，甚至造成企业花钱买排污权的现象（中国工程院，环境保护部，2011：185）。除了过多的计划经济色彩的规章制度，政府在环境问题上过多的命令性行政手段严重影响了通过市场治理环境问题的积极性和有效性。此外，虽然提出"谁污染谁治理"原则，但是没有完善的自然资源资产产权制度使得很难追究污染企业的责任以及货币化企业使用资源所应付出的代价，这些都导致了企业没有动力进行污染治理和技术创新。

我国动员社会力量参与环境治理已有一定的发展。2006年开始施行的《环境影响评价公众参与暂行办法》和2007年颁布的《环境信息公开办法（试行）》具有积极的示范意义，部分省市相继发布了地方环境信息公开办法和环境影响评价公众参与管理办法，这些举措是对社会力量参与环境治理的重要动员。但是由于历史原因，我国社会经济发展一直强调集中，公民社会发展相对滞后，政府规制比较严格，致使公众参与治理的机会、渠道、热情受到影响。在跨越式发展面前，政府不得不包办更多，这样政府就显得更加强势，而这反过来又进一步压制了公众参与的积极性，形成了一种"强政府，弱社会"的"锁入效应"。而随着生活水平的进步，已经满足温饱的社会群众开始更加关心与自身息息相关的环境问题，却找不到有效的正规参与途径。2012年10月26日，环保部原总工程师、中国环境科学学会副理事长杨朝飞在十一届全国人大常委会专题讲座上的讲话中指出，2005年以来，环保部直接接报处置的环境群体性事件共927起，重特大事件72起，其中2011年重大事件比上年同期增长120%。在众多的环境事件中，尽管环评单位的公众调查程序、范围和人数符合相关规定，但大多数公众却声称他们没有参与相关环评的公众参与环节，也不了解环境影响报告书的内容。这些矛盾暴露了我国环境治理中公民参与走形式，政府缺乏与市民有效沟通，信息不公开，民众权益未获应有尊重，少数利益相关者一言堂等问题。

我国环境法制建设取得较大进展，环境法制体系初步形成，但仍不完善，环境政策制定还需更加科学化。除了《宪法》中关于环保的原则性规定之外，我国先后制定和实施了《环境保护法》、《环境影响评价法》、《大气污染防治法》、《固体废物污染环境防治法》，以及《野生动物保护法》、《矿产资源法》、《森林法》、《循环经济促进法》等近30部与环保、资源相关的法律，为了细化法律或者填补法律的模糊地带，国务院还制定了60多部环保方面的行政法规；另据统计，国务院相关部门、各地方人大和地方政府依照各自职权也制定和颁布了600多项部门规章和地方性法规。从复杂性角度来看，制定如此详尽的法律法规的目的就是细化环境治理的总体目标，将环境治理这一高度复杂性问题分解为各种复杂度相对低一些、更加适合治理的子目标。从实际情况来看，环境法律规范之间仍然缺乏完整的逻辑结构，存在一些相互重复、相互抵消、相互脱节和缺乏操作性的内容（中国工程院，环境保护部，2011：68-69）。

我国对环境问题的复杂性进行了积极研究和探索，但在环境规划、目标制定、措施选择等决策过程中仍有急于求成、目标定的过高或过粗、总量目标与环境质量脱钩的问题没有得到解决。如2010年河北安平县为完成节能指标而拉闸限电（中国青年报，2010）；2011年西安将增加蓝天数量作为环境治理的目标，却出现2012年5月份优良天数"全勤"，而可吸入颗粒物月平均浓度却较2011年5月份上升10%的"蓝天数量增多，环境质量下滑"的现象（西安晚报，2012）。治理对象和目标的不明确使环境问题的复杂性没有得到有效简化或者得到扭曲的简化，环境治理效果因此不理想甚至出现失灵。

三 元治理理论对我国环境治理策略选择的启示

政府内部除了纵向的层级关系外，也存在横向的网络关系，这是应该得到重视和巧妙设计利用的。政府组织结构应尽量扁平化，减少层级带来的信息传递的扭曲和不畅，以及所造成的信息响应的延迟，还可以避免地方政府"歪嘴和尚念歪经"，政府的层级改革将会对环境治理产生积极意义。另一方面中央政府要向地方政府合理分权，进行环保授权。中央政府主导制度供给，激发地方绿色发展的内部驱动力，而尽量淡化或不过多从事过于具体的操作。中央政府对环境设立最低标准，允许地方设置更高标准，同时鼓励地方政府积极寻求环境治理方面的各种横向合作。

政府与市场和社会网络之间的关系应是"同辈中的长者"。这有两层意思，一是平等，即政府的层级治理与市场治理和社会网络治理之间的关系是平等的，政府不能也不可能介入环境治理的全部环节。比如借鉴西方国家新上项目时通过社会利益相关者协商一致的办法，减少审批手段，政府只肩负设立环保标准以及考核等责任，进而减少政府获利的机会，使政府不能也不愿强加意志于不适合层级治理的领域，这种培养社会网络治理的方法可以反过来限制政府过度"做主"。第二层意思是在平等的基础上政府要起到带头作用，放权不意味着逃避责任，相反，只有政府可以运用法律法规，通过强制力达成环境治理模式的共振。这就要求政府通过法律法规约束自身行为，下放部分权力的同时有责任通过提供法律和制度保障和辅助环境治理中的市场机制和社会网络机制，此外在市场与社会网络占主导的环境治理领域出现诸如严重雾霾、环境群体性事件时，政府有责任果断打开工具切换窗口，切换为适合解决突发状况的层级治理模式。可见，强调责任才是"新政府中心论"的含义。

强调市场配置资源的决定性作用。使市场在资源配置中起决定性作用的关键是定价，定价的前提是明晰产权，利用定价将自然资源资产化，是实现生态文明的关键举措之一。政府要加强制度建设，为市场经济运行创造良好的外部环境，维护市场运行秩序，促进竞争，使市场的成本—收益机制得以有效运行，以此引导资源和技术在市场中的流向。建立有效的生态补偿机制，也是改革生态环境保护管理体制的关键之一。通过在区域、流域等大尺度层面，在不同行政区之间依靠财政支付转移等手段，"鼓励"重污染企业退出或进行技术革新，并支持环保企业发展，倡导绿色 GDP 概念。

大力培养公民社会，提高社会环境自治水平。鉴于公众参与的地位仍有待提高、环境信息的公开时间仍较为滞后、公众参与的形式较为单一，政府方面还应该加强作为：①进一步修订相关法律法规，赋予公民更多的知情权、参与权和监督权，为扩大公众参与提供更完善的制度保证；②培养公民环保意识，并做好管理与服务工作，鼓励公众参与环境影响评价，早期介入，全程参与，减少公众参与的成本；③促进信息公开，保证公众参与的有效性；④大力培养和扶植民间环保机构和自治组织，加大公众参与的话语权。此外还要注意到我国的社会网络相对而言平等性更加不充分，相当多的网络节点并未成为网络的有效参与元素，而一些网络节点（如企业老板、微博大V等公众人物）则拥有更多与其他节点的链接数，实际上成为了网络的枢纽，这些处在关键位置的人或组织在社会网络治理中有更多的优势。政府在促进公众参与的同时要适当鉴别和明确利益相关者，避免参与对象缺乏代表性和广泛性，同时注意杜绝环境相关政策的利益集团主导以及"一言堂"现象，畅通诉求表达机制和完善矛盾化解调处机制。

环境治理的政策制定要科学、明确、具体、细化。治理效果的不理想乃至失灵，往往是治理对象不明确、治理目标模糊造成的。在将环境治理的对象和目标划分为复杂性适当的子对象和子目标时需要注意，不可将环境治理的对象和目标划分过于笼统，否则政府进行元治理所赋予三种治理模式的自主弹性不能保障足够的复杂性应对环境治理的子对象和子目标的复杂性；反之过分细化则可能变成"头痛医头，脚痛医脚"，治标不治本。

政府在带领市场和社会力量进行环境治理时要认清复杂性体现在两个方面。一方面是环境本身，如各种污染之间的非线性关系（农业污染和工业污染相互加强、水污染与空气污染相互加强等等）。另一方面是环境同其他因素之间的非线性关系，如因为环境治理而带来的可能的经济增速短期下降、因关停企业等造成的就业问题，以及因此有可能产生的群体性事件等等。进行环境治理决策时不仅要有宏观层面的政策出台，还要完善相关细则，政府各部门对具体环境问题具体分析，各地方政府因地制宜采取治理对策。是进行分开治理还是统一治理，分开治理的划分程度如何，需要政府科学细化环境治理的对象，明确治理的长期目标、中期目标和短期目标、整体目标和局部目标。这就要求政府改革生态环境保护管理体制，掌握新型和跨学科技术，科学决策，提高政府处理复杂问题，建设生态文明的元治理能力。

四 结论

环境问题具有较强的"公共性",单纯的市场治理和社会网络治理往往可能导致失灵,需要政府通过强制力介入环境治理。但是这并不表示"政府万能",对政府介入的正确理解应该是政府通过设立环保标准以及考核等责任为市场和社会机制的有效运作提供条件,以达到三种治理模式的相辅相成,而不是政府直接介入到具体的环境治理中去。元治理理论对我国环境治理策略选择具有一定的启示:①将政府定位在"同辈中的长者";②强调市场配置资源的决定性作用;③政府在促进公众参与的同时要适当鉴别和明确利益相关者,完善社会治理机制;④环境治理的政策制定要科学、明确、具体、细化。

参考文献

1. 梁嘉琳、姜刚、辛林霞等(2013),《越位与缺位:环保监管的灰色地带》,《经济参考报》,7月17日。

2. 中国工程院、环境保护部(2011),《中国环境宏观战略研究战略保障卷》,中国环境科学出版社。

3. JessopBob(2003a),Governance, Governance Failure, and Meta-Governance. Arcavacata di Rende:Universita Della Calabria.

4. Jessop Bob(2003b),Governance and Metagovernance:On Reflexivity, Requisite Variety, and Requisite Irony//Governance, as Social and Political Communication. Manchester:Manchester University Press.

5. MeulemanLouis(2011),Metagoverning Governance Styles-Broadening the Public Manager's Action Perspective//Jacob Torfing and Peter Triantafillou. Interactive Policy Making, Metagovernance and Democracy. Colehester:ECPR Press.

6. MeulemanLouis(2010),The Cultural Dimension of Metagovernance Why Governance Doctrines May Fail. Public Organization Review.

7. Whitehead Mark(2003),In the Shadow of Hierarchy:Meta-Governance, Policy Reform and Urban Regeneration in the West Midlands. Area.

法治政府建设

县级政府依法行政动力系统存在的主要问题及改善途径

——基于23个省市区的调查统计数据

姚锐敏

编者按：摘要：加强县级政府依法行政是全面推进依法行政、建设法治政府的重要基础，在很大程度上决定着政府依法行政的整体水平和法治政府建设的整体进程。全面推进县级政府依法行政需要有强大的动力支持。实证调查表明，县级政府依法行政的动力主要由内部驱力、行政拉力、司法推力和社会压力四个部分构成。目前县级政府依法行政动力系统存在一些突出问题，主要表现为内部驱力相对匮乏、行政拉力运行机制不完善、司法推力的能量释放受限、社会压力负面效应明显等突出问题，导致县级政府依法行政的总体动力不足，影响了县级政府依法行政的进程和绩效。完善县级政府依法行政的动力系统，增强县级政府依法行政总体动力的有效途径在于培育公务员的法治信仰，健全依法行政的考核机制，完善行政诉讼制度，消减社会压力的负能量。

关键词：县级政府；依法行政；动力。

一 引言

加强县级政府依法行政是全面推进依法行政、建设法治政府的重要

---

* 本文原载于《政治学研究》2014年第5期。

基础，在很大程度上决定着政府依法行政的整体水平和法治政府建设的整体进程。全面推进县级政府依法行政需要有强大的动力支持。深入分析县级政府依法行政动力的基本构成及其运行状况，有利于改善县级政府依法行政的动力系统，增强县级政府依法行政的总体动力，加快县级政府依法行政的发展进程。

为了真实反映县级政府依法行政动力的现实状况，2013年7—8月，我们依托教育部人文社会科学研究项目"县级政府依法行政动力的优化与开发研究"，组织开展了一次较大规模的实证调查。参与调查的除了课题组成员以外，还包括面向武汉地区高等学校的大学生和研究生招募的70多名课题调查员。调查采取问卷和访谈相结合的方式，调查对象包括县级政府管辖范围内的普通公民和公务员，调查范围涉及湖北、河南、广东、安徽、山东、重庆等23个省市自治区。共发放问卷3200份，回收2853份，回收率为89.1%。其中有效问卷为2688份，有效率为94.2%。在2688份有效问卷中，公务员的问卷1252份，普通公民的问卷1436份。此外，还对县级政府公务员进行了43次面对面的深度访谈。本文将结合实证调查结果，从县级政府依法行政动力的基本构成、主要问题和改善途径三个方面展开论述。

二　县级政府依法行政动力的基本构成

目前国内专门研究县级政府依法行政动力的成果凤毛麟角，以地方政府依法行政动力为研究对象的成果也十分有限。从现有的研究成果看，研究者认为包括县级政府在内的地方政府依法行政动力具有多元性的特点，地方政府依法行政是多种力量共同作用的结果。关于地方政府依法行政动力的具体构成，有研究者认为，县级政府依法行政动力主要由利益型动力和内压型动力两类动力构成。利益型动力包括经济利益动力、政治利益动力、理念转变动力、改革利益动力；内压型动力主要是指由政绩考核和行政问责对县级政府及其工作人员造成的内部压力而形成的动力源。有的研究者从作用主体的角度将地方政府依法行政的动力概括为内部驱力和外部压力两大类，内部驱力主要是指依法行政主体内部自身的动力，外部压力则是指来自依法行政主体之外的各种推动力量，包括上级党政机关和社会民间力量的推动（邹伟、王芳，2010）。还有的研究者将地方政府依法行政的动力源泉具体归结为六个方面：地方政府行政负责人的使命和责任感；地方政府相互之间的竞争；法律对地方政府行政的严格要求；上级政府对重大行政违法的"高压"；媒体尤其是新媒体带来的舆论压力；公众的参与进而要求"合作治理"的诉求（朱晓明，2013）。

上述观点都具有一定的合理性，对于进一步深入系统的探讨和有效改善县级政府依法行政的动力具有一定的启发借鉴意义。然而，我们也注意到，有关县级政府依法行政动力的既有研究大多是建立在单纯的逻辑推导基础上的，缺乏充分的实证调查数据支撑，这种情况在一定程度上影响了研究结论的可靠性和说服力。

我们认为，从理论上分析县级政府依法行政的动力虽然具有一定的意义和价值，但这种理论分析所揭示的动力大多只是一种可能性，只有当这些可能的动力因素通过一定的途径和方式传导至县级政府依法行政的具体行动者——公务员，并被他们所感知或接收的时候，才能构成推动县级政府依法行政的现实动力。因此，依法行政的具体行动者——公务员的主观感知是观察和研究政府依法行政动力的一种可行途径。

通过对县级政府公务员的问卷和访谈调查，我们发现，县级政府依法行政的动力主要由内部驱力、行政拉力、司法推力、社会压力四个部分构成。

（一）内部驱力

内部驱力是指县级政府及其公务员推进依法行政的主观能动性。依法行政作为一种法治理念、原则和机制，需要通过具体的行政机关及其工作人员的履职行为得以贯彻和实现，因此，县级政府及其工作人员是否具有推进依法行政的积极性和主动性，是否能够自觉坚持依法行政，将直接影响县级政府依法行政的发展进程和绩效水平。相对于其他动力而言，内部驱力是县级政府依法行政的内因，是县级政府依法行政的直接动力。

县级政府依法行政的内部驱力主要是基于公务员的法治信仰和政治责任感、使命感而产生的。当法治成为公务员的信仰时，公务员将直接从依法行政活动中获得精神上的快乐和满足，法治信仰也将因此化为推进政府依法行政的强大内生动力。强烈的政治责任感和使命感也是公务员产生依法行政内驱力的重要动因。县级政府的性质和地位决定了其在推进法治中国建设的伟大事业中肩负着特殊重要的政治责任和历史使命，而县级政府公务员一旦感知并认同这种政治责任和历史使命，就会积极主动的投身于建设法治政府的实践之中，自觉坚持推进依法行政。我们的问卷调查统计结果显示，有70.5%的受访公务员认为县级政府推进依法行政与"政府公务员对法治的信仰和政治责任感、使命感"有关；90.4%的受访公务员肯定"公务员对法治的信仰"是县级政府积极主动推进依法行政的动因；92.5%的人肯定"公务员的政治责任感和使命感"是县级政府积极主动推进依法行政的动因；73.7%的受访者认为县级政府如果没有坚持依法行政，它会担心"违背自己的信仰"。

除了法治信仰和政治责任感、使命感以外，县级政府及其工作人员对某种实际利益的追求也可以产生依法行政的内驱力。根据公共选择行政官僚行为动机理论，县级政府推进依法行政必然包含着某些自利动机，比如赢得上级的表彰和社会的赞誉、避免被问责等。在我们的问卷调查中，肯定"赢得上级的表彰奖励"、"避免被问责或被通报批评"、"获得社会公众的好评"是县级政府推动依法行政动因的受访公务员比例分别为88.9%、90.8%和89%。

（二）行政拉力

行政拉力是指来自政府系统内部自上而下推动县级政府依法行政进程的力量，具体表现为上级政府在推动县级政府依法行政过程中采取的各种激励和鞭策措施。从作用方式和基本功能上分析，上级政府在推进县级政府依法行政中所发挥的作用主要是前导和引领，因此，本文将上级政府的作用概括为"行政拉力"。（注：考虑到上级党委和人大对县级政府依法行政的作用一般是通过行政系统内部的领导隶属关系传送的，本文将其纳入行政拉力的范畴。）

在县级政府依法行政的动力构成中，自上而下的行政拉力占有十分重要的地位，是推动县级政府依法行政的主要动力。从现实情况看，县级政府依法行政的每一步重要进展，主要都是依靠政府系统内部的行政力量自上而下层层拉动的结果，上级政府的重视程度和工作力度在很大程度上决定着县级政府依法行政的发展水平。对此，县级政府公务员有切身感受。例如，在我们的调查中，有65.2%的受访者认为"上级要对依法行政工作进行监督考核"是县级政府推进依法行政的重要动力因素。另外，分别有88.9%和90.8%的受访公务员认为上级组织可以通过"表彰奖励"和"监督问责"等方式推动县级政府依法行政。

我国是单一制国家，政府组织结构中存在着纵向的领导隶属关系，下级政府要服从上级政府的领导，执行上级政府下达的命令、指示，要对上级政府负责。这种行政体制为政府自上而下的拉动县级政府依法行政提供了可靠的组织保障。

（三）司法推力

司法推力主要是指人民法院通过行政诉讼案件的审理和判决推动政府依法行政。行政诉讼程序的启动以行政机关实施了行政行为为前提条件，从时间上说，行政诉讼对依法行政的作用力具有后发的特点，因此，本文将其概括为司法推力。

司法推力主要是通过行政诉讼机制实现的。从形式上看，行政诉讼是人民法院主导下的司法程序，但其基本宗旨和功能是"维护和监督行政机关依法行使行政职权"，而无论是"维护"还是"监督"，客观上都具有推动政府依法行政的作用。从"维护"功能上看，人民法院通过作出维持判决肯定行政主体依法实施的行政行为，一方面强化了行政行为的法律效力（向忠诚、李振华，2006），另一方面也是对行政机关依法行政的一种支持和鼓励。从"监督"功能上看，人民法院通过作出撤销和变更等判决否定行政机关实施的行政行为，不仅在个案意义上实现了依法行政的具体目标，更重要的是细化了依法行政的标准，明确了合法与违法的界限，增强了政府依法行政的观念，从一般意义上起到了推动行政机关依法行政的作用。总而言之，行政诉讼制度在推动政府依法行政进程中发挥了不可替代的重要作用，它不仅催生了一大批法律，而且唤醒了越来越多人的"公民意识"，也推动行政机关提出了"依法行政，建设法治政府"的建设目标，还强化了行政机关自我约束和自我限制的意识（马怀德，2011）。

我们的实证调查结果显示，县级政府公务员对司法拉力的作用具有明显的感知，44.4%的受访者明确表示司法监督是县级政府推进依法行政的动力因素；92.2%的受访者认为行政相对人提起行政诉讼对县级政府依法行政具有推动作用；56%的受访者认为人民法院在推动县级政府依法行政方面发挥的作用"很大"或者"比较大"；91.8%受访者认为县级政府会担心在行政诉讼中败诉。这些数据从一个侧面表明以行政诉讼制度为主要机制的司法力量具有在整体上推动县级政府依法行政的作用。

（四）社会压力

社会压力是指社会民间力量对县级政府依法行政的作用力，主要包括社会成员的维权行动、新闻媒体的监督、社会舆论的影响等等。从本质上讲，由各种民间力量构成的社会压力是推动县级政府依法行政的根本动力。这是因为，首先，社会对建设法治政府的需要是政府推进依法行政的原始动因。其次，民间社会的法治需求是决定法治政府建设内容和发展方向的关键因素。第三，社会的法律意识和法治需求水平决定了依法行政、建设法治政府的总体发展进程。

作为促进县级政府依法行政的一种正能量，社会压力主要是通过公民参与的途径和形式得以释放的。从现实情况看，公民参与的形式大致可以分为三种：第一种形式是公民个体直接向党和国家表达诉求，如上访、申请行政复议、提起行政诉讼等等；第二种形式是公民通过新闻媒体向党和国家表达诉求；第三种形式是公民通过社会组织（民间组织）向党和国家表达诉求。这三种形式的参与都可以对县级政府形成一定的压力，进而起到推动和促进县级政府依法行政的作用。在我们的问卷调查中，66.7%的受访者认为县级政府推进依法行政与"社会舆论和公众的压力"有关，50.2%的人认为与"公民的维权行动"有关，26.1%的人认为与"民间组织的推动"有关。51.6%的受访者表示"获得社会公众的好评"是县级政府推进依法行政的很重要的动因或者比较重要的动因。在回答"如果县级政府在某一件事情的处理上没有严格依法行政，它会担心什么"的问题时，95.1%的受访者选择了

"当事人上访"，97.7%的人选择了"被媒体曝光"，100%的人选择了"引发群体性事件"。这充分说明社会压力是县级政府依法行政的重要动力。

三 县级政府依法行政动力存在的主要问题

近年来，县级政府依法行政工作取得了有目共睹的成绩，在我们对公务员和普通公民的问卷调查中，70.6%的受访者表示近年来县级政府依法行政的状况有进步。但是，从总体上看，县级政府依法行政的进展还不理想，与人民群众的期望以及法治政府的要求相比还存在明显差距。例如，受访者对县级政府依法行政现状给予积极评价（认为"非常好"和"比较好"）的比例只有40.8%。

影响县级政府依法行政总体进程的原因是多方面的，其中一个重要原因是县级政府依法行政的动力不足。在我们的问卷调查中，56.4%的受访者对"目前县级政府依法行政面临的一个突出问题是动力不足"的判断表示认同。从动力系统本身的角度分析，影响县级政府依法行政总体动力的因素主要包括以下几个方面：

（一）内部驱动力相对匮乏

公务员的法治信仰是依法行政内部驱动力的重要来源。公务员一旦树立了对法治的信仰，就会自觉坚持依法行政，抵制各种违法行政。然而，我们的调查结果显示，目前县级政府公务员的法治信仰明显缺乏。在回答"如果法律法规的规定与领导的指示不一致，公务员会如何选择"的问题时，只有34.6%的受访公务员表示会按法律法规的规定办，而表示会按领导指示办的公务员则达到49.9%，另有15.2%的受访者表示说不清楚。

依法行政的内部驱动力是相对外部动力而言的。为了比较内部驱动力与各种外部动力之间的相对重要性，我们采用5点评定法（1. 作用很小；2. 作用比较小；3. 作用一般；4. 作用比较大；5. 作用很大）对各种动力因素的实际作用进行了测量，并运用SPSS统计软件进行了统计分析。结果显示，与内部动力直接相关的"法治信仰和政治责任感与使命感"在作用强度得分均值排名中仅高于"投资环境方面的竞争压力"和"民间组织",在9种调查因素中排名倒数第3,明显低于"新闻媒体"、"上级党政机关"、"县委"等外部因素。这表明,目前县级政府依法行政主要依靠的是外部力量的推动,内部驱力相对不足。

表1　　　　　　　县级政府依法行政动力因素作用强度

		县级人大	新闻媒体	县委	公民维权	上级机关	人民法院	民间组织	法治信仰	竞争压力
N	Valid	1252	1252	1252	1252	1252	1252	1252	1252	1252
	Missing	0	0	0	0	0	0	0	0	0
Mean		3.745	4.109	4.005	3.605	4.065	3.592	2.876	3.481	3.369
Median		4.000	4.000	4.000	4.000	4.000	4.000	3.000	4.000	3.000
Minimum		1.0	1.0	1.0	1.0	1.0	1.0	1.0	1.0	1.0
Maximum		5.0	5.0	5.0	5.0	5.0	5.0	5.0	5.0	5.0

此外,在回答"如果县级政府不依法行政会担心什么"的问题时,73.7%的受访公务员认为会担心"违背自己的法治信仰";98.4%的人认为会担心"引发群体性事件";98.3%的人认为会担心"被媒体曝光";98.1%的人表示会担心"被上级机关问责";97.6%的人认为会担心"当事人上访";91.8%的人认为会担心"在行政诉讼中败诉"。这从另一个角度显示内部驱力因素对县级政府依法行政的影响明显低于外部动力因素。

为了检验上述结论的可靠性,我们采用4点评定法(1.不会担心;2.有一点担心;3.比较担心;4.非常担心)对县级政府所担心的各种因素进行了测量和统计分析。结果显示,"违背自己的信仰"得分均值明显低于"被媒体曝光"、"引发群体性事件"、"上级机关问责"、"当事人上访"等外部动力因素,在所调查的9个因素中排名垫底。

表 2　　县级政府对不依法行政后果的担心

	N	Mean	Std. Deviation
被媒体曝光	1245	3.34	.722
引发群体性事件	1246	3.29	.751
上级机关问责	1240	3.20	.755
当事人上访	1249	3.11	.783
县委问责	1238	3.03	.815
县人大问责	1235	2.86	.842
在行政诉讼中败诉	1239	2.69	.853
影响投资环境	1230	2.46	.880
违背自己的信仰	1224	2.16	.904
Valid N（listwise）	1203		

内部驱力是县级政府依法行政持久的和直接的动力。一方面，基于强烈的法治信仰和政治责任感与使命感，公务员会积极主动、坚持不懈地自觉推进依法行政；另一方面，内因是变化的根据，外因是变化的条件，推动县级政府依法行政的各种外部力量需要通过内因才能发挥作用。内部驱力的匮乏，县级政府依法行政往往难以取得稳定持久的发展成效，而且还会在一定程度上抑制和妨碍外部力量的作用，影响县级政府依法行政动力的整体能量。

（二）行政拉力运行机制不完善

如前所述，在县级政府依法行政的动力构成中，自上而下的行政拉力占有十分重要的地位，是推动县级政府依法行政的主要动力。我们对县级公务员的问卷调查结果显示，目前行政拉力的主要作用途径和方式包括"开会动员部署"、"监督检查"、"通报批评"、"工作指导"、"下发文件"、"表彰奖励"、"目标考核"。各种机制的作用效果得分均值都在3.5以上，说明通过这些机制的运行可以实际推动县级政府依法行政。

表 3　　　　　　　　行政拉力作用途径的效果测评

	N	Mean	Std. Deviation
开会动员部署	1241	3.50	.893
监督检查	1250	4.93	.798
通报批评	1247	4.89	.806
工作指导	1238	4.51	.878
下发文件	1239	4.40	.866
表彰奖励	1237	4.84	.873
政绩考核	1245	5.14	.806
Valid N (listwise)	1219		

　　然而，深入的分析表明，行政拉力的作用机制并不是很完善。以考核为例，考核是上级政府推动县级政府依法行政的重要机制和手段。但从我们调查的情况看，目前对县级政府依法行政的考核还存在诸多问题。第一，在考核主体方面，目前各地一般规定对县级政府依法行政的考核工作由上一级政府的法制机构具体负责实施，但政府法制机构本身人手少，行政复议、规范文件备案审查、政府决策的合法性审查等繁重的常规工作已经使其不堪重负，很难全面承担对县级政府依法行政的考核重任。这是一些地方至今还未开展县级政府依法行政考核工作的重要原因之一。第二，在考核内容方面，虽然许多地方通过制定依法行政考核指标体系细化了考核内容，但这些考核指标体系还不够完善。例如，考核指标体系中的许多指标只能反映县级政府是否做了某个方面的工作，而不能反映其做得怎么样，是否产生了实际效果。这样的考核容易助长依法行政中的形式主义，弱化考核对依法行政的实际推动作用。另外，目前的考核指标虽然比较全面，但重点不够突出；指标要求整齐划一，没有充分考虑考核对象的特殊性，不利于县级政府结合本地实际创造性开展依法行政工作。第三，在考核形式方面，目前对县级政府依法行政的考核主要采取年度考核的形式。虽然一些地方制定的考核办法明确规定应当坚持日常考核与年度考核相结合的原则，但由于多种原因，日常考核很少开展。这种情况不仅可能影响依法行政考核结果的真实性，而且在一定程度上限制了考核功能的正常发挥。第四，在社会参与

方面，目前县级政府依法行政考核的社会参与度明显不够，考核基本上是在政府系统内进行的，无论是考核过程还是考核结果，都缺乏应有的透明度。在本次问卷调查中，只有26.2%的普通公民受访者表示政府依法行政工作的考核过程和考核结果是公开透明的。这从一个方面表明社会公众对县级政府依法行政考核的参与十分有限。社会参与不足，考核结果的公正性与公信力就容易受到怀疑，另外，考核对县级政府依法行政的推动作用也会受到一定程度的影响。第五，在考核结果的运用方面，虽然从国务院到地方各级政府都明确规定要将依法行政考核结果与奖励惩处和干部任免提拔挂钩，但由于缺乏具体的操作办法，这些规定在实践中基本上没有得到真正的贯彻执行。在我们的问卷调查中，认为"在同等条件下依法行政工作做的好的政府领导人会优先得到提拔或重用"的受访公务员不到四成。另外，在惩处方面，对依法行政考核成绩不佳的，上级政府很少会采取严厉措施，通常只是在一定范围给予内部批评，并且还可能因为照顾面子而不点名。

依法行政考核存在的上述问题在很大程度上限制了考核作为促进县级政府依法行政重要动力机制的功能发挥，影响了行政拉力的强度。

（三）司法推力的能量释放受限

如前所述，司法推力的主要运行机制是行政诉讼（司法审查）。国外的经验证明，行政诉讼是推动政府依法行政的重要动力机制。依法行政的根本宗旨是为了保障公民的权利与自由，而司法审查是实现这一根本宗旨的重要途径。"司法审查是法院监督行政机关遵守法律的有力工具，没有司法审查行政法治等于一句空话，个人的自由和权利就缺乏保障"（王名扬，1995：566）。

我们的调查表明，行政诉讼制度的作用还没有得到充分的发挥，与其本身的价值承载以及人们的期待相比还存在较大的差距。表1显示，在推动县级政府依法行政的4种官方力量（上级党政机关、县委、县人大、人民法院）中，人民法院（行政诉讼）的实际作用得分均值最低。

行政诉讼对县级政府依法行政的推动作用发挥不理想，除了有体制不合理的因素以外，一个重要原因是这种司法推力的能量释放受到很大的限制。首先，我国实行议行合一的人民代表大会制度，人民法院对行政机关的司法监督权来自人大及其常委会通过《行政诉讼法》等法律法规的具体授权，具有明显的局限性。例如，根据现行法律的规定，人民法院只受理当事人对具体行政行为不服而起诉的行政案件，因此，人民法院就很难通过行政诉讼机制直接影响县级政府制定规范性文件以及做出重大行政决策的行为。另外，目前人民法院原则上只能审查具体行政行为的合法性，不能审查其合理性，这就意味着在很大程度上将县级政府的自由裁量权排除在司法监督之外，进一步限制了行政诉讼的作用范围。其次，受传统观念的影响和个人素质的制约，老百姓普遍存在着"不敢诉"、"不愿诉"、"不会诉"的现象，加之一些地方法院人为提高了行政诉讼的门槛，导致法院受理的行政诉讼案件数量很少。以陕西省为例，据陕西省政府法制办（2012）统计，2011年全省共发生行政应诉案件646件。其中以县级政府为被告的只有128件，平均每一个县（市、区）不到2件。没有适量的行政诉讼案件，法院对县级政府依法行政的推动作用就无法得到直接、具体和充分的体现。

（四）社会压力负面效应明显

在现实中，县级政府依法行政的社会压力主要来自公民的维权行动和新闻媒体及社会舆论的影响。从县级政府依法行政的角度分析，这些社会压力的作用具有双重效应：一方面，在法律和制度的框架内，正常的公民维权和新闻舆论监督所形成的社会压力蕴含着积极的正能量，可以起到促进县级政府依法行政的作用。另一方面，无序的公民维权行动和失范的新闻舆论监督很容易形成消极的负能量，对县级政府依法行政产生不利影响。

以公民维权为例，公民的维权活动可以使县级政府重新审视自己实施的行政行为，主动纠正错误，还可以引起上级党政机关的关注或者司法机关的介入，督促县级政府改正错误。这是公民维权对县级政府依法行政产生的积极作用。但是，公民维权也有可能产生相反的作用，比如，当事人通过不断的上访、挑起群体性事件、自残自杀等方式对政府施压，在这种情况下，县级政府往往会基于"维稳"的政治考虑而违反依法行政的法治原则。在我们的调查中，32.1%的受访者认为"当事人的压力"有可能迫使县级政府在处理具体问题时违反依法行政原则。

再以新闻舆论为例,新闻媒体和社会舆论对政府依法行政的积极作用是有目共睹的,通过新闻媒体和社会舆论的作用,可以将行政权力运行过程置于公众的监督之下,有效防止政府的腐败和权力的滥用。然而,许多事实证明,在缺乏必要规范的情况下,新闻媒体和社会舆论不仅不能促进县级政府依法行政,相反还会成为县级政府依法行政的阻力或者反动力。这种判断在我们的问卷调查中得到了一定程度的证实。在2688个受访者中,54.6%的人不赞同"在任何情况下社会舆论都是县级政府依法行政的推动力量"的观点;47.3%和52.6%的受访者认为"社会舆论的负面压力"和"维稳任务的压力"可能导致县级政府在处理具体问题时违反依法行政原则。

四 县级政府依法行政动力系统的完善途径

党的十八大提出,到2020年要基本建成法治政府。实现这一宏伟目标,要求我们加快全面推进县级政府依法行政的进程。为此,需要进一步优化和完善依法行政的动力系统,强化县级政府依法行政的动力支持。

(一)培育公务员的法治信仰

从总体上看,目前县级政府公务员推进依法行政主要不是因为对法治的信仰,而是出于某种自利动机,是对依法行政的收益与成本进行权衡比较以后的理性选择。这种状况是导致县级政府依法行政内部驱动力不足的重要原因。因为,公务员对法治的信仰,是县级政府依法行政内部驱动力的不竭源泉。单纯的外部激励不可为县级政府依法行政提供持久和强大的动力支持。因此,从根本和长远意义上说,推进县级政府依法行政,必须努力培育公务员的法治信仰,有效增强县级政府依法行政的内在动力。

培育公务员的法治信仰是一项长期、艰巨、复杂的系统工程。从总体上说,培育公务员法治信仰的基本途径是通过政治、经济、文化和社会制度的改革，逐步形成和创设起使法律能够顺畅运行、公权力受到严密制约、违法行为受到有力制裁、社会正义得到有效维护、法治文化深入人心的法治国家机制（姜明安，2013）。具体而言：

首先，采取切实有效措施，努力提高公务员依法行政的意识。一方面，要建立健全法律知识学习培训的长效机制和学习培训效果的检验评估机制，同时，还要建立健全相应的激励机制，要重视提拔使用依法行政意识强，善于用法律手段解决问题、推动发展的优秀干部。另一方面，在加强法律知识学习培训的同时，要注重转变公务员的法治观念，使县级政府公务员特别是主要领导干部牢固树立以依法治国、执法为民、公平正义、服务大局、党的领导为基本内容的社会主义法治理念，自觉养成依法办事的习惯，切实提高运用法治思维和法律手段解决经济社会发展中突出矛盾和问题的能力。

其次，保障法律的有效实施，切实增强宪法和法律的权威性。法律运行不畅，法律没有权威，公务员对法治的信仰就不能建立起来。因此，培养公务员对法治的信仰，必须树立法律的权威，保障法律能够顺利运行。为此，需要按照党的十八大的要求大力推进科学立法、严格执法、公正司法、全民守法，坚持法律面前人人平等，保证有法必依、执法必严、违法必究。

最后，强化依法行政的监督机制，建立健全行政问责制度，对违法行政行为给予严厉制裁。要树立法律的权威，让公务员真正相信法律、信仰法治，必须严格查处各种违法行政行为，无论什么人，不论他的职位有多高，权势有多大，只要他触犯了法律，都要依法予以追究，使违法者受到应有的制裁。

（二）健全依法行政的考核机制

考核是政府系统内部自上而下推动依法行政的重要方式和手段，是县级政府依法行政之行政拉力的主要来源。根据我们的调查，在上级党政机关为推动县级政府依法行政所采取的多种方式和手段中，考核对县级政府的触动和影响最大。因此，增强行政拉力的总体能量与作用绩效，应当紧紧抓住考核这个关键环节，建立健全县级政府依法行政工作的考核制度。

首先，健全考核的组织机构，增强其权威性。如何设立考核机构，直接影响依法行政考核的实际效果。目前各地在依法行政考核机构的设置上虽有所不同，但基本上都是以政府法制机构为主要依托来开展对县级政府依法行政工作的考核。这种情况至少存在两个方面问题：一是法制机构人手少、任务重，难免在一定程度上影响考核的质量与效果；二是政府法制机构的地位不高，权威性不足，协调能力有限，难以很好的适应考核县级政府依法行政的工作要求。解决上述问题大致有两种思路：第一种思路是加强政府法制机构建设，加大人财物的投入，增强法制机构的综合能力。同时，党委和政府应当切实加强对法制机构的领导和支持。为了增强依法行政工作考核的严肃性和权威性，考核小组应当考虑由上级党政负责人亲自担任，并且实质性的参与对县级政府依法行政的考核工作。第二种思路是将依法行政考核工作整体性纳入政府综合绩效考核体系，由绩效考核机构负责组织实施。这样可以利用绩效考核机制的权威性和专业性提升依法行政工作考核的质量和效果。为了避免依法行政考核因此被淡化，在具体操作过程中，可以将依法行政的考核单独列出，然后再将考核结果按照一定权重记入综合考核成绩。

其次，科学设定考核内容和标准。考核的直接目的在于推动和促进县级政府依法行政，这种推动和促进作用在很大程度上是通过考核的导向功能实现的，而考核的导向则是通过具体的考核内容与标准体现出来的。考核内容和标准的设定，直接影响着县级政府依法行政的发展进程。近年来，许多地方明确规定了依法行政考核的内容，不少地方还制定了依法行政考核的指标体系，使县级政府依法行政考核有了明确的依据和标准，对促进依法行政产生了积极影响。但是，如前所述，目前依法行政的考核内容和标准还不是很完善，需要进一步改进。针对目前存在的突出问题，我们认为，完善依法行政考核内容和标准需要重点注意以下几点：一是在坚持全面考核原则的同时，应当根据法治政府建设总体发展进程的要求以及县级政府依法行政当前面临的突出问题确定考核的重点内容。二是在考核县级政府依法行政工作开展情况的同时，重点考核工作的质量与效果，避免使考核成为县级政府依法行政中形式主义的"助长剂"。三是明确县级政府依法行政工作的"底线"，比如，对于一年内发生多起严重违法行政案件,造成严重社会影响的,可以考虑实行依法行政工作一票否决制。四是鼓励创新,通过考核,对在依法行政中创造性开展工作并取得实际成效的县级政府给予充分的肯定和表彰奖励。

  再次,完善考核机制,扩大公众参与。目前对县级政府依法行政的考核方式主要是对象自查和上级核查相结合,考核过程缺乏必要的透明度,公众参与明显不足。这种情况必然会在一定程度上影响考核结果的真实性。因为,由于考核内容涉及面广,考核时间有限,考核机构不可能全面准确的掌握县级政府依法行政的真实情况。另一方面,考核对象有可能会报喜不报忧,总结成绩面面俱到,分析问题避重就轻。为了解决上述问题,需要对依法行政考核机制进行改革和完善,重点是增强考核工作的透明度,建立健全公众参与依法行政考核的有效途径和机制。在这方面,一些地方进行了有益的探索。比如,有的地方专门就政府依法行政工作进行社会满意度测评,并且将测评结果按一定比例计入县级政府依法行政考核的总成绩。

  最后,重视考核结果的运用,充分发挥考核机制在推动县级政府依法行政中的作用。考核能否达到以及能够在多大程度达到促进县级政府依法行政的目的,关键取决于考核结果的运用。从我们调查的情况看,目前对县级政府依法行政的考核并没有达到预期的效果,除了考核制度本身不够完善的原因以外,一个重要原因是考核结果没有得到切实充分的运用。如果考与不考一个样,考好考坏一个样,依法行政考核除了浪费纳税人的钱以外,没有任何实际意义。因此,我们认为,切实发挥考核对于县级政府依法行政的促进和推动作用,必须重视对考核结果的运用,尤其是要下决心将依法行政考核结果与奖励惩处和干部任免挂钩。事实上,国务院对此早就提出了明确要求,例如,《全面推进依法行政实施纲要》提出,上级行政机关应当加强对下级行政机关贯彻本纲要情况的监督检查。对贯彻落实本纲要不力的,要严肃纪律,予以通报,并追究有关人员相应的责任。《国务院关于加强市县政府依法行政的决定》提出,要建立依法行政考核制度,……依法行政考核结果要与奖励惩处、干部任免挂钩。……市县政府不履行对依法行政的领导职责,导致本行政区域一年内发生多起严重违法行政案件、造成严重社会影响的，要严肃追究该市县政府主要负责人的责任。《国务院关于加强法治政府建设的意见》提出，加强对推进依法行政工作的督促指导、监督检查和舆论宣传，对成绩突出的单位和个人按照国家有关规定给予表彰奖励，对工作不力的予以通报批评。现在的问题是，要制定具体的措施和办法，将国务院的上述规定落到实处。

（三）完善行政诉讼制度

在县级政府依法行政的动力系统中，行政诉讼是一种不可忽视的重要动力机制，它不仅可以在消极意义上守住依法行政的"底线"，而且可以在积极意义上推动依法行政的发展进程。目前，行政诉讼对县级政府依法行政的推动作用尚未得到充分有效的发挥，这种状况与行政诉讼制度本身存在的缺陷有很大关系。因此，完善行政诉讼制度是进一步增强县级政府依法行政司法推动力的必由之路。

首先，扩大行政诉讼的受案范围。根据现行《行政诉讼法》的规定，目前，行政诉讼的受案范围局限于对具体行政行为提起的诉讼，而且这些行为又必须以侵犯公民和组织的人身权及财产权为前提。这种规定将大量政府行为实际排除在人民法院的司法监督之外，在很大程度上限制了行政诉讼的功能和作用。因此，增强行政诉讼对县级政府依法行政的推动力，有必要扩大行政诉讼的受案范围，将行政机关侵犯公民人身权、财产权以外的其他权益的行为和政府制定规范性文件等抽象行政行为置于人民法院的司法监督之下。

其次，逐步建立行政公益诉讼制度。现行《行政诉讼法》规定，公民在个人的合法权益受到行政行为侵犯时可以提起行政诉讼。然而，但在很多情况下，由于受损的权益主体并不特定，行政行为对公共利益、经济社会秩序造成的损害也并不直接，因此，按照目前的法律规定，很难有适格的原告向法院提起行政诉讼。这不利于促进行政机关依法行政。为了解决这个问题，更充分地发挥行政诉讼在推动政府依法行政中的作用，有必要建立公益诉讼机制。为确保这类诉讼有序进行，应该在行政诉讼法中明确规定公益诉讼的范围，确定可以提起公益诉讼的主体以及提起公益诉讼的程序。"考虑到目前我国滥诉和缠诉的风险可能较高，为珍惜利用有限的司法资源，在公益诉讼的建立初期可以暂时关闭公民直接起诉的大门，改为公民可以提请有关社会组织或者人民检察院提起公益诉讼，待条件成熟之后再有步骤地予以放开"（应松年，2014）。

再次，放宽对行政诉讼原告资格的限制。《行政诉讼法》第2条规定，公民、法人或者其他组织认为行政机关和行政机关工作人员的具体行政行为侵犯其合法权益，有权依照本法规定向人民法院提起诉讼。根据这一规定，在最初的司法实践中，法院在审查行政诉讼原告资格时采用了严格的行政相对人标准，即只有被诉行政行为指向的对象才能提起诉讼。虽然后来最高人民法院通过司法解释逐步放宽了对原告资格的限制，但因为对相关规定的理解存在分歧，仍然有许多行政案件因原告资格问题被挡在行政诉讼的大门之外。因此，有必要通过修改行政诉讼法，进一步明确和放宽行政诉讼的原告资格。从原则上讲，在法院能够提供适当救济的前提下，只要起诉人与被诉行政行为之间存在利害关系，起诉人具有值得法律保护的利益，无论这种利益是现实的还是将来的，是直接的还是间接的，都应该赋予其行政诉讼的原告资格（马怀德，2011）。

最后，改革行政审判体制，保障人民法院依法独立行使行政审判权。目前我国行政诉讼制度面临的最主要问题在于法院缺乏独立性和权威性，这直接导致行政诉讼立案难、判决难、终了难，在很大程度上影响了行政诉讼推动依法行政功能的发挥。因此，改革行政审判体制，增强法院的独立性和权威性，保障人民法院依法独立行使审判权，是非常必要的。关于行政审判体制改革，目前学术界主要提出了三种方案，分别是行政法院方案、集中管辖方案和提级管辖方案（何海波，2013）。我们认为，在国家已经开始推动省以下地方法院人财物统一管理的司法管理体制改革，并明确提出探索建立与行政区划适当分离的司法管辖制度的背景下，提级管辖的行政审判体制改革方案相对比较合理。根据这种方案，可以在维持现有四级法院体制的前提下，通过全面提高行政案件管辖法院的级别来增强行政诉讼的抗干扰能力。具体设想是，基层法院不再审理行政诉讼案件，一审行政案件原则上由中级人民法院审理，少数案件由高级人民法院审理。很明显，提级管辖以后，县级政府依法行政的司法推力将会得到改善和增强，有利于更好的促进县级政府依法行政。

(四) 消减社会压力的负能量

社会压力是指公民、社会组织、新闻媒体等民间力量对依法行政的影响。如前所述，社会压力对依法行政的作用具有两面性：它既可以成为促进依法行政的正能量，也可能成为阻碍依法行政的负能量。因此，从改善县级政府依法行政动力系统的角度说，在促进社会压力释放正能量的同时，消减其中蕴含的负能量，是十分必要的。

首先，引导公民理性维权。从建设法治国家和法治社会的角度说，公民理性维权，主要是要求公民通过合法的渠道、遵循合法程序、采取合法手段维护自己的合法权益。公民理性维权是促进县级政府依法行政的重要方式和途径。要实现公民理性维权，从长远和根本上说，有赖于公民法治观念的增强；从现实角度说，则需要政府给予正确的引导。一方面，要不断完善法律救济制度，畅通合法的维权渠道，鼓励、帮助和支持公民通过合法的途径进行维权；二方面，对那些偏离正确轨道的维权者进行耐心细致的说服教育，讲清道理，说明非理性维权的危害和后果，使他们回到理性维权的正确轨道上来；三方面，正确认识和处理维护社会稳定与坚持依法行政的关系，从完善政绩考核制度入手，破除"稳定压倒一切"的片面观念，为县级政府坚守依法行政底线创造必要条件，同时，这也有利于改变社会上存在的"大闹大解决、小闹小解决、不闹不解决"的思维定势和心理预期，将公民维权逐步导入理性化、规范化、法制化轨道。

其次，规范舆论监督行为。新闻舆论监督是影响政府依法行政的重要力量。为了充分发挥新闻舆论监督促进县级政府依法行政的积极作用，必须加强对新闻舆论监督的管理，将新闻舆论监督纳入规范化、法制化的轨道。具体说，一是新闻媒体应当正确认识对政府进行舆论监督的目的，自觉将促进县级政府依法行政作为舆论监督的出发点和落脚点，防止舆论监督权的滥用。二是充分发挥主流媒体的优势，对社会舆论进行正确的引导。主流媒体具有内部管理机制健全、公信力强、覆盖面广、影响力大、客观理性等特点，可以凭借自身优势对社会舆论进行正确的引导，帮助人们澄清事实，了解真相，正确反映和表达人民群众的呼声和诉求，使舆论监督从无序走向有序，从非理性走向理性。三是完善新闻舆论监督立法，明确监督主体的权利和义务，为正确开展新闻舆论监督提供依据和行为准则。四是加强政府对新闻媒体尤其是互联网等新媒体的行政监管，净化舆论监督的社会环境。在充分保障公民民主权利的同时，及时查处和纠正各种滥用监督权的行为，严厉打击借助社会舆论从事造谣惑众、煽动闹事等违法犯罪行为。

最后，促进民间社会组织的健康发展。目前，县域社会公民的组织化程度相对较低，民间社会组织不发达，公民基本上是以分散个体的形式直接面对政府。这种状况不仅增加了公民权利制约政府权力的难度，同时也是导致民间力量非理性化和无序化的重要原因。因此，消减民间力量中可能蕴含的负能量，更好的发挥民间力量推动县级政府依法行政的积极作用，必须促进县域民间社会组织的发展，提高公民的组织化程度。一方面，政府应当通过多种方式和途径加强对公民的教育和引导，培养和激发公民的组织意识和集体行动意识，增强社会组织化的内驱力；另一方面，应当适当放松社会组织的入口管制，降低准入门槛，简化登记手续，为社会组织的发展创造更加宽松的制度环境。

参考文献

1. 陈青山（2014），《县级政府依法行政的动力探究：困境、机制与建议》，《湖北文理学院学报》，第 3 期。

2. 何海波（2013），《行政审判体制改革刍议》，《中国法律评论》，第 3 期。

3. 姜明安（2013），《如何让法治成为国民信仰》，《法制资讯》，第 10 期。

4. 马怀德（2011），《应当抓紧修订〈行政诉讼法〉》，《山东人大工作》，第 3 期。

5. 陕西省政府法制办（2012）、《2011 年度全省行政复议和行政应诉案件统计分析报告》http：//www.sxzffz.gov.cn/News_ View.asp？NewsID = 3532。

5. 王名扬（1995），《美国行政法》，中国政法大学出版社。

6. 向忠诚、李振华（2006）《行政机关依法行政与行政诉讼》，《广西社会科学》，第 5 期。

7. 应松年（2014），《关于〈行政诉讼法〉修改的十大建议》，《中国党政干部论坛》，第 5 期。

8. 邹伟、王芳（2010），《贵州地方政府依法行政动力研究》,《行政法学研究》, 第2期。

9. 朱晓明（2013），《地方政府依法行政的动力机制研究》,《行政论坛》, 第2期。

城镇化与农民工市民化

进城务工人员维权行为方式的影响因素分析

徐增阳 姬生翔

编者按：摘　要：本文在全国性调查数据的基础上，尝试使用多项逻辑回归模型，测量了个体特征、组织资本、剥夺感、就业保障等因素对进城务工人员维权行为方式的影响。分析结果显示，学历、年龄、政治面貌、行业、组织资本、剥夺感对进城务工人员维权行为方式有显著影响。本文还进一步指出，相对剥夺感影响进城务工人员是否采取维权行动，而组织资本影响进城务工人员采取何种维权行动。

关键词：进城务工人员；维权行为方式；影响因素；多项逻辑回归模型。

一　引言

长期以来，进城务工人员由于其合法权益屡遭侵害而被看作是城市社会中典型的弱势群体。而进城务工人员也一直在采取各种各样的方式维护自身合法权益。在社会实践中，这一社会互动现象的发生又衍生出了社会不稳定、政府合法性受损等众多社会问题，并引起广泛社会关注。事实上，进城务工人员维权现象引发社会连锁反应的直接根源主要

---

* 本文原载于《经济社会体制比较》2015年第3期。

在于进城务工人员自身利益表达方式的选择失当问题。这是因为适当的利益表达方式是社会有效运转的基本要求,而不当的利益表达方式则会对社会发展带来严重负面影响。基于这一认识,学者们对进城务工人员的维权行为方式展开了系统的研究。在关于进城务工人员维权行为方式的诸多研究领域中,进城务工人员的维权行为方式选择的影响因素是学者们关心的核心问题。只有弄清进城务工人员维权行为方式选择背后的影响因素,才能对症下药、引导进城务工人员采取适当的维权方式。

那么,为什么进城务工人员采取这样的而不是那样的维权行为方式呢?现有研究中,研究人员通过实证研究结果给出了一些答案。如王金红、黄振辉(2008)通过简单线性回归分析得出进城务工人员利益表达行为的理性倾向与政治社会化程度呈负相关的结论。蔡禾、李超海、冯建华(2009)的研究结果显示,教育和网络更容易导致进城务工人员采取投诉的方式维权,企业集体宿舍制度更容易引发进城务工人员的集体维权行为。李超海(2009)的逻辑回归结果进一步显示,年龄、受教育程度、对《劳动法》的认知、是否参加同乡会对进城务工人员是否参加集体行动有显著影响。王晴锋(2010)的研究发现则是剥夺感是影响进城务工人员参与集体行动的主要因素。黄黎若莲(Linda Wong, 2011)的检验结果表明,年轻未婚、文化层次低的进城务工人员倾向于选择个体策略。刘爱玉(2011)在对比两代进城务工人员维权行动影响因素差异后发现,工资权益受损及认知、人生及健康侵害经历和认知、结社力量对新生代进城务工人员维权行为方式的选择产生显著影响;而劳动合同签订情况、工会与居住状况对老一代进城务工人员维权行为方式的选择产生显著影响。郑广怀的研究结果显示,年龄、工作职位、工作流动等资历是影响进城务工人员维权行为选择的重要微观因素。郑卫东(2014)的分析结果也显示,同期群、法律认知水平、工作职位、单位性质等变量对进城务工人员维权意愿影响显著。

综上所述,既有研究已经考察了生活阅历、年龄、教育经历、居住和工作环境等因素对不同代际进城务工人员的维权策略和意愿的影响。然而,从调查数据的覆盖范围、代理变量的测量效度等方面来看,上述研究成果尽管涉及面十分广泛,但相对于进城务工人员维权行为方式这一问题的重要性而言是极为不够的。为此,本文试图通过对全国性进城务工人员调查数据的分析,来进一步发掘各类潜在因素对进城务工人员维权行为方式选择的影响。

二 研究设计与操作化

(一)进城务工人员维权行为方式的测量

研究进城务工人员的维权行为方式的影响因素,首先需要测量和描述进城务工人员的维权行为方式。然而,现实世界中进城务工人员的维权行为方式林林总总、各式各样。这就需要考虑采用何种标准来测量进城务工人员的维权行为方式。既有研究中,王金红、黄振辉(2008)直接将进城务工人员利益表达行为分为制度化表达(立法、行政、司法、党群表达)和非制度化表达(行贿、越级上访、打击报复、暴力对抗等)两类;陈鼎等(2008)从维权主体(个体行动、集体行动)和维权手段(自助式维权和他助式维权)两个方面对进城务工人员维权行动作了区分;周斌(2009)认为进城务工人员维权行动的主要方式包括诉求司法救济、使用"弱者的武器"维权、寻求非政府力量的帮助、自虐式反抗、集体示威、对他人人身和财产进行侵犯、集体骚乱等7种,并进一步把进城务工人员的维权路径大致分为制度化的合法方式、非制度化的合法方式、非法方式三类;黄黎若莲(Linda Wong,2011)根据维权时选择的求助对象把进城务工人员维权行为方式分为求助法律、求助亲友、寻求政府相关部门的调解或仲裁、默默忍耐、求助工会、其他等6类;刘建洲(2011)根据组织化程度(个体抗争、集体抗争)和抗争的性质(积极抗争、消极抗争)将进城务工人员的维权行为划分为四个类型。

总体来说,上述划分依据涉及进城务工人员维权行为的组织化程度、性质、求助对象、合法性、制度化程度等方面。而划分标准的确定不仅与现象本质相关,也受研究需要影响。本文中,采取更为通用的分类方法,即将进城务工人员维权行为方式大致分为制度化维权、非制度化维权和不维权三种类型。为了测量各个进城务工人员维权行为类型,本研究中使用罢工、打砸、自杀或自残、找黑社会或帮会、堵马路、游行或静坐 6 类行为作为测量进城务工人员非制度化维权行为方式的代理变量；使用打官司、上访、找工会、集体协商、找媒体、找政府有关部门 6 类行为作为测量进城务工人员制度化维权行为方式的代理变量。调查研究中使用的题目为"在自身权益受到侵害时，您首先会采用什么方式来维护权益？"

（二）进城务工人员维权行为方式的影响因素及其测量

本研究将在控制进城务工人员基本特征变量（如性别、年龄、党员、学历、行业等）的基础上，重点考察进城务工人员的组织资本、剥夺感程度及就业保障状况三类变量对进城务工人员维权行为方式的影响与作用。

1. 进城务工人员的组织资本及其测量

维权行为是一种利益受损后的利益表达行为。利益表达行为的选择与其社会资本密不可分，组织资源便是社会资本中极为重要的组成部分。那么，进城务工人员的组织化情况可能对其维权行为方式产生影响。利特勒（C. R. Littler, 1982）认为，工人的行动能力受到其结社力量和结构力量的影响。进城务工人员的维权行为也相应会受到其结社情况的影响。所以，进城务工人员的组织化情况可能是影响进城务工人员维权行为方式的重要变量。

问卷调查中，使用了是否参加"同乡会"、"工会"、"民间组织"等组织对进城务工人员的组织资本进行了测量，为了方便分析，本研究进一步将其处理为"是否参加社会组织"的二分变量。

2. 进城务工人员的剥夺感程度及其测量

剥夺感一般分为绝对剥夺感和相对剥夺感。绝对剥夺是指客观经济被剥夺的状态。李强教授（2004）的研究表明，绝对剥夺夺去了进城务工人员的基本生存条件，造成了进城务工人员以死相拼的众多案例。绝对剥夺感与进城务工人员维权行为方式之间的关联性是非常明显的。相对剥夺感是指个体通过社会比较而获得的关于被剥夺问题的心理体验。著名社会学家莫顿（中文版，2008）在社会失范理论中将"失范"定义为文化目标与社会结构（制度）之间存在的矛盾而导致的张力与紧张，并进一步指出社会文化目标的实现需要通过制度性手段，不同个体对文化目标与制度性手段的不同态度间组合产生了五种社会适应方式。而进城务工人员维权行为方式可看作是其对相对剥夺的适应行为方式。

本研究中，使用了"相对您在工作中付出的劳动，您认为得到的收入是多还是少？"这一问题来测量进城务工人员的绝对剥夺感、使用了"和务工地做同样工作的城镇居民相比，您认为您的收入公平吗？"这一问题来测量进城务工人员的相对剥夺感。

3. 进城务工人员的工作保障状况及其测量

一般而言，进城务工人员进城的主要目的就是务工，务工单位则构成了进城务工人员权益受损问题的主要责任方。所以，进城务工人员的就业体验会影响到其与务工单位的利益互动情况。据此，笔者假定，如果进城务工人员在务工单位工作期间获得了更好地工作保障，那么进城务工人员就可以保护自己免受"多阶剥夺"（李强，2004），进而在权益受损时可能采取更为温和的制度化维权行为。

刘爱玉（2011）的研究曾发现，劳动合同签订情况对老一代进城务工人员维权行为方式的选择产生显著影响。所以，进城务工人员的工作保障除了包括参与社会保险外，也包括务工合同的签订状况。笔者将从社会保险的缴纳和务工合同的签订两个方面测量进城务工人员的工作保障状况。本研究中，笔者使用了进城务工人员"是否签订劳动合同"、"参加的社会保险数量"两个题目对进城务工人员的工作保障状况进行了测量。

（三）数据说明

本文数据来源于 2013 年 2 月笔者指导的"城镇化进程中的进城务工人员利益诉求与权益维护"专题问卷调查。① 问卷调查的对象为全国具有农村/农业户口身份并进入城市从事非农产超过半年的返乡劳动者，调查范围囊括 22 个省。考虑到进城务工人员的流动性和调查成本，调查以滚雪球的方式展开，获取有效样本数为 1554 个。剔除进城务工人员维权行为方式数据缺失后纳入本文分析的样本量为 1197 个。

---

① 该调查由原华中师范大学公共管理学院本科生董念念等人具体实施，特此致谢！

三 实证分析

(一) 描述统计

关于进城务工人员样本基本特征的描述。在性别比例方面,男性进城务工人员占了59.0%,女性进城务工人员占了41%。在进城务工人员年龄分布方面,年龄最大的进城务工人员是72岁,年龄最小的进城务工人员是16岁,平均年龄为35岁,标准偏差为10.2岁。在进城务工人员政治面貌方面,党员进城务工人员占5.5%,非党员进城务工人员占94.5%。在进城务工人员文化层次方面,小学及以下文化进城务工人员占13.3%,初中文化的进城务工人员占45.2%,高中或中专文化的进城务工人员占25.7%,专科、高职文化的进城务工人员占10.3%(见表1)。在进城务工人员所从事的行业方面,居民服务业和其他服务业进城务工人员占16.7%,制造业进城务工人员占27.2%,建筑业进城务工人员占19.6%,住宿和餐饮业进城务工人员占12.4%,交运仓储业进城务工人员占4.6%,批发和零售业进城务工人员占10.1%(见表2)。总的来说,从进城务工人员样本基本特征的分布情况来看,本文所使用数据较为接近全国进城务工人员在基本特征方面的平均水平。

表1 　　　　　　　　进城务工人员样本基本特征

项目		频数	占比	项目		频数	占比
性别	男	564	59.0%	学历			
	女	392	41.0%		小学及以下	127	13.3%
项目		频数	占比		初中	432	45.2%
政治面貌	党员	53	5.5%		高中或中专	246	25.7%
	非党员	903	94.5%		专科、高职	98	10.3%
项目		频数	最小值	最大值	平均数		标准偏差
年龄		1192	16.0	72.0	35.0		10.2

表2　　　　　　　　　进城务工人员从事行业

项目	频数	占比
居民服务和其他服务业	160	16.7%
制造业	260	27.2%
建筑业	187	19.6%
住宿和餐饮业	119	12.4%
交运仓储业	44	4.6%
批发和零售业	97	10.1%

表3　　　　　　　　　进城务工人员工作保障

项目		频数	占比
劳动合同	签订劳动合同	456	47.7%
	没有签订合同	500	52.3%

项目	频数	最小值	最大值	平均数	标准偏差
参保数量	1197	0	8	1.85	1.37

关于进城务工人员的工作保障方面，签订劳动合同的进城务工人员占47.7%，没签到劳动合同的进城务工人员占52.3%。进城务工人员参加社会保险的最大数量是8种，最小数量为0种，平均数量为1.85种，标准偏差为1.37（见表3）。进一步的数据显示，参加农村合作医疗保险的进城务工人员比例有65.1%，参加工伤保险的进城务工人员比例为32.4%。由此可见，尽管进城务工人员的参保平均数为1.85种，但是农村合作医疗保险占了较大比例。由于农村合作医疗保险基本不具备异地保障功能，其对于进城务工人员日常生活的保障作用也非常有限。

就进城务工人员的社会组织参与情况来看，参加社会组织的进城务工人员占32.8%，没参加社会组织的进城务工人员占67.2%（见图1）。

其中，参加老乡会的进城务工人员比例最高，为9.8%。参加工会的比例次之，为7.7%。参加个体劳动者协会的比例为6.4%，参加志愿者组织的比例为4.6%。我们可以看到，老乡会已经成为进城务工人员最为重要的组织纽带。

关于进城务工人员的剥夺感方面，调查数据显示，有绝对剥夺感的进城务工人员占50.1%，无绝对剥夺感的进城务工人员占49.9%。有相对剥夺感的进城务工人员占42.9%，无相对剥夺感的进城务工人员占47.5%（见图1）。也就是说，进城务工人员的绝对剥夺感要强于相对剥夺感。进城务工人员强烈的绝对剥夺感说明了进城务工人员的收入付出不成比例的问题已经严重影响到被剥夺者的基本生存问题。

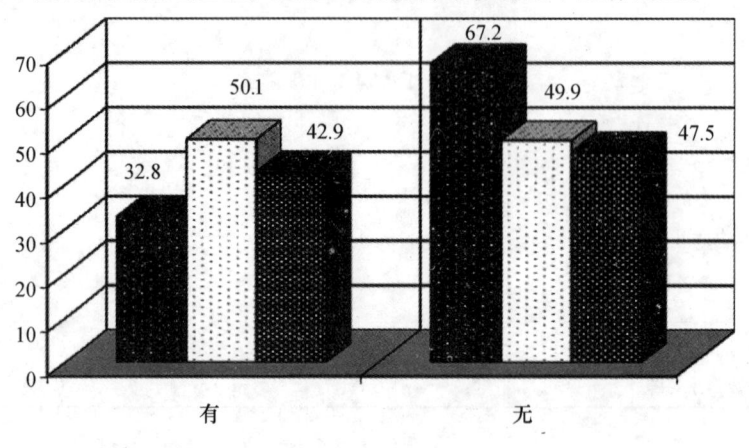

图2　进城务工人员组织参与及剥夺感情况

本研究中，进城务工人员维权行为方式可划分为非制度化维权、制度化维权和不维权三类。调查数据显示，表示会采用非制度化维权行为方式（即选择了打砸、自杀或自残、找黑社会或帮会、堵马路、游行或静坐等行为）的进城务工人员占22.4%，表示会采用制度化维权渠道（即选择了打官司、上访、找工会、集体协商、找媒体、找政府有关部门等行为）的进城务工人员占60.4%，表示不会维权的进城务工人员占17.3%。值得我们注意的是，选择不维权的进城务工人员相当一部分是由于维权成本高而不维权的。所以，随着利益受损程度的增加,选择不维权的进城务工人员将具有很大的非制度化维权可能性。

(二) 回归分析

本文所研究的进城务工人员的维权行为方式主要包括制度化维权行为方式、非制度化维权行为方式和不维权三类,三者之间没有次序关系,进城务工人员的维权行为方式属于定类变量。所以,分析进城务工人员维权行为方式的影响因素更适用于使用多项逻辑回归模型。对于有 j=1, 2, …, J 类的非次序反应变量,其多项逻辑回归模型可以描述为

$$\ln\left[\frac{P(y=j|x)}{P(y=J|x)}\right] = \alpha_j + \sum_{k=1}^{k} \beta_{jk}\chi_k$$

这就是说,在多项 logit 模型中,logit 是由反应变量中不重复的类别对的对比所形成的。一般来说,若因变量有 J 个类别,多项 logit 模型便有 J—1 个 logit,并产生 J—1 套截距和斜率系数。在本文所构建的多项 logit 模型中,则有 2 个截距和斜率系数估计对应于其自变量。回归结果显示,回归方程的卡方统计量为 112.709,自由度为 38,显著性为 0.000。这表明,该回归方程有效。

回归结果显示,在控制其他变量的情况下,年龄、学历、行业、社会组织参与情况及剥夺感等变量对进城务工人员维权行为方式的影响显著。年龄的回归系数为 -0.031,表示进城务工人员年龄越大其采取非制度化的可能性越小,进城务工人员年龄越小其采取非制度化的可能性越大,即进城务工人员年龄与非制度化维权的可能性呈反比。这就意味着新生代进城务工人员更可能采取非制度化维权行为。

从进城务工人员非制度化维权的可能性来看,小学及以下文化进城务工人员采取非制度化维权的可能性是不维权的 5.012 倍,初中文化进城务工人员采取非制度化维权的可能性是不维权的 4.243 倍,高中、中专文化进城务工人员采取非制度化维权的可能性是不维权的 4.339 倍,专科、高职文化进城务工人员采取非制度化维权的可能性是不维权的 2.967 倍。整体来看,进城务工人员的文化水平越高,非制度化维权的可能性越低。从进城务工人员制度化维权的可能性来看,小学及以下文

化进城务工人员采取制度化维权的可能性是不维权的 2.921 倍，初中文化进城务工人员采取制度化维权的可能性是不维权的 2.156 倍，高中、中专文化进城务工人员采取制度化维权的可能性是不维权的 3.776 倍，专科、高职文化进城务工人员采取制度化维权的可能性是不维权的 3.509 倍。从各文化层次进城务工人员的非制度化维权和制度化维权可能性来看，只有高职、专科文化进城务工人员采取制度化维权的可能性（3.509）大于采取非制度化维权的可能性（2.967），其他文化层次的进城务工人员的维权行为方式的可能性的排序都为非制度化维权第一、制度化维权第二、不维权第三。

党员采取非制度化维权的可能性是不维权的 4.292 倍，采取制度化维权的可能性是不维权的 2.755 倍。而在笔者的另一个关于进城务工人员非制度化维权倾向的模型分析中，党员非制度化维权倾向是非党员的 0.512 倍。那么，这里就出现了党员进城务工人员不赞同非制度化维权却更愿意采用非制度化维权的奇怪现象。[①] 出现这种现象的原因可能在于党员身份的心理特质，具体的答案有待于进一步发掘。

在行业类别方面，批发零售业进城务工人员采取非制度化维权的可能性是不维权的 0.370 倍。也就是说，批发零售业进城务工人员不维权的可能性大于非制度化维权的可能性。由此可推知，零售业进城务工人员的非制度化维权意愿并不强烈。

参加社会组织的进城务工人员非制度化维权的可能性是不维权的 2.206 倍，制度化维权的可能性是不维权的 2.584 倍。由此可见，参加社会组织的进城务工人员采取制度化维权的可能性要高于非制度化维权的可能性。

有绝对剥夺感的进城务工人员采取制度化维权的可能性是不维权的 0.682 倍。有相对剥夺感的进城务工人员采取制度化维权的可能性是不维权的 0.528 倍。由此可见，有被剥夺感的进城务工人员宁可采取不维权也不愿采用制度化维权。这可能是源于有被剥夺感的进城务工人员对制度化维权渠道已经非常失望，看不到制度化维权渠道的可行性。

总的来看，学历对进城务工人员采取非制度化维权与不维权的可能

[①] 参见笔者撰写的另一篇文章《农民工非制度化维权倾向的影响因素研究》，待刊稿。

性的影响最强（0.307、0.397、0.354、0.178），其次为组织化情况（0.205），第三为是否从事批发零售业（0.195），第四为政治面貌（0.179），最后为年龄（0.176）。对进城务工人员采取制度化维权与不维权的可能性的影响最强的变量为学历（0.202、0.210、0.321、0.205）、组织化情况（0.245），其后依次为相对剥夺感（0.171）、政治面貌（0.125）、绝对剥夺感（0.105）。

表4 进城务工人员采取的维权方式及其影响因素

进城务工人员维权方式	非制度化维权 回归系数	标准误	发生比	标准化回归系数	制度化维权 回归系数	标准误	发生比	标准化回归系数
截距	.461	.847			.503	.706		
社会保障水平	-.094	.088	.910		.056	.071	1.058	
年龄	-.031***	.012	.970	0.176	.005	.010	1.005	
男性	.226	.235	1.254		-.063	.198	.939	
小学及以下	1.612**	.642	5.012	0.307	1.072**	.504	2.921	0.202
初中	1.445***	.562	4.243	0.397	.768*	.428	2.156	0.210
高中、中专	1.468**	.575	4.339	0.354	1.329***	.440	3.776	0.321
专科、高职	1.088*	.649	2.967	0.178	1.255**	.499	3.509	0.205
党员	1.457**	.654	4.292	0.179	1.013*	.589	2.755	0.125
居民服务和其他服务业	-.207	.459	.813		-.180	.400	.835	
制造业	-.604	.422	.547		-.452	.366	.637	
建筑业	.319	.454	1.376		.148	.407	1.159	
住宿和餐饮业	-.022	.482	.978		-.137	.426	.872	
交运仓储业	.799	.763	2.224		.925	.697	2.522	
批发零售业	-.996*	.518	.370	0.195	-.364	.420	.695	
签订劳动合同	-.126	.241	.882		.179	.205	1.196	
参加社会组织	.791***	.264	2.206	0.205	.949***	.231	2.584	0.245
有绝对剥夺感	-.140	.239	.869		-.383*	.205	.682	0.105

续表

| 有相对剥夺感 | -.442 | .400 | .643 | | -.639* | .354 | .528 | 0.171 |

参考类别为：不维权；Cox & Snell = 0.111；Nagelkerke = 0.131；McFadden = 0.063

* 表示 0.1 的显著水平，** 表示 0.05 的显著水平，*** 表示 0.01 的显著水平

四 结论及进一步的讨论

上述分析结果表明，个体特征变量学历、年龄、政治面貌、行业，组织资本，剥夺感对进城务工人员的维权行为方式选择有显著影响。

首先，在控制其他变量的情况下，学历、年龄与进城务工人员非制度化维权的可能性呈反比。这与李超海（2009）、黄黎若莲（Linda Wong, 2011）等人的研究结果是较为一致的。实际上，该研究结果引发了我们对于判断高学历、低年龄的新生代进城务工人员群体非制度化维权行为可能性的兴趣。进一步的交叉分析结果显示，新生代进城务工人员表示会采取非制度化维权行为方式的比例为 24.1%，表示会采用制度化维权行为方式的比例为 57.9%，表示不维权的比例为 18.0%,；而老一代进城务工人员中表示会采用非制度化维权行为方式的比例为 18.4%，表示会采用制度化维权行为方式的比例为 62.6%，表示不会维权的比例为 18.9%。且交叉列联表的相关性检验显著（皮尔逊积差的 p 值为 0.07）。这表明新生代进城务工人员更倾向于采用非制度化维权方式。由此可见，新生代进城务工人员的同期群特性对其维权行为方式的影响遮蔽了其学历水平对其维权行为方式的反向作用。所以，要降低新生代进城务工人员采取非制度化维权行为方式的可能性，除了适当提高进城务工人员外出前的受教育年限外，更重要的是，要通过积极的社会化来引导新生代进城务工人员群体的认知和行为方式。

其次，在控制其他变量的情况下，剥夺感对于进城务工人员制度化维权行为方式的可能性有显著影响。分析结果显示，有绝对剥夺感的进城务工人员选择制度化维权行为方式的可能性是不维权的 0.682 倍，有相对剥夺感的进城务工人员选择制度化维权行为方式的可能性是不维权的 0.528 倍。也就是说，相对于有绝对剥夺感的进城务工人员而言，有相对剥夺感的进城务工人员选择制度化维权行为方式的可能性相对更

小。与此同时，相对剥夺感变量的标准化系数（0.171）要大于绝对剥夺感的标准化系数（0.105），说明相对剥夺感的变化对制度化维权行为发生的可能性影响要大于同等绝对剥夺感的变化的影响。这进一步验证了相对剥夺感比绝对剥夺感更能影响进城务工人员维权行为方式的理论假设（李海超，2009）。由此可见，相对剥夺感更能影响进城务工人员是否会采取制度化维权行为。

第三，在控制其他变量的情况下，组织资本对进城务工人员的维权行为方式有显著影响。数据分析结果表明，参加社会组织的进城务工人员采取制度化维权的可能性（2.584）要高于非制度化维权的可能性（2.206）。其可能的解释是，在进城务工人员权益受损时，进城务工人员的组织资本起到了引导进城务工人员采取制度化维权行为方式的作用。从标准化系数来看，进城务工人员组织参与情况的变化（0.245）对是否采用制度化维权行为的影响要大于剥夺感（0.171，0.105）。由此可见，相比相对剥夺感会影响到进城务工人员是否采取制度化维权行动而言，组织资本更多地影响到了进城务工人员采取何种维权行动。

综述所述，本研究发现，进城务工人员的维权行为方式的选择受到同期群、相对剥夺感和社会组织参与情况的影响十分显著。代际的变化影响进城务工人员是否采取非制度化维权行为方式，相对剥夺感影响进城务工人员是否采用制度化维权行为方式，组织参与情况则会影响到进城务工人员具体采用何种维权行动。由于进城务工人员维权意识的提高是社会的基本发展趋势，将进城务工人员的维权诉求整合到体制内势在必行。政策制定者如要有效引导进城务工人员采取制度化的维权行为方式，就必须认识到组织资本对于进城务工人员制度化维权行为的重要作用。

参考文献

1. 陈鼎等（2008），《进城务工人员权益受损状况及其行动选择的社会学分析——基于温岭市外来进城务工人员的调查》，科学发展观与浙江发展研究中心网，http：//sdc.zjdx.cn/mzzz/ShowArticle.asp? Article ID=1320。

2. 蔡禾、李超海、冯建华（2009），《利益受损进城务工人员的利益抗争行为研究——基于珠三角企业的调查》，《社会学研究》，第1期。

3. 刘爱玉 (2011),《劳动权益受损与行动选择研究：两代进城务工人员的比较》,《江苏行政学院学报》,第1期。

4. 刘建洲 (2011),《进城务工人员的抗争行动及其对阶级形成的意义——一个类型学的分析》,《青年研究》,第1期。

5. 李超海 (2009),《进城务工人员参加集体行动及集体行动参加次数的影响因素分析——基于对珠江三角洲地区进城务工人员的调查》,《中国农村观察》,第6期。

6. 李强 (2004),《社会学的"剥夺"理论与我国进城务工人员问题》,《学术界》,第4期。

7. 王金红、黄振辉 (2008),《制度供给与行为选择的背离——珠江三角洲地区进城务工人员利益表达行为的实证分析》,《开放时代》,第3期。

8. 王晴锋 (2010),《进城务工人员集体行动因素分析》,《中国农业大学学报（社会科学版）》,第2期。

9. 周斌 (2009),《进城务工人员维权行动的路径分析》,《学术交流》,第1期。

10. 郑广怀 (2007),《资历与信息的制约——影响进城务工人员维权的微观因素分析》,《清华法律评论》,清华大学出版社。

11. 郑卫东 (2014),《进城务工人员维权意愿的影响模式研究——基于长三角地区的问卷调查》,《社会》,第1期。

12. 鲁思·华莱士、艾莉森·沃尔夫 (2008),《当代社会学理论：对古典理论的扩展（第六版）》,中国人民大学出版社。

13. C. R. Littler (1982), "The Development of the Labor Process in Capitalist societies", London: Heinemann Educational Books Ltd.

14. Linda Wong (2011), "Chinese Migrant Workers: Rights Attainment Deficits, Rights Consciousness and Personal Strategies." The China Quarterly. 208.

治理转型中的"钉子户"及其抗争

——反思既有讨论的争议与局限*

刘　伟

摘　要："钉子户"及其抗争是城乡基层治理中的突出现象，近年来媒体和学界围绕此类问题也初步形成了比较激烈的争议。经过分析可以发现，现有讨论在对象上呈现城市"钉子户"和乡村"钉子户"的差异，却缺少对钉子户具体类型的细致划分；在讨论立场上呈现出政府本位、社会本位和钉子户本位的分歧，缺乏立场之间的平衡；在援引的理论资源上呈现出法学、政治学、经济学、社会学和传播学的学科视角差异性，缺乏对理论背后意识形态的反思。总结和反思既有讨论及其背后的学理逻辑，有助于我们对"钉子户"及其抗争现象复杂性的认识。但只有进一步拓展问题意识，运用宏观—中观—微观相结合的分析框架，才能准确把脉"钉子户"现象所折射的治理困局。

关键词：钉子户；城乡差异；讨论立场；理论资源；学理逻辑。

所谓"钉子户"，从其最主要的含义上讲，即是指那些不肯迁走的私人土地或房产拥有者。应该说，在世界各国的城市扩张和公共建设过程中，"钉子户"及其抗争都有可能出现，它并非一个中国特有的社会

---

* 本文原载于《南京农业大学学报》2015年第5期。

现象。但"钉子户"抗争现象的频繁出现及其引发的公共关注事件之多，特别是它在众多群体性事件的发生频率中占到最高的比例，或许确是当下中国所特有的。特别是，随着2007年重庆"最牛钉子户"的出现，以及2009年成都的唐福珍事件和2010年的"宜黄事件"，钉子户抗争演化为全国瞩目的公共事件，充分彰显着中国在治理转型中遭遇到的现实难题。"钉子户"一词在中国的语境下，其内涵也由此发生着悄然变化，它甚至扩展成为坚持不配合、不服从行为者的宽泛称呼。公众也从当初的简单否定逐渐转变为肯定态度，至少是相对客观中立的对待立场："钉子户"在公共领域中被"正名"了。传媒在围绕一些焦点性"钉子户"事件的报道和评析中，呈现出诸多的争论；而自从2007年重庆"最牛钉子户"出现之后，不同学科的学者也纷纷介入这一话题的讨论，呈现出不同的谈论立场和学理逻辑。鉴于中国的城镇化和工业化仍将持续推进，在可以预见的未来，"钉子户"及其抗争现象依然是基层治理中的一个重要问题，而现有的严肃的学理探讨其实并不充分[1]。因此，有必要回顾总结围绕这一问题所形成的相关争论，反思其讨论对象、讨论立场和理论资源的分歧与局限，从而更科学地认识"钉子户"及其抗争现象，并着眼于国家治理现代化的需要，充分挖掘该现象背后的普遍性逻辑。

一 "钉子户"：城镇与乡村的不同类型

实际上，在传媒和学界讨论"钉子户"及其抗争现象时，他们虽然使用的是同一概念，所指却可能存在重大差异。因为，在中国现有的公众话语和传媒语汇中，"钉子户"是一个其内部构成非常多样、边界也非常宽泛的概念。有些地方政府已经习惯于将那些坚持不配合和不服从的公民都称之为"钉子户"。这一称呼，从广大乡村地区拒绝缴纳税费的个别农户，到拒绝移民搬迁的住户（应星，2001），再到广为使用

---

[1] 就"钉子户"及其抗争这个主题来说，主要的讨论多集中在非学术性的新闻报道和评论中。社会科学界虽然也有不少相关的论文，但真正深入的实证研究并不多。也因此，本文在选择相关的讨论文本时，并未局限于纯学术杂志。

的在城市扩张和旧城改造过程中拒不搬迁的住户,甚至包括那些坚持上访的"上访钉子户"(吕德文,2013),都有讨论者将其称作"钉子户"。为实现讨论的聚焦,需要将"钉子户"的范围适当限定。既然是"钉子",就一定是深嵌于某一社会土壤或社会关系中的;既然是"户",就要强调以家庭为主要的行动单位。这样,我们就大致可以从城镇和乡村两大空间作出"钉子户"的分类,继而再作"钉子户"的具体分类。媒体和学界现有的讨论中,并未明确地认识到这样做的重要性。

其实,真正从事"钉子户"实证研究的学者,他们最开始纳入视野的是乡村治理实践中作为"钉子户"的少数农民。研究者往往将其作为乡村社会"边缘人"的一种类型来处理,这也是华中村治研究传统的一个转向(吕德文,2008;田先红,2013)。一位研究者在其博士论文中,立足于对河南扶沟、湖北京山、江西安远及福建武平四县农村的调查,通过对计划生育、农业税费征收等涉农政策的实践分析,把握了我国农村地区"钉子户"的总体状况。进而通过分析"钉子户"的产生、构成及行为逻辑,揭示基层治理中的权力结构及技术特征,进一步检讨近代以来国家政权建设的成效。文章将治理"钉子户"上升到"基层治理的核心"的地位,认为有效地控制和利用边缘人是农村变革有序进行的基础。而"钉子户"为国家权力进入乡村社会提供了一个支点,基层治理领域因此开放成为国家政治的一部分,"钉子户"甚至直接进入国家治理领域,触动国家政治的神经(吕德文,2009)。其后,也有学者将解决"钉子户"的问题视作利益密集型农村地区治理的首要问题,并发现为了解决这一问题,利益密集型农村地区目前大多采用"摆平术",且往往会援引体制外的社会势力。他的担心是,体制外社会势力进入正式的治理过程,可能导致基层治理的合法性危机(贺雪峰,2011)。可以发现,研究者们在讨论乡村地区的"钉子户"时,主要还是沿用了地方政府和基层政府的称呼习惯,指的是那些在税费征收、计划生育、房屋拆迁、土地整治等方面不配合乡村政权的部分农民。从深层上追究,可以发现,乡村地区"钉子户"的言行所体现的,恰恰是国家逻辑与农民道义之间的深层矛盾(尹晓磊,2005)。但是,在学术和公共讨论上,不宜简单沿用地方政府的思维和话语。将拒不配合或拒不服从政府要求的个别农民称其为"钉子户",在学术上是否合适还有待商榷。

"钉子户"最为通常的类型,主要是在城市空间产生的。与乡村的熟人社会与土地集体所有不同,城市更具陌生人社会的特征,其土地也主要是国有制。由于迥然不同的社会形态和治理生态,城市中的"钉子户"也就不同于乡村的"钉子户"。但即使是城市中的"钉子户",也存在具体类型上的差异。从城市空间上看,就有闹市区与非闹市区的差异,其中的土地价格相差巨大,"钉子户"形成的可能性和"钉子户"抗争的激烈程度也会存在较大差异。有研究者就发现,与一般的城区相比,"城中村"的土地性质是集体所有,并存在城市中心地带和边远地带的差异性(霍方,2012)。而就"钉子户"对房屋及其土地使用权的拥有状况而言,也存在不同的"钉子户"类型。比如,有的城市出现的店铺拆迁"钉子户",他们实际上并没有房屋的所有权(即"产权"),他们只是普通的租户,但他们同样也可能成为"钉子户"。这样的案例在全国来看也并不少见。进一步来讲,"钉子户"的抗争其实也有两种,一种是日常反抗型的"钉子户"抗争,这类抗争发生于日常生活的场景中,往往比较平和,且充满"钉子户"与相关方面"扯"和"磨"的特征;另一种则是"钉子户"引发社会力量包括传媒广泛介入的一种抗争政治或社会运动,其中涉及到政府、开发商、拆迁公司、媒体、公众和"钉子户"等多方主体的密集互动,甚至充满着紧张感和冲突性。行文至此,可以看出,媒体和学界已有讨论中的"钉子户",在中国众多的"钉子户"类型中仅仅是其中的一部分。因此,我们还需要进一步关注"钉子户"及其抗争的其他类型,并拓展这方面的比较研究。

二 讨论立场:社会本位、政府本位与"钉子户"本位

在围绕"钉子户"的相关争论中,聚焦最多的是拆迁引发的"钉子户"。这一大类的"钉子户"及其抗争,主要是城市扩张和城市改造的伴生物。有学者认为,拆迁从大的维度上看,则主要有法律、政府与公民三个方面(邹仰松,2007)。仔细分析围绕"钉子户"及其抗争的

现有讨论，我们也可以大致发现其中存在的不同讨论立场，即社会本位、政府本位和"钉子户"本位三个立场。

社会本位的立场，将"钉子户"及其抗争引发的关注，立足于社会层面来看，并试图呈现其中的社会运行逻辑。保守主义的社会本位立场，往往强调"钉子户"的出现，至少说明我国基层社会的部分解体或基层社会的整合性低。一方面，"钉子户"是个体行动者，甚至持有比较激烈的主张，他们在坚持和捍卫自己的利益问题上毫不退让。另一方面，正是因为"钉子户"所在社区的道德约束力的失效，才使"钉子户"致力于自己的利益最大化而罔顾社区其他成员的利益。要么是基层社区对个别"钉子户"的约束失效，要么是社区成员之间难以达成有效的集体行动以提高共同的补偿标准，"钉子户"最终能够或只能"单打独斗"。如有论者就认为："绝大部分被拆迁户早早地就签订协议，除了预期要价与拆迁补偿标准的距离比较接近的原因外，还与熟人社会逻辑密切相关"（吕德文，2013a）。"钉子户"的孤立性及其不受周围熟人的认可，也说明，在中国社会，实际上仍然存在着一个基层民众的集体压力。这位研究者还发现一个值得我们重视的反常现象：2010年广州杨箕村1000多居民集体签名要求对"钉子户"强拆，一些钉子户甚至被村民殴打；同年，武汉土库村的村民也集体签名要求村中的唯一一户"钉子户"搬迁；2012年12月1日，河北衡水市又出现了同意拆迁的回迁户因拖延5年无法回迁打砸"钉子户"邻居的事件（吕德文，2013b）。与此相对的，则是激进主义的社会本位立场。该立场并不像保守主义的社会本位立场那样强调解释，而是基于社会利益主动建构。他们往往强调公众和社会包括传媒，面对"钉子户"及其个体抗争行为不应束手旁观，相反，应该以此为契机，充分调动并发挥社会的各种力量，监督政府和开发商在房屋征收和拆迁过程中的滥用职权和违法违规行为，从而推动成熟和理性社会的形成。

政府本位的讨论，往往强调"钉子户"问题对地方政府管理带来的困扰，落脚点在于：面对"钉子户"及其抗争，地方政府应该如何破解这一难题？以及面对由"钉子户"抗争引发的群体性事件，地方政府应当如何进行危机公关？实际上，"钉子户"这个词最开始就出自政府之口，是政府本位的一个治理概念：既然出现了"钉子"，对政府来说其中心任务就是"拔钉子"①。政府从其本位看,"钉子户"显然是地方治理的麻烦制造者,利益最大化的机会主义者,而非捍卫权利者或追求正义者。在一篇帮政府解套的对策性文章中,作者就提出政府破解"钉子户"漫天要价、无理取闹行为的几个办法,包括"做好宣传动员工作;依法实施征收;建立利益诱导机制;破解滥用诉权策略;破解被征收人信访行为;见证留置送达法律文书"等非常具有操作性的对策。该文作者最后建议,"在征收拆迁这个矛盾集中的地方善于做群众工作,在征收拆迁这个风险极大的地方拥有足够的政治智慧和法律智慧"(王达,2014a)。这位作者后来又继续写作了相关的系列论文(王达,2014b、2014c),显然都是站在政府的立场,致力于问题的有效解决。当"钉子户"抗争引发群体性事件,政府本位的讨论往往将其视作公共治理的危机(宋彦锋,2007),并致力于这一危机的化解。或将其视作政府"公关危机"的治理,并认为"钉子户"事件显现出政府"公关危机治理"方面的问题,如政府危机公关体系不完善,对媒体重视不够,与公众沟通不畅等。研究者往往强调,政府是突发公共事件危机公关的主要角色,应培养政府人员的现代公关意识,运用法律手段完善危机管理体系,建立公关危机管理机制,健全双向沟通机制,从而成功地解决危机(王欢明,2007)。政府本位的立场,在寻找法律依据时主要援引的文本包括,我国《宪法》修正案第20条的规定:"国家为了公共利益的需要,可以依照法律规定对土地实行征收或者征用并给予补偿。"《土地管理法》第2条的规定:"国家为了公共利益的需要,可以依法对土地实行征收或者征用并给予补偿。"《物权法》第42条的规定:"为了公共利益的需要,依照法律规定的权限和程序可以征收集体所有的土地和单位、个人的房屋及其他不动产。"并强调政府在界定公共利益上的合法性和主导权。

---

① 这在应星的书中有相当生动的描述,他分析了国家信访治理最为常用的三种技术手段,即所谓的"拔钉子"、"开口子"和"揭盖子"三种摆平术来应对民众的上访。"拔钉子"针对的是集体上访,"开口子"和"揭盖子"针对的是可能危及权力合法性的上访。参见应星(2001:324-327)。

钉子户本位的立场通常见诸媒体①，也见诸法学界的部分讨论，它与社会本位的立场紧密关联并时有转换。"钉子户"本位的讨论中，表达最为充分的即是公民权利论，强调"钉子户"抗争意味着他们权利意识的觉醒，维权行动力的增强。记者出于对"钉子户"个人境遇的同情，而尽力凸显"钉子户"的弱者处境和维权正当性，强调"钉子户"仅仅是政府和开发商眼中的"钉子"，他们并未妨碍公共利益和社会发展，相反他们不过是行使法定权利，反而具有推动法治进程的重大意义。在《中国青年报》的一篇报道中，甚至有人将暴力反抗的某"钉子户"与1926年黑人亨利·史威特枪杀骚扰其住宅的白人一案作类比，因为该案后来的无罪判决一举确立了美国的住宅不受侵害以及公民在家中行使无限防卫权的法律准则。而该报采访的中国政法大学法学院副院长焦洪昌教授也认为，在全国各地努力践行科学发展观的今天，被拆迁户遭到房地产开发商组织的殴打和非法暴力拆迁时，当地政府应尽职尽责，保护公民的人身安全和合法财产权（宋广辉，2009）。

在公共讨论和学术研究中，不同的立场之间应该进行适度的换位思考和反思平衡，否则就会只有争议，而难有理解或共识的生成。有关"钉子户"及其抗争的既有讨论，各方往往执着于自己的立场，未能尊重其他立场的一定正当性。如政府本位的立场，只看到"钉子户"及其抗争带给治理的"麻烦"，却难以看到其中的一定合理性以及公民权利话语成长的事实，其结果反而不利于政府理念的及时更新。而"钉子户"本位或社会本位的立场，往往忽视政府在应对相关问题上的困局和尴尬，也忽视了中国作为一个社会主义国家其土地的公有制属性，更忽视了"钉子户"及其抗争行为给社区其他成员利益带来的影响以及补偿差异的非公平性。

三 援引理论：法学、政治学、经济学、社会学与传播学

在观察、分析和评论"钉子户"及其抗争现象时，舆论界和学界

---

① 如有关重庆"最牛钉子户"，"宜黄事件"的大量新闻报道，以及《中国青年报》题为《别墅群里的"钉子户"》的报道等。

最为强势的话语即来自法学中的权利理论、法治理论和宪政论。权利话语中的私有财产权观念，是支持"钉子户"抗争的最重要话语。"钉子户"作为公民，拥有法律保障的对房屋的私有财产权，因此，其维护财产权、要求合理补偿的行为是正当的，也是应予鼓励的。在此学理下，他们对"钉子户"这种"弱者的博弈"给予了高度肯定。有一句很典型的话，则可以反映此类分析逻辑："'钉子户'被一些人看成是扎在中国经济发展高速公路上搞破坏的钉子，但从另一角度看，'钉子户'恰恰正是扎在转型中国不甚稳固的法治大厦上加固用的钉子。只有各方面的观念都彻底转变过来，公共利益得到合理界定，'弱者的反抗'才不会演变成惨剧；从某种意义上说，正是'钉子户'的存在，开拓了弱者与强者的博弈空间，推动了社会的法治进程。（叶竹盛，2012）"法治视角下的学术性讨论，则强调分析立项阶段、签订协议阶段、补偿阶段、拆迁过程、安置阶段存在的法治问题。认为这些问题的存在原因在于：法律对公民利益保护的缺失；对公共利益概念的模糊界定；政府不作为或不正确作为；司法机关陷入尴尬境地；缺乏完善的保护机制（马士玉，2014）。从《物权法》角度的研究，则看到被拆迁人在征地拆迁的过程中，民众的相关物权会因政府运用行政的征收而消失，根据《物权法》的规定，理应获得补偿；但同时，被拆迁人权利主张也是有限度的，在符合公共利益条件的征地拆迁中，如果经合法程序并充分补偿，被拆迁人再抗拒拆迁则丧失了法律上的正当性，现实中这种被拆迁人也是存在的。被拆迁人拥有实体权利、程序权利和特别情况下获得社会保障的权利（牛慧娟，2011）。宪政论往往认为，"钉子户"引发的抗争运动，意味着中国公共社会力量的崛起和成熟，它将有利于对地方政府的权力运行实施强有力的社会制约，从而有助于中国宪政的稳步推进。这种看法自然让人鼓舞，但问题是，被媒体广为关注的"钉子户"毕竟只是少数，还有大量其他的"钉子户"及其日常抗争，他们的情况和动机也各有不同。单一的权利理论及维权话语，显然难以解释"钉子户"行动的全部逻辑，更加难以透视"钉子户"所在社区对他们的真实反应。

在政治学视野下，讨论者们往往首先强调，需要在宏观的国家与社会关系中理解"钉子户"及其抗争这一新的政治行为。在国家与社会的视野下,"钉子户"的出现意味着普通公民个体的解放,也说明当代中国的国家与社会关系发生了局部转型,而"钉子户"抗争则重新塑造着这一关系。而作为抗争政治,"钉子户"是个人利益的追求者,地方政府亦在既定的政治与法律框架下行动,媒体则试图利用"钉子户"事件塑造中国的公民社会,各方力量在合作和冲突中推进着具体的抗争进程。其次是看到,"钉子户"牵涉的公共利益与个人利益之间的纠葛,是当代中国政治与治理领域的一大难题。政府一般将拆迁许可证发给开发商,开发商再来作商业开发,在许可证的伪装下,拆迁披上了"公共利益"外衣,还获得了行政甚至司法力量的支持。而且,目前国内对公共利益的界定存在很大的困境,结果则由政府界定公共利益的边界。问题是,"公共利益并没有赋予政府强制权力,也没有给公民施加法律义务,而是为公民提供了一个藉此改善生活的选择权。(叶竹盛,2012)"同时,政治学视野往往看到"钉子户"行为背后的宏观结构和制度约束,并认为钉子户的行为与宏观结构之间存在互相塑造的关系,并强调解决问题的出路在于重塑沟通理性,致力于中国公民社会的建设(陈源静,2012)。

经济学视角下的"钉子户"讨论,将"钉子户"作为被征收方的一种来看待。非常深刻地看到了拆迁过程中各方主体围绕经济利益展开博弈的本质和核心,包括涉及被征土地的资产专用性、征地双方的机会主义、征地方对征地剩余的追求和被征地方对征地补偿的期望,这当中自然包括"钉子户"本身的利益最大化考量。如有一篇论文就将"钉子户"视作"提升土地资源利用效率"的理论困局,完全是从经济效率的角度来看待这一问题(金细簪,2013)。另有研究则认为,利益格局失衡以及"争利"是"钉子户"出现的重要原因,应该从制度上规范各利益相关者的利益,让利于民,建立被拆迁户分享开发效益的机制,并为被拆迁户,尤其是弱势群体提供一个公开、公正、公平的争议及裁决的渠道(陈绍军,2011)。经济学视角下的"钉子户"讨论,紧扣"利益"这一核心机制,具有相当的解释力,也有利于我们对部分"钉子户"言行的"去魅化"理解。但它也可能忽视了"钉子户"及其抗争行为背后更为复杂的原因,以及"钉子户"行为本身的多义性和不可预期的社会政治后果。

社会学视角的"钉子户"抗争分析，往往从"过程—事件"（孙立平，2000）的角度剖析"钉子户"的形成及其行为逻辑，包括其与外部社会产生关联和互动的具体过程。在钉子户的行为逻辑上，他们敏锐地看到，"钉子户的本质是反集体行动，强势的被拆迁户与其和其他的被拆迁户联合起来与拆迁方谈判，共同获得更高的收益，还不如单独向拆迁方要价，这有可能获取更多的利益……弱势的被拆迁户倾向于联合，因为这样可以增加谈判的砝码，恰恰是有实力担当钉子户角色的强势的拆迁户不愿意统一行动，因为他们有获取比别的被拆迁户更多利益的需求"（吕德文，2004）。但这种看法可能并不适用于一般的"钉子户"身上，毕竟仍有一部分"钉子户"确有其特殊情况，也是在要求其应得的补偿，并不都是简单追求自身利益的最大化。而在"钉子户"与媒体的关系上，社会学视角的分析就发现，"从根本上说，媒体和钉子户之间具有完全不同的目的，钉子户抗争只是为了获取更多的利益，媒体关心的是将钉子户抗争个案操练成公共事件，以达成特定的目标，两者在特定情况下可以联盟……但是，一旦两者的目标出现竞争，这一联盟必然破裂"（吕德文，2013c）。同样，这也仅能解释那些成为媒体事件的"钉子户"及其抗争。

传播学视角下的讨论，往往聚焦于那些成为新闻热点的"钉子户"及其抗争事件，解读"钉子户"媒体形象的建构逻辑和"钉子户"事件的媒体演化过程，或者反思媒体的作用（袁敏杰。2007）。有研究者就选取了四份权威报纸——《人民日报》、《法制日报》、《第一财经日报》和《南方周末》，采用量化研究和内容分析法，从报道切入视角、报道再现主题、报道关键词和报道倾向性等四个方面进行具体分析，进而对拆迁"钉子户"的媒介形象进行了总体分析，试图还原"钉子户"的真实形象（张东进，2013）。又由于"钉子户"事件发生在互联网时代，传播学视角的研究也多将其作为网络舆情的范畴来探讨。一份针对2007年重庆"钉子户"事件的传播学透视就发现，网民首次参与事件现场报道使得这一事件成为一个极佳的研究范本。这种传播路径凸现了媒介叙事的转型，即从传统媒体致力于想像共同体的建构到新媒介时代网民的个体化修辞。这种参与式草根新闻叙事模式带给我们的冲击将是深远的，即使在 Web2.0 时代也富有某种"革命"气质（罗锋，

2008)。

可以发现，来自不同学科视野的理论资源背后，是极其不同的意识形态和政治价值观。经济学和法学往往强调个体利益或权利，其价值取向多是自由主义的：捍卫个人权利，限制政府权力；个体先于社会，社会先于政府。在此政治价值观之下，"钉子户"及其抗争便是鲜明的公民行为，并具有法治意义。相比之下，社会学和政治学则要相对保守。社会学要么强调社会关联的重要性因而具有共同体主义的意识形态，要么强调社会运行的多面性而倡导价值中立的机制分析；政治学则直面国家治理（基层治理）的现实压力和政治过程的复杂机制，往往具有一定的权威主义色彩。因而对于"钉子户"及其抗争，不管是社会学看到了"社会"，还是政治学关照到国家，往往都少了浪漫主义的想象和推波助澜，多的则是冷静客观的深刻把握。传媒学的理论资源同样也多是自由主义的，强调对个体和社会利益的捍卫，但由于传媒自身强烈的建构色彩，传媒学的理论资源要么是建构性的，要么则是消解性的。现有讨论在运用不同学科理论资源时，显然缺乏对其背后意识形态和分析路径的深入反思。

当然，专门研究钉子户的部分学者，也试图将政治学中的抗争政治理论、社会学的"过程—事件"分析和新闻学中的传播理论相结合，试图呈现标志性的"钉子户"抗争政治内在的复杂机制和政治社会后果。吕德文（2012）的个案研究就发现，"宜黄事件"具有某种标志性意义，它颠覆了当代中国抗争政治的刻板印象，创造了一个新的抗争政治类型。宜黄事件原本是一个普通的钉子户抗争事件，在进入媒体的视野之前，它只是底层政治的一部分，当事人采用的基本上属于"弱者的武器"的方式，并且是地方性的、特殊的和双轨的，显著性和协同性都不高。由于媒介动员将政策的内在张力呈现于公众视野，钉子户利用这一政治机遇结构，不断创新了抗争表演，从而使宜黄事件发生了规模转变和极化，最终使事件发展成为一场要求保护弱势群体利益，发动制度变革的专业化社会运动的一部分，宜黄事件也就具有了普适性的、模式化的和自主的特征。宜黄事件的遣散是因为钉子户和媒体的抗争目标出现了竞争，而并非明确的适度制度化所致，这是当代中国国家建设中"反体制"的体制重建的一部分。但这样结合不同学科理论资源的研究并不多，今后的研究应该跨越狭隘的学科局限，以问题为导向，提升讨论的延展性和纵深性。

四 "钉子户"及其抗争：一个有待深化的学术问题

"钉子户"及其抗争作为我国政府治理领域的一个现实问题，吸引了媒体和学界的高度关注，也产生了相关的公共讨论和学术讨论。但现有的讨论，在"钉子户"的类型选择上比较有限，今后应该拓展对更多类型的"钉子户"的实证研究。而在讨论立场上，社会本位立场、政府本位立场和"钉子户"本位立场，都存在固有的局限，今后的研究应该在不同立场之间进行反思平衡，以更充分地呈现"钉子户"及其抗争内涵的丰富意蕴。而在学理资源的运用上，不同学科的逻辑起点、分析框架、分析路径和价值取向，丰富了对"钉子户"及其抗争的理解，但也存在着"盲人摸象"的尴尬，尤其是缺乏对不同学理资源背后意识形态的反思。今后的研究应该是以问题为导向，跨越不同学科的理论资源进行充分对话。

更重要的是，从学术深化的目标看，需要明确今后我们应进一步研究的学术问题：中国当下的"钉子户"抗争，既不同于一般的集体抗议，也不同于通常所讲的社会运动与革命，怎样选择最有解释力的理论类型？"钉子户"的个体抗争行为为何会转变成为公众普遍关注的政治事件？如何从频发的"钉子户"抗争案例中，准确把握当前中国国家与社会关系的性质与实践形态？在中央集权的体制下，中国政府对"钉子户"抗争的应对方式具有何种独特性？"钉子户"抗争是否促进了当前中国国家与社会关系的制度性变革？在转型期的中国，"钉子户"抗争事件的频发，更多地是促进了中国国家治理技术的进一步精密化，还是成为中国政治发展和治理转型的潜在动力？

而要回答上述这些问题，围绕"钉子户"及其抗争，我们要结合不同层面的分析框架来分析。宏观上，"变迁—结构—话语"（赵鼎新，2005、2012）的分析框架值得借鉴，即要看到我国经济社会政治大转型的现实，中国政治结构以及国家与社会关系，以及中国的主流意识形态，这些从根本上决定了"钉子户"及其抗争的边界。中观层面，则可以采用"过程—事件"（孙立平，2000）的分析策略，依托具体的案例展开机制和过程的分析。微观上，则可以立足于利益相关主体的心理、策略和行动来展开。只有结合了宏观、中观和微观的分析，结合了结构与行动，我们才能深刻而丰满地理解"钉子户"及其抗争的真实逻辑。也只有以问题为导向，结合不同层次的分析框架，超越现有的不同立场和学理资源的争论，才能全面深化对"钉子户"及其抗争的学术研究，为突破基层治理的内在困局寻找出路。

参考文献

1. 陈绍军、刘玉珍（2011），《城市房屋拆迁中"钉子户"的博弈逻辑——以N市被拆迁户为例》，《东疆学刊》，第1期。
2. 陈源静（2012），《城中村拆迁场域中被拆迁主体的行动演绎》，华中师范大学硕士学位论文。
3. 霍方（2012），《征地拆迁中的公共利益与个体利益平衡研究》，中南民族大学硕士学位论文。
4. 贺雪峰（2011），《论利益密集型农村地区的治理——以河南周口市郊农村调研为讨论基础》，《政治学研究》，第6期。
5. 金细簪（2013），《国外关于土地征收中"钉子户"决策行为研究的借鉴与启示》，《经济论坛》，第11期。
6. 吕德文、陈锋（2008），《在"钉子户"与"特困户"之间——重新理解税费改革》，《中国农业大学学报（社会科学版）》，第1期。
7. 吕德文（2009），《治理钉子户》，华中科技大学博士学位论文。
8. 吕德文（2012），《媒介动员、钉子户与抗争政治——宜黄事件再分析》，《社会》，第3期。
9. 吕德文（2013a），《上访钉子户的诉求》，《人民论坛》，第2期。
10. 吕德文（2013b），《钉子户的抗争"艺术"》，《社会观察》，第1期。
11. 吕德文（2013c），《钉子户与"维权话语"的局限》，《文化纵横》，第1期。
12. 吕德文（2014），《"和谐拆迁"只是一厢情愿》，http：//www.guancha.cn/，10月20日。
13. 罗锋（2008），《网络传播视阈下的"钉子户"事件解读》，《重庆邮电大学学报（社会科学版）》，第1期。
14. 马士玉（2014），《房屋拆迁中的公民权益保护问题研究》，山东师范大学硕士学位论文。

15. 牛慧娟（2011），《"钉子户"现象的物权法分析》，中国社会科学院研究生院硕士学位论文。

16. 孙立平（2000），《"过程—事件"分析与当代中国国家—农民关系的实践形态》，《清华社会学评论》，第1期。

17. 宋广辉、王晨（2009），《别墅群里的"钉子户"》，《中国青年报》，10月19日。

18. 宋彦锋、胡朱信（2007），《从"最牛钉子户"事件谈化解公共治理危机》，《学习月刊》，第12期。

19. 田先红、高万芹（2013），《发现边缘人——近年来华中村治研究的转向与拓展》，《华中科技大学学报（社会科学版）》，第5期。

20. 王达（2014a），《破解征收拆迁"钉子户"策略》，《中国房地产》，第2期。

21. 王达（2014b），《产生"钉子户"的原因与破解对策》，《中国房地产》，第5期。

22. 王达（2014c），《"钉子户"产生原因再分析及破解对策》，《中国房地产》，第7期。

23. 王欢明、刘鹤鹤（2007），《从"钉子户"事件看政府危机公关》，《西南交通大学学报（社会科学版）》，第6期。

24. 袁敏杰（2007），《重庆"钉子户"事件中的媒体作用及其思考》，《新闻战线》，第6期。

25. 应星（2001），《大河移民上访的故事——从"讨个说法"到"摆平理顺"》，三联书店。

26. 尹晓磊（2005），《国家逻辑与农民道义之间》，《读书》，第7期。

27. 叶竹盛（2012），《"钉子户"：弱者的博弈》，《南风窗》，第12期。

28. 张东进（2013），《"钉子户"的媒介形象建构分析》，《东南传播》，第2期。

29. 赵鼎新（2005），《西方社会运动与革命理论发展之述评》，《社会学研究》，第1期。

30. 赵鼎新（2012），《社会与政治运动讲义》，社会科学文献出版社。

31. 邹仰松（2007），《审视城市拆迁问题的三个维度——以"史上最牛钉子户"事件为例》，《四川行政学院学报》，第4期。

农民工市民化与地方政府创新：
吸纳、共治与融合[*]

孔凡义

摘 要：农民工市民化是农民工获得市民身份的过程。通过对四川S市服务吸纳模式、广东Z市协商共治模式和C市社会融合模式的比较实证研究，文章得出结论：农民工市民化是农民工自我改造和重塑与社会政治体制改革的双向进程。在农民工市民化的多层次进程之中，从吸纳、共治到融合是个逐步深化的过程。

关键词：农民工市民化；政府创新；社会治理。

自从20世纪80年代以来，我国正经历着世界历史上最大规模的社会流动。大量的农村人口流向城市成为农民工，成为举世瞩目的社会迁移奇观。农民工是中国特色体制的产物，为我国的政府管理带来了先发国家从未曾经历过的挑战。近年来，各地群体性事件在我国不断发生，严重影响到社会和政治稳定。在这些群体性事件中，我们经常可以看到农民工的身影。为了应对农民工的社会挑战，地方政府通过政府创新来推动农民工市民化，以期彻底解决农民工治理难题。

---

[*] 作者简介：孔凡义，男，湖北襄阳人，中南财经政法大学公共管理学院副教授，主要从事政府创新、社会治理和党内民主研究。

一 农民工和农民工市民化:概念的阐释

"农民工"从语义上,我们可以看出它是个矛盾混合体。它是农民和工人的混合。这就体现了这个概念的第一个内容,职业混合体。从职业角度看,农民工既是农民又是工人,这也意味着他们既不是工人也不是农民,他们是摇摆于或游离于农民和工人两大职业之间的一个特殊的群体。农民工社会流动的第二个特征是"职业身份分离"。从社会身份的角度来看,农民工的社会身份是由户籍决定的。由于户籍制度并没有完全取消,农民工的户籍仍然是农业户籍,他们的社会身份仍然是农民。从工作职业的角度来看,农民工所从事的职业是非农产业,而且大多从事的是工业生产,他们从事的职业多属于工业生产。因此,农民工的工作职业和社会身份并不是一致的,是分离的。与传统农民相比,农民工离开农业生产区域和职业,但是他们的社会身份因为户籍制度的规定并没有随之发生改变。与西方社会的自由流动不同,农民工的社会流动还有很强的制度规定性。

从身份上看,农民工是拥有农村户籍却在城市从事第二或第三产业的人。从行政身份来看,农民工是农民;从自然身份上看,农民工是工人。但是,农民工在行政上不享有城市工人同等的公民权,主要表现在他们没有城市公民同等的社会福利权和政治权利,如子女同等的受教育权、社会保障享有权、城市公共服务享有权、城市房产的购买权等等;在政治权利上,他们不享有与城市工人同等的选举权和被选举权。农民工社会流动的是"人流权未流"。虽然农民工在城市工作,但是他们没有获得城市市民的公民权,属于城市中的"半公民"(苏黛瑞,2009:318)。正如前面论述的,农民工的社会流动属于制度规定性流动,他们的流动有着很多制度限制。在我国,社会政治权利(如选举权和被选举权、居住权、社会福利权、受教育权)是和户籍绑定在一起的,农民工虽然人在城市工作,但是他的社会政治权利和户籍都还在乡村。另一方面,城市并没有赋予农民工平等的城市公民权,无论是选举权和被选举权、居住权还是社会福利权、受教育权要么是完全没有,要么是限制了苛刻的限定性条件。就"农民"来看,在中国语境下,它指居住在农村拥有农村户籍的人群。"农民"在中国语境下,既意味着他们生活在农村,也意味着他们职业是从事农业生产,也意味着他们的户籍身份是农村户口。就此而言,当代中国语境下的"农民"很特殊,既不是传统的纯粹身份指称,同时也不是真正的现代"职业"符号,准确地说,它是一种介于身份与职业之间的概念,或者说它是集身份与职业于一身的双重复合性概念(张健,2008)。同样的,农民工的概念也是集身份和职业于一身的复合性概念。"农民工"不仅包含了他们的职业双重性,也意味着他们身份的双重性。

从地域来看,农民工是移民的一种,是从农村中转移到城市中的、但是又没有被城市容纳的移民。农民工从农村转移到城市,除了他的工作在城市,他们的政治关系、社会资本等都还在户籍所在地。而且,农民工是个流动的群体,他们的居住地域是随着工作的迁移而流动。农民工社会流动的第一个特征是"离土不离乡"。"离土不离乡"是我国户籍制度松动但没有终结的后果。户籍制度的松动只是局限于农民的空间流动,但是农民工的社会网络中心、不动产、家庭、社会政治权利都还遗留在乡村。农民工的流动不是整体性的流动,而是户籍制度半终结造成的半流动状态。农民工的社会网络中心、不动产、家庭、社会政治权利仍然被束缚在乡村,能够随之流动的只是工作空间。所以,农民工的社会流动不是完全自由的流动,而是半自由的、制度化的流动。

对农民工的概念界定和理解必须把它放到中国的语境中来。"农民工"是在中国特色的行政制度、政治制度和社会制度下形成的一个特殊社会群体和概念。它不同于西方的城市移民,所以国外没有与之完全一致的概念和术语。把握农民工的概念要注意三个方面:职业混合体;半公民身份和城市移民。那么农民工市民化正是农民工祛除这三个特征的过程,即职业混合体转向非农职业;半公民身份转向完全公民身份;由城市移民转变成城市居民。简而言之,农民工市民化是农民工获取市民身份的过程。

由职业混合体转向非农职业是从职业的角度来认定农民工市民化。农民工摆脱了非农非工、亦农亦工的职业混沌状态,他们不再从事农业生产,而是完全转向了非农生产。半公民身份转向完全公民身份是从公民身份来认定农民工市民化的。农民工获得了与市民同等的公民身份,包括公民权利和福利待遇。由城市移民转变成城市居民是从农民工的社会空间来认定农民工市民化的。农民工不再游离于乡村和城市之外，而成为城市的常居民，他们的社会关系网络和社会认同不再是飘荡不定的。

二 地方政府治理创新：农民工市民化的三种模式

对农民工群体，无论是中央政府还是地方政府都经历着从排斥、警惕到默认、接纳的态度转变。中央政府和地方政府对农民工的政策也反反复复出现过多次矛盾性的变化。直到21世纪初，中央和地方政府才开始解决农民工市民化问题。在这一过程中，地方政府进行了一些探索。本文根据笔者在四川和广东的实证调研为基础，研究讨论三个不同的农民工市民化政府创新模式。

第一，以四川S市为代表的服务吸纳模式。服务吸纳模式是通过激活现有存量体制和组织，通过党组织、枢纽组织和行政机构把农民工给整合到体制之内，把他们置于现有体制的服务、监控和管理之下。通过吸纳融合，服务吸纳模式最大限度地挖掘现有体制资源，以较小的成本来解决农民工市民化（徐增阳，2010）。

服务吸纳模式是典型的政策创制，它在不改变现有治理体制的前提下，制定特定的农民工市民化的政策，把农民工吸纳到治理体制之内。被吸纳到治理体制之内的农民工彻底地实现了向城市市民的华丽转身。虽然服务吸纳模式为农民工市民化打开了一扇天窗，在宏观治理体制没有改变的情况下为农民工市民化找到了突破口，但是服务吸纳是通过政府政策来推动的。服务吸纳不是全面的吸纳而是选择性吸纳，它只是选择那些在政治上具有优势的农民工，那些政治平淡无奇的农民工仍然被排斥在外。服务吸纳还是间歇性的，创制的吸纳政策是地方政府精英的暂时决策，不太有制度保障和法律保障，缺乏有效的延续性。

在服务吸纳模式中，农民工拥有了公共服务的享有权，但是他们没有公共服务的决策权。因为没有决策权，那么农民工只有权利享受公共服务，但是没有权力决定他们享受什么样的公共服务，没有权力决定公共服务是否公平的分配，更没有权力来协调本地人与外地人之间的社会冲突。简而言之，服务吸纳只解决了少数农民工的权利分享问题而没有解决权力分享问题。那么，没有权力作为支撑的权利是无法得到保障的。

表1　　　　　　　　　　S市服务吸纳模式

服务吸纳	政党服务吸纳	一是组织找党员。基层党组织专门组织力量、集中时间精力，积极采取入户走访、电话联系、系统查询等途径，对流动党员去向进行仔细调查。二是党员找党员。充分发挥外出务工党员的能动性，组织动员外出务工党员通过老乡会、串工地、带口信等方式加强与"断线"党员联系。三是亲人找党员。通过委托家属向外出党员发短信、打电话、寄家书，使81名党员亮出身份，主动与党组织取得联系。并将"回家"党员的详细情况，逐一登记造册，建立台帐，录入系统，实行动态化信息管理
	行政服务吸纳	S市人口信息管理系统数据集中实行市局中存储在市局信息中心，将市内户口迁移实行网上办理，办理市内迁移的群众只需到迁入地派出所完善手续即可一次性办结。其次，创新服务政策。各地为符合条件的非公有制经济组织建立集体户口，使无合法固定住所、但具有大专以上学历且落实了用人单位的人员能顺利在城镇落户。再次，提高服务效率。
	枢纽组织服务吸纳	一是组织吸引。S市各驻外团组织通过多种渠道在务工青年集中的行业和领域，寻找本地籍青年。二是务实服务。各驻外团组织积极整合驻地、家乡的各方资源，面向务工青年提供服务，帮助务工青年融入驻地、创业成才。三是凝聚认同。以驻外团组织为宣传平台，及时传递党团组织对务工青年群体的关心，在务工青年中广泛宣传科学发展观等党的执政理念，引导他们正确认识经济社会发展形势，增强他们对党和祖国的朴素情感和对党团组织的认同，促进务工青年乐于奉献、建功立业。

第二，以广东Z市为代表的协商共治模式。协商共治模式把农民工吸纳到社区治理结构之中，为本地人提供协商委员会和特别委员会两个政治权力的平台，保障了他们基本的政治权利。协商共治模式改变了本地人与外地人之间的关系。在协商共治模式下，外地人不仅是被服务的对象，而且成为了社区决策的主体，在涉及到农民工或外来人口的事务上他们拥有了发言权。原来的社区治理是由本地人来治理本地人和外

地人，现在是由本地人和外地人协同治理本社区的公共事务。农民工不再是所在地社区治理的旁观者，而成为了与本地人相同（或相近的）治理权。

协商共治模式改变了原有的社区治理结构。服务吸纳模式改变了原有社区的治理职能，把农民工吸纳到社区服务中来，扩展了社区服务的范围。协商共治模式在农民工聚集的社区试点聘任优秀农民工为社区居民委员会流动委员。流动委员不享有居民委员会成员的决策权，但是可以享有质询权、协商权。通过把农民工纳入社区治理体系，可以提高社区解决本地人与外地人冲突的公信力，把矛盾降低到最低限度，也有利于促进农民工市民化。

表2　　　　　　　　　　Z市协商共治模式

协商共治	协商	农村社区建设协调委员会由村（居）民代表选举产生，每届任期三年，主任一般由社区党组织书记兼任。成员包括村居"两委"成员、党代表、人大代表、政协委员、辖区企事业单位、本地村（居）民、优秀农民工等代表，尽量吸纳不同阶层、不同群体的代表参加。农村社区建设协调委员会主要职能有三方面：决策参谋职能——就社区建设的重大问题向村（居）委会和村民代表大会提出意见建议；民主协商职能——就群众关心的问题汇集民意；社会动员职能——动员辖区企事业单位和居民参与社区建设。
	共治	拓宽农民工社区参与渠道，Z市市自2012年起在农民工集中的地区，试点聘任优秀农民工为村（居）委会特别委员，每村2—3名。特别委员由村（居）代表或辖区农民工推荐，经村（居）民代表大会选举产生。候选对象必须在本村（居）住满三年，热心社区事务，在本职行业或社会公益事业中表现突出。

第三，以广东C市为代表的社会融合模式。社会融合模式是通过各种政策创制和平台构建促进农民工与本地人之间交流和合作，在社会关系方面实现农民工的本地化。社会融合模式试图通过扩大农民工在本地的社会资本以达到市民化的目的。社会融合模式前提预设是，农民工市民化是社会融合问题，它试图通过农民工与本地人之间的交流，尤其是农民工在城市中社会资本的积累促进他们向城市市民转型。

促进农民工市民化的社会融合模式没有触及农民工市民化的核心问题——套在农民工身上的户籍制度，也没有涉及到农民工的身份转变。社会融合模式只是提供了农民工与本地人交流合作的通道和平台。在决定农民工身份的户籍制度没有改变的前提下，我们很难想象社会融合能够推动农民工市民化的进程。

表3　　　　　　　　　　C市社会融合模式

社会融合模式	语言融合	政府倡议大家都来讲普通话，机关、企业、学校都要讲普通话。号召本地人向农民工学习普通话，本地人教农民工学C市话。
	民俗融合	各村、社区、企业都主动招呼农民工参与庙会、"烧窑"、"端午赛龙舟"等民俗活动，让他们深入了解各种民俗活动的内涵。同时，政府还积极引导企业了解农民工的民俗，在企业中举办各类民俗文化活动。
	婚姻融合	通过村级青年志愿者协会举行由本地、外地青年共同参与的活动，搭建感情交流平台等。政府各部门为本地、外地青年通婚入户开绿灯，简化手续，提供优质服务。
	圈子融合	有关部门、各自然村的社会服务机构、企业着力建设、利用好企业文化、广场文化、社区文化、传统民俗文化等平台和载体，为"新、老C市人（农民工）"提供公共文化服务，让农民工和本地人打破原有的圈子局限，互相接纳，增进感情。
	职业融合	对农民工独立办企业的，C市区给予工商登记、税收优惠等政策和用水、用电的便利，对具备条件的小型企业，积极搭建银企平台，为他们提供贷款的便利。

三　农民工市民化：什么市民化？如何市民化？

三种不同类型的地方政府创新代表着三种不同的农民工市民化模式。这三种模式中，服务吸纳和社会融合模式较多地依赖地方政府的政策创制，协商共治模式则深入到体制机制。从参与规模上，服务吸纳模式是农民工选择性的市民化，能够享受这一进程的人数很少。协商共治模式参与者主要是农民工的精英分子，具有一定的代表性。社会融合模式所有的农民工都可以参与进去，涉及面比较广。从转变层面来看，服务吸纳模式和协商共治模式更加强调从政府治理的角度入手推动农民工市民化的进程。社会融合模式更加注重从社会、农民工自身发现和挖掘农民工市民化的动力。

正如上文所述，农民工市民化是农民工获得市民身份的过程。在这一进程之中，直接把极少数农民工吸纳进入治理体系之内是非常表层的市民化，因为它只是把农民工从原来游离化的状态拉回到治理体系之内，而他们基本的身份和治理制度并没有发生任何的变化。协商共治模式则是法律制度的限制所导致的治理改革妥协方案。根据我国相关法律制度的规定，农民工的选举权和被选举权是与户籍绑定的，因此农民工是不能在工作所在地享有选举权和被选举权的。根据《中华人民共和国村民委员会组织法》规定，选民登记根据户籍来进行，那些户籍不在本地但在本地长期居住的村民需要经过本村村民会议或村民代表会议的同意方可进行选民登记。也就是说，只有那些具有本村户籍的村民才享有本村村委会的选举权。《中华人民共和国村民委员会组织法》还规定，已在户籍所在村或者居住村登记参加选举的村民，不得再参加其他地方村民委员会的选举。通过《中华人民共和国村民委员会组织法》我们可以看出，农民工的选举权和被选举权被锁定在户籍所在地。他们想参加工作所在地的选举必须征得当地村民会议或村民代表会议的同意，这显然有着相当大的难度。在现实操作中几乎不可能实现。在法律允许的范围之内，协商共治模式提供了一个妥协的农民工市民化方案，那就是在不改变基本体制和农民工身份的前提下，把农民工吸纳进入治理结构，形成协商共治。所以，相对于服务吸纳模式而言，它则是中层的市民化。社会融合模式注重的是农民工与城市市民的社会交流，这是对农民工社会改造和社会重塑。但是，这一模式也没有赋予农民工同等市民地位，并且它更没有法规和体制的改变。因此，本应是属于农民工深层次的内容趋于表层化和形式化了。

表4　　　　　　　　三种农民工市民化模式比较

	手段依赖	参与规模	推动力量	层次
服务吸纳模式	政策	很少	政府	表层
协商共治模式	体制	少数	政府	中层
社会融合模式	政策	多数	社会	深层

农民工市民化是农民工社会阶层的阶层变革，是农民工逐步转变为城市市民的过程。通过对农民工市民化三种模式的比较分析，我们发现：农民工市民化包括两个方面的进程：一方面，从社会层面来看，农民工市民化意味着农民工的自我改造和重塑，他们自身要逐步向城市市民转型，融入城市社会；另一方面，从政府层面来看，农民工的身份确立、阶层形成等都是我国社会和政府管理体制主导的结果，政府需要从政策、制度上为农民工向城市市民的转变扫除障碍和注入动力。

在我国现阶段，农民工市民化更多地是个治理问题。在传统治理模式中，城市和乡村之间是分割性的二元治理模式，它把农民和市民分割成两个相对独立的社群。在乡村，人民公社和村委会、村支部对本公社或本村的农民进行"守株待兔"式的静态治理。在城市，单位对本单位的市民进行全面的管理（孔凡义，2012）。虽然农民和市民是相对独立且差异很大，但是因为城市和乡村之间的社会流动很弱，所以农民工市民化显得无足轻重。但是，随着流动社会的形成，农民大量地涌入城市，他们在城市工作和生活，农民工和市民之间差异很容易引发诸多社会矛盾和冲突，农民工市民化自然成为了亟待解决的问题。因此，我国农民的"农民工化"是传统二元治理模式延续与户籍制度松动共同产物。在农民流向城市的浪潮中，传统二元治理模式并没有随着农民工大量进城而完全改变，他们对农民工和市民的治理仍然沿袭原来的模式，农民工没有获得市民身份，没有成为与市民同等的治理主体和对象。

通过三种模式的比较也可以看出，农民工市民化是个多层次的过程。农民工市民化不仅仅是要把农民工从治理体制之外吸纳进入体制之内，它还要改革政府治理体制，更重要的它还需要把农民工与城市居民彻底融合在一起。服务吸纳保障了农民工的政治权利。但是，农民工拥有了公共服务的享有权，但是他们没有公共服务的决策权。因为没有决策权，那么农民工只有权利享受公共服务，但是没有权力决定他们享受什么样的公共服务，没有权力决定公共服务是否公平的分配，更没有权力来协调本地人与外地人之间的社会冲突。简而言之，服务吸纳只解决了农民工的服务分享问题而没有解决权力分享问题。那么，没有权力作为支撑的权利是无法得到保障的。协商共治模式则更进一步，农民工不仅是被服务的对象，而且成为了社区决策的主体，在涉及到农民工或外来人口的事务上他们拥有了发言权。原来的社区治理是由本地人来治理本地人和外地人，现在是由本地人和外地人协同治理本社区的公共事务。农民工不再是所在地社区治理的旁观者，而成为了与本地人相同（或相近的）治理权。社会融合则通过农民工与本地人的文化和心理认同来消弭农民工与市民之间的隔阂，这代表了更深层次的市民化（当然，本文所提到的社会融合模式还没有达到这种效果）。

需要明确的是，虽然三种模式所反映的农民工市民化模式即吸纳、共治和融合都是农民工市民化的重要内容，但是这些内容要想达到预期的效果还有一个前提，那就是户籍制度的扬弃。当然，这也属于政府治理的范畴。

参考文献

1. 孔凡义（2012），《流动社会的流动治理：国家与社会关系的视角》，《经济社会体制比较》，第4期。
2. 苏黛瑞（2009），《在城市中争取公民权》，浙江人民出版社。
3. 徐增阳（2010），《农民工市民化：政府责任与公共服务创新》，《华南师范大学学报（社会科学版）》，第1期。
4. 张健（2008），《从"农民"走向"公民"：农民工符号的内涵及农民工问题的本质》，《社会科学辑刊》，第2期。

城市融入：促进农民工市民化的社区治理创新研究

——以 Z 省 Z 社区为例[*]

冷向明　徐元元

  摘　要：社区治理是国家治理基层单元，是促进农民工融入城市的重要载体和有效手段。本文以 Z 省 Z 社区为案例，剖析了农民工社区治理的主体、结构、机制、存在问题及其原因，分析表明，县政府、街道办事处、社区居委会、农民工服务站和农民工党支部等主体形成了"政府主导、社区运作、居委会引领、各方参与"的社区治理结构模式，其治理机制体现为有效的精英领导、广泛的社区互动、有效的上下联动。与此同时，农民工社区治理也存在社区组织和制度"空壳化"、社区资源分配"区隔化"、公民权利"差序化"、社区互动"往而不深"等问题，压力体制下的政绩取向、自上而下的培育方式、差异化的资源禀赋以及社区治理能力的局限性则是出现这些问题主要原因。农民工社区治理实践以及后续理论研究的重要着力点是深化户籍制度改革、加强组织建设、增进社区互动、增强社区资源动员能力与完善社区公共服务体系，实现农民工的制度、权利、组织、政治、社会与文化等方面的融入。

  关键词：农民工；城市融入；社区治理。

---

[*] 作者简介：冷向明（1979—），男，山东平度人，管理学博士，政治学博士后，华中师范大学公共管理学院副教授/湖北地方政府治理与地方发展研究中心研究员，硕士生导师。徐元元，华中师范大学公共管理学院硕士研究生。

农民工市民化是新型城镇化的核心问题。长期以来，城市社会对农民工"经济吸纳、社会排斥"的格局，使得农民工的城市融入问题日益凸显。"社区是正式制度与非正式制度之间演变的转换区域，是农民工城市融入的社会化组织载体"（时立荣，2005），农民工融入社区便融入了城市。社区治理是国家治理的基层单元，是促进农民工融入城市的重要载体和有效手段。当前，农民工的大量流入正在逐渐改变城市社区的结构，也对社区治理体系和能力提出了巨大的挑战。

当前，国内外对社区治理的相关研究层出不穷，但以"促进农民工城市融入"为指向的社区治理研究还不多，农民工社区治理的主体、结构以及机制是什么，需要实证研究进一步明确；相应的，当前治理结构与机制存在的问题及其原因，需要深入的探讨，从而为完善社区治理体系、提升社区能力、促进农民工有序市民化提供有效支持。有鉴于此，本文以Z省H市的Z社区作为研究对象，对上述问题进行系统的探讨。

Z社区成立于2005年7月，辖区面积3.3平方公里，属于"村改居"社区，社区现有户籍人口1126人，外来人口约7000人，户籍人口与外来人口严重倒挂，属于典型的流动人口聚居区。因此，Z社区能够为农民工的社区治理研究提供合适的场域。Z社区的原居民主要从事家具生产。农民工80%左右都是举家迁徙，多为核心家庭（夫妻和孩子），稳定性较高。本文的资料主要是笔者在2014年3月通过实地调研和半结构式深度访谈获得，其中访谈的对象包括15位农民工、6位本地居民、5位社区工作人员和2位县级及街道工作人员。

一 农民工社区治理的主体与结构

（一）治理主体

从实际运行的过程来看，Z社区农民工治理主体主要包括县政府、街道办事处、社区居委会、农民工服务站和农民工党支部。

首先，县政府是社区治理的主要领导者和推动者，街道办事处作为县政府的派出机关，是县政府决策在基层的实施者。2011年9月，由县政府推动，县政法委牵头，A县成立了农民工事务局，相应的街道以及乡镇设立了农民工事务所，正式将农民工纳入政府治理的范围，自上而下推动基层社区对农民工的服务管理工作。Z社区农民工服务站的建立与发展也被置于县政府、农民工事务局以及街道的领导框架下。

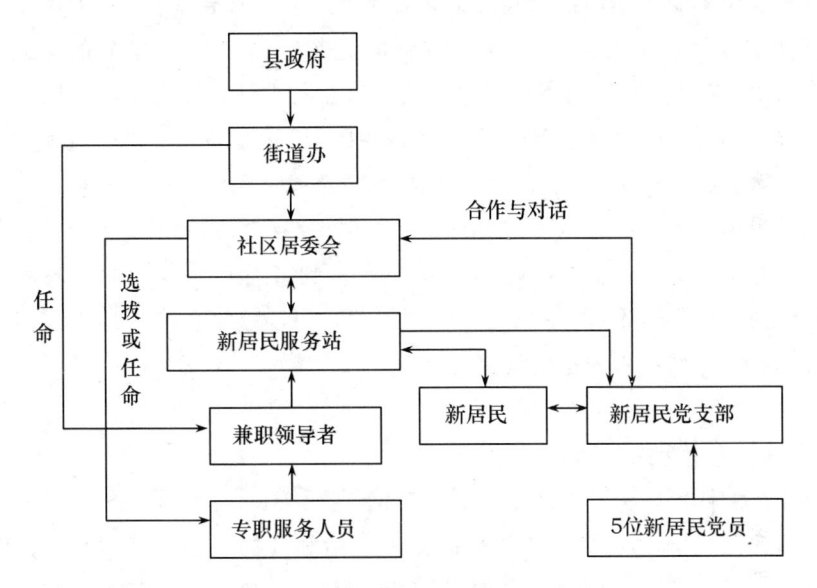

图1 Z社区农民工治理主体结构

资料来源：笔者调研资料。

社区居委会是社区农民工治理的实施者。作为社区治理的重要主体，居委会按照《城市居民委员会组织法》规定，对社区内公共事务实行自我管理和自我服务，服务与管理居住在本社区的农民工也是社区治理的一项重要内容。

农民工服务站是社区专门为农民工成立的服务中心。Z社区农民工服务站主要由4名兼职人员和2名专职人员组成。其中，4名兼职人员分别是，站长（由社区书记兼任），副站长（由辖区民警兼任），妇女工作和治安工作专员（分别由社区妇女主任、治保主任兼任）。2名专职人员则由社区居委会选拔产生，其中一名是一位具有高中学历的女农民工，另一名是社区的原居民，他们在服务站大厅全职上班。2013年5月，在街道的领导下，农民工服务站的机构设置进行了升级，服务站正式更名为 C 街道农民工党群服务中心①。目前，农民工党群服务中心主要设置有农民工党支部、农民工妇联、农民工计生、农民工调解组织等部门，分别协助社区居委会开展农民工的计生、就业帮扶、妇女维权、暂住证办理等日常管理和服务工作。

农民工服务站内部的农民工党支部也是重要的治理主体。农民工党支部委员会由农民工中的 3 名正式党员组成，1 名是来自 Z 省的女大学毕业生，2 名是来自河南的男包工头。这位女大学毕业生担任农民工党支部的书记，另外 2 名包工头为党支部委员。这 3 位农民工在当地购买了住房，在社区书记的动员下，他们的党组织关系已经从原户籍所在地的党组织转到了 Z 社区。此外，农民工党支部还在农民工中吸纳了 2 名流动党员，虽然他们的党组织关系没有转到 Z 社区，但他们在农民工群体内部中具有不可替代的"号召力"和"权威性"，是农民工群体内部矛盾与外部纠纷的重要调解者。

（二）治理结构

在治理实践中，上述不同层次的治理主体逐步形成了一种稳定的治理结构（见图 1），即一种以公共服务供给和社区活动开展为基点，以社区为组织平台，以农民工服务站为载体，以农民工党支部为抓手的"政府主导、社区运作、居委会引领、各方参与"的社区治理结构模式。具体而言，表现为以下三个方面特征：

首先，A 县政府是农民工治理体系的总设计师，随着治理体系的日益完善，县政府的权力重心正在逐步下移，赋予街道办事处更多的行政权。县政府将农民工事务的财政经费下放到街道一级，社区居委会的财政资源则主要由街道提供。街道通过主导治理理念、政策资源和财政资源等方式形塑着社区对农民工治理的组织体系、服务体系和制度运行。因此，Z 社区对农民工的治理过程体现出较强的"政府主导"性，街道与社区居委会形成了一种实际上的上下隶属的垂直领导关系。

其次，农民工服务站是政府自上而下培育的社区中介组织，其建立

---

① 由于新居民服务站和新居民党群服务中心所指的实体是一样的，因此，两个称谓在本文通用。本文主要使用"新居民服务站"这一称呼。

初衷更多的是社区为了承接或履行上级政府分派的事务性和服务性工作，协助社区居委会开展农民工的治理活动。农民工服务站内部的部门设置是社区居委会在街道的指示下予以落实的，其站长、副站长是街道直接委派居委会的主要领导进行兼任，专职服务人员则是由社区居委会负责选拔或任命。因此，这种功能性的培育方式使服务站的运作机制体现为在社区居委会的领导下，自上而下地向农民工提供社区服务。

再次，在实际的治理过程中，农民工党支部可以直接与社区居委会进行对话，是社区居委会与农民工联系的有效节点。农民工党支部成员在农民工群体中享有很强的感召力，他们凭借群体内部的社会关系网络来鼓励和动员农民工积极参与社区活动，并及时向社区反映农民工的利益诉求，成为不可忽视的治理环节。

二 农民工社区治理的机制

Z 社区农民工治理机制主要表现在以下三个方面（见图 2）：

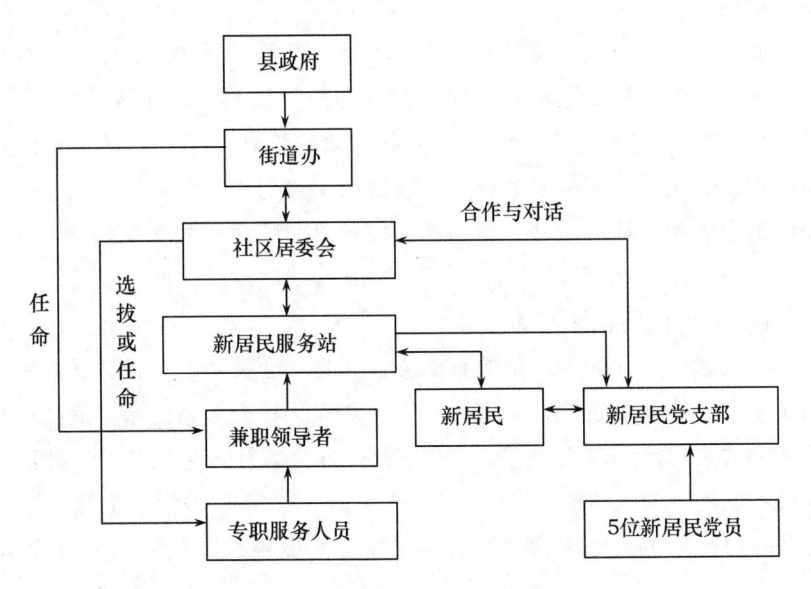

图 2 Z 社区农民工治理机制

资料来源：笔者调研数据。

（一）有效的精英领导

Z社区农民工治理充分发挥了"草根精英"的联系纽带作用。一方面，"草根精英"作为农民工与社区居委会的沟通载体，及时向居委会反映民意，为农民工争取更多的社区福利和基本公共服务[①]；另一方面，"草根精英"借助初级社会关系网络的凝聚效应，促进农民工在社区活动中的广泛参与，提高他们的社区认同感。发挥"草根精英"作用的组织载体便是"农民工党支部"。

首先，农民工党支部成员是农民工中的"大人物"，他们既是农民工群体内部的"话语权威"和"意见领袖"，又是社区组织与农民工之间的话语"传输器"。以流动党员H为例，他本身是河南人，当来自河南的农民工群体内部发生冲突时，他常常出面进行调解，使纠纷能够得到和解，有效维护了社区稳定。此外，农民工有什么需求也会和这些"大人物"反映，他们作为农民工的"发言人"，会将农民工的利益需求及时传送到社区居委会及其工作人员那里，使农民工在社区中享有一定的话语权。

其次，农民工党支部是社区农民工活动开展的重要组织者。Z社区定期为农民工开展特色活动，如"情暖四季"活动、趣味运动会、"三送"活动等等。社区居委会主要负责活动的策划与举办，活动的组织工作则由农民工党支部及其成员在农民工中进行广泛的社区动员，鼓励农民工积极参与社区活动，增强社区成员之间的交往和互动。

（二）广泛的社区互动

一般来说，社区生活中的频繁交往和强社会关系，是社区认同感和归属感形成的重要条件，促进社区交往和强化社会关系的基本途径则是社区中的共同活动（孙立平，2001）。在日常的社区生活中，Z社区居委会和农民工党支部充分发挥自身的功能，坚持"以活动凝聚人、以行动吸引人"的服务宗旨，努力为农民工开展各种特色文化体育活动、

[①] 本文的"基本公共服务"主要是指公共基础设施、公共医疗卫生、公共文化体育、社会救助、义务教育、就业服务、基本公共福利等内容。

提供部分与社区居民同等的基本公共服务，增强对农民工的社区关怀。社区一般以节日为节点，每年的"三八"妇女节，社区请专家为农民工妇女举办妇女健康讲座；"六一"儿童节，社区妇女主任和工作人员会到民工学校为农民工的孩子发放学习用品或在远郊小广场开展"共绘碧水蓝天"的比赛，为获奖学生颁发礼品；在社区的趣味运动会中，社区还专门设立物质奖励，激发社区居民的参与热情。考虑到农民工为参加社区活动而耽误工作，社区还专门拿出一部分经费作为农民工参与活动的补助，减少他们的后顾之忧。

此外，社区居民与农民工自发的正向互动关系也密切了两者的社区交往，加深了彼此的心理认同。由于Z社区属于"村改居"社区，部分居民在自家宅基地上搭建了一些简易的出租房（原则上，这些房子不符合国家规定），以比较廉价的租金租给农民工。社区居民与农民工"共处一院"的特殊居住形式，打破了传统形式上的社区居民与农民工之间的居住隔离，使他们能够在互动下共存，不再是"平行生活"的状态（关信平、刘建娥2009）。大部分农民工在Z社区的稳定性很高，他们长期居住在固定的房东家，平均居住年限是5年左右，有的甚至长达10年之久。社区居民和农民工形成了一种互惠互利、相互合作的正向互动关系。

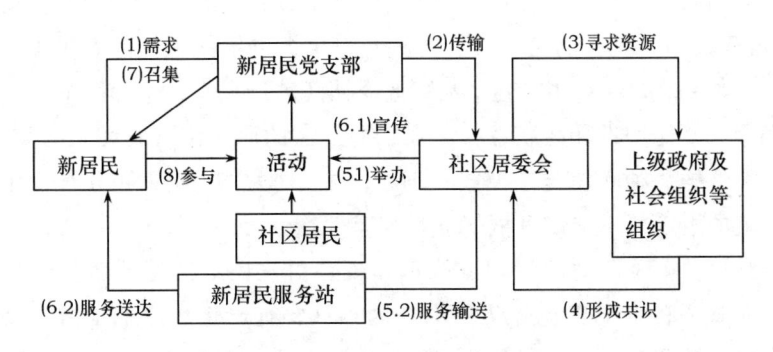

图2 Z社区农民工治理机制

资料来源：笔者调研数据。

（三）积极的上下联动

Z社区农民工服务站建设的初衷是通过搭建一个集管理、咨询、调解、娱乐等一体的服务阵地，构建一种与街道、县政府等相关部门联动的服务机制，使社区对农民工的治理活动能够有条不紊地运行下去。这种上下联动机制主要体现在社区活动开展和社区租赁房屋管理两个方面。

首先，社区活动的开展主要分为街道与社区联动、社区与社区联谊两种合作模式。Z 社区所在的 A 县是农民工比较集中的地域，A 县对农民工管理服务工作主要分为四级化管理的组织架构：

"首先是县里的农民工事务局，其次是在全县的 15 个乡镇、街道管委会设立了 15 个农民工事务所，再在社区和企业分别设立农民工服务站和服务室。基本上，我们 15 个乡镇街道的事务所都建立的比较规范的，社区的几个站呢，就是去年我们 Z 社区被评为市里的示范点，有两家企业也被评为市里的示范点。"①

在四级化管理组织架构的规范下，Z 社区的部分服务活动是在县农民工事务局和街道农民工事务所的号召下举办的。每年由县计生局牵头、县农民工局和街道办开展的"计生流动人口走四方"活动，都会在社区的农民工服务局设点，为农民工免费体检；社区的"情暖四季"主题活动也是由街道主办、社区协办，在春夏秋冬不同节令为农民工送去温暖；社区农民工的职业帮扶工作是在县工会的领导下展开的，街道和社区的相关工作人员都在统一的 QQ 群里，企业有新的需求岗位会在 QQ 群里发布，社区的工作人员会做好记录提供给找工作的农民工。此外，Z 社区举办的一些晚会也和附近的社区进行合作，这样既能节约活动经费，又能增进社区联系，加强不同社区的原居民与农民工的交流。总之，这样一种联动合作模式有助于 Z 社区对农民工的服务管理工作在规范的组织体系和制度框架下有效运行。

其次，上下联动的治理方式也体现在对农民工的租赁房屋管理方面。在 A 县的农民工比较集中的社区，只要有出租房屋的地方，就挂着房屋"醒目牌"，这些"醒目牌"由县农民工事务局出钱，公安部门负责登记和管理，方便对农民工群体及其住所的统一管理。此外，2014 年县农民工局已经为每一位出租户印制了"出租房登记簿"，这个登记

---

① 2014 年 3 月 20 日下午，A 县政府办公室访谈。访谈对象：县新居民事务局工作人员。

簿由牛皮做成的，其中包括出租屋几户几间、电费、水费等信息，既方便租户进行登记，又对农民工迁移动态进行及时的跟踪管理。

三　农民工社区治理：问题与原因分析

在上文所描述的治理格局下，Z社区农民工的社区生活状态得到了很大的改善，农民工的社区归属感逐步提高，新老居民的心理认同感以及农民工的文化适应性逐渐增强。但与此同时，农民工社区治理也存在一些需要改进的问题，出现这些问题的原因需要进一步探讨和分析。

（一）问题
1. 社区组织和制度"空壳化"

Z社区建立农民工服务站后，在服务站内部建立了一些农民工组织，如农民工党支部、农民工妇联、农民工调解组织、农民工工会等等，并为这些组织"选拔"了小组成员，设立了组织运行的规则和制度。然而，在实际的运作过程中，这些农民工组织及其规则制度呈现出了"空壳化"状态：一方面，除了农民工党支部发挥了应有的组织动员能力外，其他农民工组织多处于"闲置"状态，并没有在农民工群体中发挥实际作用，这些组织的运行规则和制度也多处于"上墙"状态。在具体的社区治理工作中，农民工服务站和农民工党支部的成员只是利用自身的非正式网络（主要是亲缘、地缘和业缘关系）来号召农民工参与社区活动，组织规则和活动流程并没有得到很好的运行，换言之，正式的组织形态和制度规则往往是"装饰"性的，掩饰了真正的活动流程和规则。

2. 社区资源分配"区隔化"

在Z社区，农民工群体内部在社区公共资源分配方面产生了明显的"区隔化"：少数精英被吸纳到社区资源的覆盖范围之内，大部分农民工被排斥在社区资源的覆盖范围之外。

首先，Z社区对农民工的治理过程主要是以农民工党支部为抓手，以"草根精英"为联系纽带，这样一种治理方式在发挥其优势的同时，也呈现出一些弊端。一方面，农民工精英们因突出的个人资本逐渐得到了社区组织的关注和重视，在长期的社区生活中，他们与社区工作人员建立了信任关系，重构了自身的社会网络。这种信任关系常使社区工作人员将一些社区福利和资源优先分配给这些优秀者。例如，每年A县分发给社区农民工一定名额的免费旅游卡，社区会将这些旅游卡优先分给农民工精英，其他农民工通常难以获得。另一方面，在社区活动开展过程中，农民工精英遵循"熟人社会"机制，按照"差序格局"模式先召集自己的亲友和老乡参加，因此社区服务和社区活动并没有完全覆盖到所有农民工。

其次，社区农民工内部因其个人资本和社会资本的差异出现了明显的分化，即农民工个体融入能力的差异产生了不同的融入结果。在笔者访谈的农民工中，有小部分优秀的农民工依靠自身能力提升了自身的经济地位，在社区购买了住房，并且依靠自己多年在社区建立的社会关系网络解决了子女教育问题。相比于这些优秀农民工，社区的绝大部分农民工并没有顺利解决子女的入学问题，他们只能选择农民工子弟学校或非正规学校，这也在一定程度上影响了他们在社区的稳定性[①]。

3. 公民权利"差序化"

社区正在依托公共服务和社区活动使农民工的社会权利[②]得到进一步的增强。但农民工在社区所享有的社会权利存在"差序"格局。这一方面体现在包括社区公共服务、社区活动参与、子女教育、社会保障在内的公共服务与社会福利的供给不是均衡的；另一方面，"社会权利"的确认存在梯度性，即农民工在社区能够参与社区文化活动，并逐步享受到基本公共服务（免费体检、疫苗接种等），但子女教育问题、医疗卫生、社会保障重大项目上的改善仍存在巨大的进步空间。与此同时，农民工的权利确认只能得出"赋予"的结论，而无法真正得出"赋权"的结论。农民工在社区能获得的公共服务和社会福利主要还是取决于上级政府在扩展社会福利获取上的规定，或者取决于居住地

[①] 在新居民的受访者中，当被问到："有没有考虑在社区定居"时，他们都向笔者表达了"子女教育问题解决不了，所以他们都要回老家"的想法。

[②] 本文所指的社会权利基于马歇尔的三分框架，他将公民权利划分为基本公民权利、政治权利和社会权利。

基层政府和官员在地方竞争压力,而不是真正基于对公民权利有效保障的动机,这也造成了社区对农民工的服务供给多是供给导向而非需求导向。

4. 社区互动"往而不深"

新老居民社区互动的"往而不深"主要体现在区隔型的生存空间层面上:首先,新老居民呈现区隔型就业。在 Z 社区,尽管本地人与农民工不再是完全意义上的"二元关系",但他们的职业分布泾渭分明,当地人不愿意吃苦,很多脏活、累活都是外地人做的,在 A 县踩人力三轮车、做建工和进厂打工的都是外地人,街边商铺一般都是当地居民建好租给外地人经营的,多数社区居民靠租金来生活。① 其次,在日常的社会交往中,社区原居民的交往范围主要限于"熟人社会",原居民之间往来频繁,而农民工的日常交往对象主要是老乡,遇到困难的时候多求助于老乡。新老居民之间多是见面打打招呼,交往层次不深,交往特征呈现内卷化。例如,尽管部分新老居民住在一个院里,但原居民不喜欢农民工及其孩子进入自己的房间,原居民也很少进农民工的房屋,营造了一种相对隔离的生活状态。再例如,在子女教育方面,T 幼儿园属于为社区居民子女设立的公办幼儿园,随着农民工子女的增多,很大一部分家长便将自己的孩子转到了条件更好的 G 幼儿园,在一定意义上拒绝与农民工子女共享教学资源。

(二)原因分析

1. 压力体制下的政绩取向

A 县素有"竹乡"之称,当地家具业发达,需要大量的劳动力,外来流动人口是地方经济增长的重要条件。促进经济增长可以看作是地方政府增强公共服务回应性以满足农民工权益诉求的经济动因,而创造政绩以在地方政府"锦标赛"(周黎安,2007)式竞争中取得优势则是其政治动因。Z 社区成立了 A 县的第一个农民工服务站,作为县里的一大"政治创举"受到了基层政府和街道的高度重视。基于政绩的动机,在农民工服务站成立初期,街道各部门都想在其内部培植对口的科室作

---

① 2014 年 3 月 16 日下午,Z 社区访谈;访谈对象:修鞋匠。

为自己的"嫡系部队"。

"我们社区的农民工服务站是县里的第一个，是一个很大的亮点，服务站刚成立的时候，街道的很多部门都想进来插一脚，像工会、计生、团委都在服务站挂个牌子、设个科室，上面来检查的时候，自己也有政绩可说。他们搞活动的话，就在社区拉横幅进行宣传。"①

因此，这种"顶上千条线，底下一根针"的压力体制，导致社区总是忙着应付上级领导的各项检查工作，农民工的治理工作容易陷入一种"搭班子、挂牌子"的运作模式，导致了上文所说的"部分农民工组织与制度的空壳化状态"，他们仅仅是"挂在墙上、写在纸上"，不可能真正"落地生根"。

2. 自上而下的培育方式

农民工服务站名义上是为农民工建立的"自我管理、自我服务"的机构，但实质上是社区居委会的下属组织，并不是农民工自发成立的NGO，这种自上而下的构建方式导致了农民工服务站的行政色彩多于服务色彩，缺乏足够的独立性和自主性。这导致，一方面使农民工服务站及其下属组织普遍缺乏"草根性"，没有以农民工为服务导向，积极回应他们的利益诉求，因而农民工只能被动接受动员，对这些名义上上的"自组织"缺乏认同感，没有真正融入到这些组织中；另一方面，以农民工党支部为轴心，农民工群体内部已经形成了一种非正式的关系网络，非正式的制度性因素一直在协助社区开展治理活动，它的有效性在一定程度上既弱化了其他农民工组织的功能，也取代了一些正式的制度规则。

与此同时，对于大多数农民工而言就业场域具有较大的不稳定性，这种流动性的迁移状态使得农民工的"过客心理"不断地被诱发和放大，他们通常以"我们外地人"作为解释和接受自己在社区的现实生活状况和权利状况的理由，不参与社区活动，也不愿关心社区的公共事务，更不会向社区反映自身的利益诉求，成为了沉默的群体，对公共事务的"政治冷漠"，对公共服务需求的表达明显不足，以及缺乏相应的权利意识。这也使得自下而上的组织培育较为困难。

---

① 2014年3月19日下午，Z社区居委会访谈；访谈对象：社区大学生村官。

3. 差异化的资源禀赋

人力资本是农民工在城市社区重构社会资本的重要前提，良好的人力资本（受教育程度、技能水平与勤奋等）有利于增加社会资本的存量。优秀的农民工能够凭借良好的人力资本与城市居民建立友好的互助互惠关系，这种"关系"已经变成了一个与正式制度规则并行的解决问题的工具，利用这种"关系"甚至能够解决那些用正式制度规则解决不了的问题，也能够获得制度性渠道获取不了的资源。例如，他们顺利解决了子女教育问题，他们的子女能够与当地居民的子女一样在公办学校读书；他们享受到了更多的社区福利和公共资源；在精英治理的环境下，他们积极参与社区举办的文化活动，甚至与社区居委会工作人员建立了良好的信任关系，在社会交往和文化方面对社区产生了心理认同感和归属感，成为"准市民身份的农民工"（谢建社，2006）。与这些少数精英们相比，大部分农民工依然是城市社区的"默默无闻者"，社区只是他们的临时居住场所，社区活动与公共服务几乎与他们"无涉"，他们的随迁子女无法平等享受优质的教学资源。

可以说，农民工群体内部基于人力资本的异同已经形成了一种类似"洋葱型"或"橄榄型"的分化结构（张涛，2007）。农民工群体内部分层的出现给社区治理提出了新的挑战。

4. 社区治理能力的局限性

由于关键性的财政资源和决策资源都掌握在街道手里，社区容易陷入一种"有动力、没财力、没权力"的治理困局。一方面，虽然社区居民委员会在法律上是基层群众的自治组织，但从社区建设自上而下的推进路径来看，社区治理一开始就不可避免地被赋予了强烈的行政色彩，社区居委会更多的是执行街道的政策决定，没有独立的决策权。另一方面，大量的流动人口进入社区，给社区带来了很大的财政负担。政治资源和财政资源的匮乏在一定程度上限制了社区的治理能力和公共服务的供给能力，社区的很多文化活动一般只是农民工党支部非正式网络内的"圈内人"参与，社区公共服务也只是覆盖到一部分农民工，并没有实现公共服务的均等化。社区的这种"不能"状态也会加剧农民工对社区的抵触心理，容易与原居民之间划定明显的群体界限。

四　结论及政策含义讨论

综合上文所述，我们看到，Z社区对农民工的治理正在形成一种以公共服务供给和社区活动开展为基点，以社区为组织平台，以农民工服务站为载体，以农民工党支部为抓手的"政府主导、社区运作、居委会引领、各方参与"的社区治理结构模式，其治理机制体现为有效的精英领导、广泛的社区互动、有效的上下联动。Z社区农民工的社区生活状态得到了很大的改善，农民工的社区归属感逐步提高，新老居民的心理认同感以及农民工的文化适应性逐渐增强。但与此同时，农民工社区治理也存在社区组织和制度"空壳化"、社区资源分配"区隔化"、公民权利"差序化"、社区互动"往而不深"等问题，压力体制下的政绩取向、自上而下的培育方式、差异化的资源禀赋以及社区治理能力的局限性则是出现这些问题主要原因。

解决这些问题，是完善农民工社区治理体系和增强社区治理能力，从而推进农民工有序市民化的关键。基于上文的研究结论，笔者认为以下几个方面以农民工社区治理实践以及后续理论研究的重要着力点[①]：

一是深化户籍制度改革，实现农民工"制度与权利融入"。在农民工及其随迁家属在输入地城镇落户前，以居住证为载体，逐步逐项推动公共服务权益与户籍脱钩，破除资源配置和公共服务获得的"区隔化"与非均等化。基层政府推动制度改革的动机应从"政绩导向"转为对农民工公民权利有效保障，与之相应，农民工公共服务的提供有"供给导向"转为"需求导向"，实质性地推进农民工子女教育问题、医疗卫生、社会保障等重大民生项目的改善。

二是加强组织建设，破除"政治冷漠"，有序推进社区公共参与，实现农民工"组织与政治融入"。在总结农民工党支部有效运作的经验极其不足的基础上，继续加强农民工中的党组织建设，激活基层党组织的活力，增强其吸纳力、动员力、组织力和感召力；积极创新工会组织形式和农民工入会方式，将农民工吸纳到工会中来；按照培育发展和管

---

① 限于篇幅，本文仅作简要讨论，详细探讨笔者拟辟专文进行。

理监督并重的原则,对为农民工服务的"草根"社会组织正确引导、给予支持,充分发挥他们为农民工提供服务、反映诉求、协同社会管理、促进社会融合的积极作用。

三是增进社区互动,构建联系纽带,实现农民工"社会与文化融入"。"公民参与网络越密集,社区信任和合作关系就越容易形成"(陈伟东、李雪萍,2003)。通过社区文化、体育等各种活动的横向互动,能够搭建共同的参与网络,为新老居民建立联系纽带,增进彼此的信任和认同感,有助于农民工消除"过客心态"。从 Z 社区的经验来看,一方面要继续增强农民工党支部为代表的"草根精英"主导的互动机制的有效性;另一方面,则要扩大互动的广度与深度,使农民工能够均衡地参与公共活动,破除"草根精英"主导互动方式的弊端,即按照"差序格局"进行社区动员,进而在资源配置方面造成等级差异的再生产。

四是增强社区资源动员能力,完善社区公共服务体系。一方面公共财政资源要合理地向处在公共服务供给一线的社区倾斜;另一方面,需要探索构建企业、学校、非营利组织与社区资源相互依赖的互惠互利关系以及政府主导的多元主体的有效联动机制,来增强社区对农民工基本公共服务的供给能力,扩大公共服务的覆盖范围。

社区公共服务体系完善方面,首先需要实现功能整合,改变社区疲于应付"条块"任务的工作格局,即整合延伸到社区的人口、就业、社保、民政、教育、卫生、文化以及综治、维稳、信访、法律服务等社会管理职能和服务资源,通过社区服务站进行"一站式"供给。其次,优化社区工作队伍,提升社区服务专业化水平,使社区工作与社会工作、心理健康服务、经济咨询等广泛的专业紧密结合起来。

参考文献

1. 陈伟东、李雪萍(2003),《社区治理与公民社会的发育》,《华中师范大学学报(人文社会科学版)》,第 1 期。

2. 关信平、刘建娥(2009),《我国农民工社区融入的问题与政策研究》,《人口与经济》,第 3 期。

3. 时立荣(2005),《透过社区看农民工的城市融入问题》,《新视野》,第 4 期。

4. 孙立平（2001），《社区、社会资本与社区发育》，《学海》，第 4 期。

5. 谢建社（2006），《农民工分层：中国城市化思考》，《广州大学学报（社会科学版）》，第 5 期。

6. 张涛（2007），《农民工群体内部分层及其影响：以收入分层为视角——武汉市农民工

7. 思想道德调查分析报告》，《青年研究》，第 6 期。

8. 周黎安（2007），《中国地方官员的晋升锦标赛模式研究》，《经济研究》，第 7 期。

新型城镇化进程中的县域经济发展

——基于湖北省大冶市的调查分析*

李 睿

摘 要：党的十八大报告要求积极稳妥地推进城镇化，并着力提高城镇化质量，走集约、智能、绿色和低碳的新型城镇化道路。近年来，湖北省大冶市面对城乡二元化现状，用科学发展观统领城镇化建设，以产业、项目、平台和镇域经济发展为支撑，积极探索县域经济科学发展路径，深入推进城市转型，全面加快城乡统筹发展，有效促进了城乡一体，为县域经济改革和发展开辟了新的道路，其经验值得总结和借鉴。大冶经验表明，工业化与城镇化融合是县域经济发展的必然选择，镇域经济是县域经济发展的重要支撑，制度创新是县域经济发展的有效保障。当然，改革是一个过程，大冶市县域经济发展还有较大的深化空间。

关键词：大冶市；新型城镇化；县域经济。

党的十八大报告指出，必须以改善需求结构、优化产业结构、促进区域协调发展、推进城镇化为重点，着力解决制约经济持续健康发展的重大结构性问题（胡锦涛，2012）。积极稳妥地推进城镇化，并着力提

---

* 作者简介：李睿（1982—），女，土家族，政治学博士、华中师范大学公共管理流动站博士后，湖北工业大学马克思主义学院讲师、硕士生导师，华中师范大学地方政府治理与地方发展研究中心研究人员，主要研究方向为地方政府与基层治理。

高城镇化质量，走集约、智能、绿色和低碳的新型城镇化道路，既是我国现代化建设的历史任务，也是扩大内需的潜力所在。

近年来，湖北省大冶市面对城乡二元化的现状，用科学发展观统领城镇化建设，以产业、项目、平台和镇域经济发展为支撑，积极探索县域经济科学发展路径，深入推进城市转型，不断加快城乡统筹发展，促进县域经济平稳较快发展、综合实力不断增强。2014年全国百强县评比中，大冶市位列第94位，较2012年首次挤入全国百强县前移3位。截止2013年，大冶市完成地区生产总值455.9亿元，增长11.5%。其中，城镇居民人均可支配收入27253元，增长10%；农民人均纯收入10576元，增长12%。可以说，大冶市的县域经济发展已经走在全省乃至全国的前列，但是大冶市的县域经济发展要实现提档升级，巩固全国百强县市的地位，还需要在新型城镇化的背景下做更加扎实的努力。

一 问题与缘起：城乡二元化制约县域经济发展的因素及其表现

改革开放以来，大冶市经济社会面貌得到翻天覆地的变化，社会生产力和综合实力有了明显提高，但是城乡二元化结构依然十分突出，这直接制约着县域经济进一步得到发展。除了受工业化阶段和生产力发展水平制约外，关键是制约城乡二元结构的诸多体制性问题尚未得到根本解决（程又中等，2011），主要表现在如下几个方面：

（一）城乡有别的管理体制

计划经济时期，为了推动工业化发展，大冶市一方面运用行政手段，如通过强制性粮食统购统销和工农产品剪刀差，将农业剩余转化为工业的积累；另一方面严格限制农村人口向城市迁移，以维持资本密集型城市大工业的发展。改革开放以来，在计划经济时期形成的城乡有别的户籍管理、劳动用工和社会保障制度并未被打破，而是得以沿袭下来。

近年来，大冶以消除城乡二元结构体制机制障碍为突破口，先试先行,大胆创新,对户籍制度、农村土地流转制度、社会保障制度、公共服务制度改革进行了积极探索,不断优化城乡资源配置,全力营造城乡一体化的要素市场。但这些改革往往受制于某些既定利益群体,需要支付较高的社会成本,推进难度可想而知。城乡居民在就业、养老、医疗、教育等基本公共服务上还存在着现实的不平等。城乡分割的二元体制尚未根本改变农村社会保障体系建设相对滞后,农民部分权益未得到有效保障。由于户籍限制,大量农村富余劳动力仍滞留在农村,城乡劳动力无法自由流动,不利于引导农民进城务工、农村人口向城镇集中,制约了城乡统一劳动力市场的形成,遏制了城乡消费市场的进一步拉动,无法为县域经济发展提供劳动力支撑、影响统一市场的形成,阻碍了县域经济的有序快速发展。

(二)城乡分割的市场体系

大冶市是典型的工业市,长期以来对矿产资源的依赖程度高,产业结构偏重。全市189家规模企业中,有114家是资源型企业,占比达62.5%;以资源型企业为主体的第二产业对经济增长的贡献率高达72%[①];农业基础十分薄弱,农民整体的组织化程度较低。从商品市场看,农民生产的产品一般只能在城镇的集贸市场进行零星小规模的现货交易,很少能够进入县、市一级的批发市场,更难以参与大宗远期合约和期货交易。虽然近年来大冶市相继引进了一批农业龙头企业,但这些企业目前发挥效益不明显,运作不协调,推动农业产业化发展的难度较大。从要素市场看,与工业相比,大冶市农业平均利润率偏低难以获得较大的利益,因此,货币市场和资本市场主要流向城镇,城镇发展工业、第三产业拥有相对充裕的资金,

而根据我国现行的法律,所有土地进入市场前必须首先由政府进行征用,然后通过不同方式将之再配置给使用者。也就是说,无论是土地被作为公共目的、准公共用途还是明确作为私人使用,在土地转换用途的过程中,都不需要在原有的农村土地拥有者和最终获得土地的城市新使用者之间进行直接交易。近年来,大冶市县域经济以极快的速度增

---

① 数据来源:《大冶市2013年统计年鉴》。

长，城市与农村经济之间的联系越来越密切，但是，城市与农村土地受制于不同的权利体系并由分立的机构和法规所管理，在土地权利、管理与市场上造成绝对分割。这样城乡分割的土地二元体系，对招商引资、镇域经济、社会保障等工作都造成不利影响。

（三）城乡不均的投入机制

计划经济时期，为了维持资本密集型工业的发展，国家将资金、技术、人才等生产要素集中投向城镇，同时依靠农业积累支持城市工业发展。改革开放后，一方面，农村的资本、劳动力和土地等生产要素在经济效益驱动下，向城市转移和集聚；另一方面，在基本公共服务设施投入上，继续向城市倾斜，农村却在一定程度上依靠自我积累进行相应的基础设施和公共服务设施建设。由此带来城乡在公共服务等各方面的差距不断扩大。

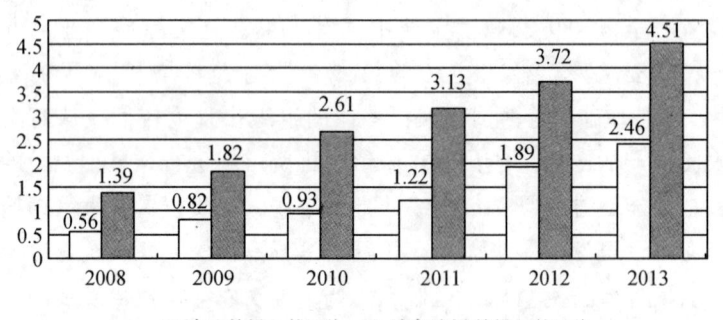

图 1 大冶市 2008—2013 年市级城乡财政投入情况①

近年来，大冶市加大支出结构调整力度，把财政支出重点向涉农部门倾斜，支持做好特色乡镇和重点乡镇建设试点工作，确保新增财力支出和固定资产投入向三农倾斜，加大各类支农资金整合力度，逐步建立稳定的三农投入增长机制，切实解决农民生产、生活难题，促进农业产业发展和城乡一体化的县域经济建设。尽管大冶市在现有财力基础上已经加大对农村的投入，财政支出农村生产资金占财政支出的比重一直在不断提高，但是，这种提高幅度比同期地方一般预算收入的增速却低，仍然不足以平衡城乡差距。农村地区基础设施薄弱，农田水利建设、农村道路建设、农村电网改造、以及农村通信基础设施建设等都需要政府更多的投入，同时，教育、医疗、社会保障等也急需政府资金的支持。

综上所述，体制性因素事实上形成了农业和农村发展与工业化和城市发展的相互隔离，进而造成城乡二元结构，阻碍县域经济的良性发展。

二　改革与突破：大冶市统筹城乡县域经济发展的具体实践

近年来，大冶市以实施全域规划，引导城镇合理布局为目标；以镇域经济发展为重点；以两化互动为推手，全面加快城乡统筹发展，坚持以工哺农、以城带乡，不断发展壮大镇域经济，加快推进城镇化建设，有效促进了城乡一体发展，为县域经济改革和发展开辟了新的道路。

（一）坚持产业带动，形成新型工业化和农业现代化并驾齐驱的产业格局

自 2010 年以来，大冶市提出并实施了"深入推进城市转型、加快城乡统筹发展"战略，坚持农民主体、产业带动、镇村联动、创新驱动的"一主三动"发展思路，推进新型工业化、农业产业化并驾齐驱的产业格局，工业实现了从"一矿独大"到多元替代、从传统低端到现代高端的跨越；农业实现了从"小而全"到园区化、规模化、市场化的转变，带动了镇域经济和村级集体经济的快速发展，形成了新型工业化和农业现代化并驾齐驱的产业格局。

其一，以经济转型推进新型工业化。从本质上讲，县域经济发展过程就是工业化过程，就是从城乡二元结构向现代经济结构转换的经济转型过程。大冶市以"改造提升传统产业、大力发展接续替代产业"为

转型思路，通过"搭平台、促开放、抓招商、壮集群、优环境"，推动产业摆脱以矿为生的格局、不断向现代高端迈进，促进县域经济良性发展。

"在产业园区建设上，我们投入30亿元高起点规划建设了20平方公里的城北工业新区。全市成立22个招商分局，实行专业化招商。引进了山力新冶薄板、雨润、中粮、华润、尖峰等一大批500强企业、上市公司和行业知名企业。逐渐形成了机电制造、饮品食品、新型建材、纺织服装四大产业配套、具有核心竞争力的产业集群。2012年，我们这四大集群总产值已经突破610亿元，集群内规模企业产值占全市比重达到94.6%，2013年集群总产值达到750亿元，到2015年力争突破1200亿元。"①

据统计，2013年，大冶市完成地区生产总值410亿元，同比增长14.5%；；全社会固定资产投资350亿元，增长63%；规模以上工业增加值240亿元，增长23.2%；财政总收入51.8亿元，增长37.8%；地方公共财政预算收入28亿元，增长38.6%。②

其二，以新型工业化促进农业现代化。突破性发展农产品加工业，充分发挥工业优势，坚持走"以工促农"的道路，推动农业向工业化、规模化、市场化和现代化方向发展。按照"园区+龙头企业+基地+中介组织+农户"的思路，着力打造了2个百亿元农副产品加工园区，培育引进了劲牌、雨润、中粮等一批重点龙头企业。"我们通过大力的招商引资，引进一大批龙头企业，带动农户发展，目前，我们市探索形成了雨润模式、鑫东模式、侯安杰模式、祝山模式、富农合作社模式5种主要的现代农业发展模式，现代农业发展模式雏形初步显现。"③ 大冶市从土地资源配置、到农业产品生产和销售、再到农副产品加工的现代农业发展模式在探索中的发展雏形初步显现。全市新型农业经营主体发展迅猛，土地流转25.1万亩，已建成规模化养殖基地873个，发展农民专业合作社434个。规模以上农产品加工企业40家，完成产值

---

① 根据DRRY20140802am（访谈对象：大冶市综改办主任）整理而成。
② 数据来源：《2013年大冶市政府工作报告》。
③ 根据DRRY20140302am（访谈对象：大冶市综改办主任）整理而成。

110 亿元，同比增长 25.1%，其中亿元以上企业 19 家。第一产业投资项目 46 个，完成投资 13.93 亿元，同比增长 236.34%。[①] 其中湖北华鸿农贸有限责任公司、刘仁八昌盛生态养殖有限公司、黄石市联海食品集团有限公司等亿元以上项目 6 个。新型工业化和农业现代化的同步推进，奠定了依靠内生动力、促进城乡一体化可持续发展的物质基础。

（二）坚持城乡联动，着力提高城镇的综合承载能力

城乡联动是一项庞大而复杂的社会工程，涉及到城乡发展规划、产业发展、基础设施建设、公共服务和社会事业、劳动力就业与社会保障、城乡社会管理等方方面面。大冶市大力实施"新镇区、新社区、新片区、新园区"四区"联建为着力点，推动城与镇、镇与村的协调发展、共同繁荣。

一方面，实施"四区"联建，推进产业链向下延伸。一是以园区建设扩大镇区规模。工业小区的建设和发展，延伸了镇区毗邻地区的路、水、电管网等基础设施建设，为镇区拓展创造了条件。"产业园区建设方面，陈贵镇做的比较好，它通过引进雨润集团的肉禽屠宰、生猪屠宰、肉制品加工三大项目，征收该镇东部山地 2000 余亩，平整荒山 4000 亩，统一规划，完善配套设施，使得镇区规模进一步扩大，形成了'一轴两心三区'的镇区格局"；[②] 二是厂建设使园区变小区。随着园区企业入驻，物质流、资金流、信息流迅速向园区集聚，就业人员不断增加，企业在建厂区的同时集中兴建职工宿舍小区，与镇区完全融为一体，既满足了员工生活需求，又增强了镇区的承载能力。三是以园区带动农村变社区。园区周边村庄与镇区同步实现了水、电、路等基础设施共享，形成了富有活力的新型社区。如大林山社区依托开发区，采取迁村腾地的方式，实现了农村就地变城市、农民就地变市民的愿景目标。

另一方面，强化城镇承载功能，引导农民向上转移。一是坚持以镇为支点，以村为节点，高起点规划、高标准建设"2 个城镇群、8 个中

[①] 数据来源：《2012 年大冶市经济形势分析》。
[②] 根据 DRRY20140302am（访谈对象：大冶市综改办主任）整理而成。

心镇、100个中心社区（中心村）"，推进"产业向乡镇特色工业小区集中，自然村向中心村（社区）集中，农民向城镇和中心村（社区）集中"。同步推进镇区改造和村庄整治。加大对中心镇区的立面改造力度，有条件的乡镇适当扩大镇域规模，按照新型城镇化要求规划建设。以村庄环境整治、完善配套设施为重点，配套改建、翻新农民住房，不搞大拆大建，既节约了成本，又改善了农村面貌；二是通过农民转移和农民就业互促互动，落户企业为当地农民提供了角色转换的平台，农民就近就业，成为产业工人。通过新"四区"建设，市内企业共吸纳6.1万农民在家门口就业，引导7.6万农民向城镇和中心村（社区）有序转移。目前，全市城镇居民52万人，全市城镇化率达53.2%。

（三）坚持创新推动，激发城镇化发展的内生动力

第一，创新土地流转机制，实现农民土地收益最大化。通过搭建村级土地托管中心、镇级土地流转服务中心和农民权益保障中心、市级土地流转服务中心和农村土地纠纷仲裁委员会"三个平台"；推行宅基地置换住房、土地承包经营收益置换社保、土地承包经营权置换股份"三个置换"；实施对农业龙头企业、规模经营大户和农民专业合作社进行激励的"三个激励"，进一步解放农村生产力，加快富民步伐。

"目前，全市共流转土地25.1万亩，占耕地面积的44.8%。以"鑫东模式"为例，鑫东公司从农民手上租用土地，发展高效生态农业，土地每亩收益是原来的13.6倍。农民收入包括流转土地的租金、公司打工或外出打工的薪金、土地入股的股金，平均年收入是原来的21.3倍"。[①]

第二，创新社会保障机制，促进城乡居民平等。创新社会保障制度，逐步实现农村低保与城市低保、新农保与城镇职工（居民）养老保险、新农合与城镇居民医保"三个对接"，让农民享受平等的市民待遇。目前，全市城乡居民养老保险覆盖率达95%，新农合参合率100%。创新社会事业发展机制，投入2.5亿元推进农村教育、卫生、文体设施"三个标准化建设"，进一步加快了城乡公共服务均等化

---

① 数据来源：《湖北省大冶市农村土地流转情况调研报告》。

进程。

第三，创新基层党建工作机制，凝聚力量保障发展。树立党建引领发展、服务群众的工作理念，构建组织、服务、保障"三大体系"，注重多元化、便捷化、常态化服务"三种方式"，全面提升基层党建工作水平。同时，深入开展"三万"、"城乡互联、结对共建"、"五联五送五帮"等活动。目前，全市党员干部已联系332个村、42个社区，联系群众1.2万人，为基层和群众兴办实事8600余件。筹资2亿元高标准将党员群众服务中心升级为集便民服务室、医务室、便民超市、文化活动室、农家书屋等为一体的服务综合体，为群众提供就业、信息、法律等多种服务。

三 评价与建议：以新型城镇化建设推动县域经济进一步发展

城镇化发展水平与县域经济发展基本上呈正相关关系，因此，城镇化进程必将在县域经济的发展中发挥重要的积极作用。大冶市县域经济的发展，要以新型城镇化进程为先导，发挥市场机制在城镇化进程的主导作用，引导人口等生产要素向城镇聚集和流动，着力解决城镇化进程中的认识偏差、制度障碍、社会生活方式转变以及城镇化经济效应有效发挥等存在的一系列问题，加快新型城镇化进程，助推县域经济进一步发展，实现新型城镇化与县域经济的良性互动（闫冠宇，2008）。

（一）工业化与城镇化融合是县域经济发展的必然选择

从世界经济发展的进程看，工业化与城镇化是经济和社会发展到一定阶段的产物，同时，工业化与城镇化又是互为依存、共同促进的，二者之间的协调发展是推动经济和社会持续稳定发展的重要条件（夏春萍，2010）。因此，工业化与城镇化的融合是大冶市县域经济发展的必然选择。主要有以下原因：首先，在当前就业压力较大的情况下，县域经济的工业化是提高劳动力就业吸纳能力，缓解人口就业压力的重要手段，要以园区和企业为依托，大力吸纳农村劳动力；其次，大冶市面临着加快转变经济发展方式的战略任务，而转变发展方式的重点是依靠科技进步、劳动者素质提高、管理创新转变，而转变经济发展方式的持久动力在于城镇化；最后，工业化，城镇化作用的发挥依赖于二者的协同发展程度。工业化与城镇化的融合发展，能够促进各种生产要素在乡镇聚集，经济活动在乡镇的集聚，有利于各种特色工业园区的建立，降低城镇建设各种基础设施的成本与企业承担的成本，成本的降低又能促进各类生产要素在城镇的聚集，于是工业化与城镇化之间产生了循环累积机制，这种机制会加速工业化与城镇化的协同推进。

坚持工业化与城镇化的融合发展，是加速工业化城镇化进程的最佳选择，也是未来大冶市县域经济发展的最佳途径，坚持工业化与城镇化融合的发展模式将成为大冶市县域经济可持续发展的必经之路。

（二）镇域经济是县域经济发展的重要支撑

健康可持续发展的城镇化，必须建立在产业支撑和实体经济的坚实基础上。镇域经济实力较强，又是大冶经济发展的一大特色。大冶市镇域经济是县域经济的基础，是壮大县域经济总量、提升县域竞争力的关键环节。发展和壮大镇域经济，对消除城乡二元结构、推进新农村建设，构建和谐社会，统筹城乡发展都具有重要意义。

首先，因地制宜，推进特色乡镇和重点乡镇建设。围绕优势出特色，围绕特色创品牌，因地制宜的发展一镇一业.一村一品。以农业为主的镇，围绕产前产中产后服务，延长农产品产业链；以工业为主导的镇，发展龙头企业、拳头产品、支柱产业；有名胜古迹、历史文化遗产的镇，发展旅游业及服务业；城郊镇要积极与城区对接，大力发展工贸服务业。没有工业小区的乡镇，要依托现有龙头企业或沿路发展工业小区，加快培育市场主体。以市区为中心、以四路（106国道、大金线、保韦线、刘金线）为纽带，大力培植陈贵镇（雨润食品工业园）、灵乡镇（灵成工业园）、还地桥镇（综合性园区）、保安镇（生态旅游开发和水产业）、金牛镇（服装纺织业）五大特色中心镇。

其次，发展特色农业，壮大现代农业规模。粮食生产重点抓好以金牛、茗山、金山店、保安等为主体的10万亩优质粮油生产基地和以陈贵、还地桥、罗家桥、大箕铺、金湖等为主体的10万亩优质饲料粮基地；水产业着力抓好以金牛、保安、还地桥、大箕铺等为主体的虾稻连作，以保安湖为主体的精品河蟹养殖，以黄金湖为主体的休闲渔业和水产品加工，以东风农场为主体的10万亩无公害标准化养殖等四条产业带建设；畜牧业着力抓好以大金线为主体的肉鸡、生猪养殖加工，以铁贺线为主体的肉鸭养殖加工等两条产业带建设；花卉苗木业着力抓好大金路沿线的花卉苗木基地、南部低山的毛竹加工、农业休闲山庄等三大产业带建设。

最后，拓展资金来源渠道，保障镇域经济发展。一是要加大招商引资力度，仅仅依靠乡镇自身的财力难以推动经济较快发展，借助外来资金是必要的也是最好的途径。坚持"先引进龙头，后带动产业"的发展思路，加大招商引资力度，争取更多的引进国内外知名大型龙头企业入驻大冶市；二是要大力激活民间资本。利用民间投资、增强经济活力是市场经济发展的大趋势，也是大冶市未来经济快速增长的一个重要动力。政府要加大力度启动对中小民营企业的投资，全力支持民营企业发展，以实际行动为全民创业创造优良环境，为民间资本提供坚实的融资平台。要迅速壮大民间担保公司。鼓励和引导民间资本组建担保公司，充分发挥民间资本的调节作用，大力支持民间投资的中小企业特别是乡镇企业的发展。

（三）制度创新是县域经济发展的有效保障

发展县域经济，在体制机制上要有大胆创新和突破，为县域经济加快发展提供强大的支撑。创新机制体制，激发推进转型的新活力。要以体制机制创新为突破口，以推进城乡统筹发展为抓手，进一步提高行政效率、降低运行成本，切实增强城市转型和城乡统筹互动发展。

其一，建立统筹城乡的管理体制。加快转变政府职能，建设服务型政府，探索建立有利于县域经济发展的行政管理体制，推进城乡统筹发展。一是增加政府公共服务支出，转变公共服务提供方式，全面推行政府投资项目代建制，推广政府购买服务模式，引导社会资金投资公益性社会事业。二是健全社会组织建设和管理，加快推进事业单位分类改革，促进政事分开、管办分开、公益性和营利性分开。三是扎实推进城乡社区建设，完善综合服务功能，健全基层党组织领导的社区民主管理和村民自治制度，努力把城乡社区建设成为服务完善、管理有序、文明祥和的社会生活共同体，为县域经济发展营造良好氛围。

其二，建立以城带乡、以工促农的长效机制。完善农业支持保护制度，扩大公共财政覆盖农村范围，建立健全促进城乡基本公共服务均等化的政府投入机制，确保各级财政支农投入总量和比重逐年增加。一是提高政府土地出让收益用于农业土地开发和农村基础设施建设的比重。拓宽支农资金渠道，强化支农资金整合运用。二是推进强农惠农政策的规范化和制度化，不断加大强农惠农政策力度。加大对农民专业合作社的扶持，加快构建新型农业社会化服务体系。构建城乡一体的基层公共科技服务体系，引导科技要素向农业和农村转移。三是统筹市区、城镇与乡村发展，加快小城镇建设，积极发展农村非农产业，发挥工业化、城镇化对农业农村发展的辐射带动作用，扶持壮大龙头企业，鼓励龙头企业与农民建立互利互惠的利益联结机制。

其三，创新促进城乡发展的投入机制。进一步深化投融资体制改革，为县域经济发展搭建融资平台。一是加快组建国资、水利、交通、广电等融资公司，探索建立政府引导、社会参与的多元化投入机制，积极引导和大力支持非财政资金投入市政公用基础设施、农村基础设施、民生保障工程、社会化服务领域和公共文化设施建设。二是创新涉农资金管理体制，将各项资金统筹整合、相互配套，突出重点、打捆使用，形成涉农资金合力。建立现代农村金融制度，规范发展多种形式的新型农村金融机构和以服务农村为主的区域性中小银行，积极开展商业性小额贷款公司试点，大力推进农村金融产品和服务创新。建立农村信贷担保机制，加快农村信用体系建设，探索建立农业贷款贴息制度。三是引导社会工商资本、民间资本、外来资本参与乡镇工业产业园区建设。支持商业银行、国家政策性银行、农村信用社扩大"三农"贷款。积极推进"三农"保险，扩大政策性农业保险覆盖面。

"十二五"是我国城镇化发展的关键时期，同样也将是大冶市县域经济发展的关键时期。推进新型城镇化既要强调积极，把握机遇，有序推进，为转变经济发展方式和优化结构提供新的增长空间；又要着力解决当前问题，统筹城乡发展，为城镇化长远的可持续发展奠定基础。新型城镇化建设有利于推动县域经济的发展，而县经济是区域经济的重要基础和支撑,把县域经济作为加快城镇化的重点,可以全面激发县域经济的内在活力,有利于促进城乡统筹发展。

参考文献

1. 胡锦涛(2012),《坚定不移沿着中国特色社会主义道路前进 为全面建成小康社会而奋斗——在中国共产党第十八次全国代表大会上的报告》,人民日报,11月9日.

2. 程又中、李睿(2011),《城乡统筹发展试验:成都"样本"考察》,《华中师范大学学报(人文社科版)》,第1期。

3. 闫冠宇(2008),《县域经济与城镇化互动发展的内在机理研究》,《武汉大学学报(哲学社会科学版)》,第3期。

4. 夏春萍(2010),《工业化、城镇化与农业现代化的互动关系研究》,《统计与决策》,第10期。

地方治理案例

1990s—2010s 年代美国州级公务员改革及其对我国的启示

——兼评美国《州和地方政府公共服务委员会报告》改革实效[*]

定明捷

摘 要：自1993年美国温特委员会报告发布以来，基于提高绩效的迫切需要，美国各州公务员改革进入了新时期，以放松管制为核心的改革建议被不同程度地付诸实施，形成了不同的改革路径和改革模式。以乔治亚、德克萨斯州为代表的激进改革摒弃了传统的功绩制，代之以"合意性"雇佣模式，公务员的职业保护被废止。以纽约、路易斯安娜州为代表的渐进改革则试图在灵活性与功绩之间取得平衡。然而，从温特委员会报告的宗旨来看，州公务员改革的目标发生了偏离，"重塑信任和领导关系"的改革宗旨被混杂在以绩效的名义启动的改革之中。虽然制度环境不同，改善绩效，提高信任程度却也是我国公务员改革的主要目标，美国州级公务员改革的成效无疑也为推进我国公务员改革提供了借鉴。

关键词：公务员；改革；州。

自1980年代起，浪费、臃肿以及缺乏回应性成为美国公众抨击政

---

[*] 作者简介：定明捷（1975—），男，湖北赤壁人，管理学博士，华中师范大学公共管理学院副教授，湖北地方政府治理与地方发展研究中心研究员，研究方向：行政管理、社会保障等。

府的主要理由，从而使公务员制度遭遇到自建立以来的严重危机。为了改善政府绩效，美国州级政府在1980年代也进行了一些改革尝试，不过大多较为零星，也缺乏影响力。以前密西西比州州长温特领衔的温特委员会在1993年发布《州和地方政府公共服务委员会报告》为标志，美国各州随即旋起了公务员改革浪潮。由于政治、经济和文化等环境差异，美国州级公务员改革并没有形成统一模式，呈现出不同改革模式的竞争格局。

在美国联邦体制中，州政府被誉为"创新的实验室"，联邦政府的一些政策设计都是源于州政府的政策创新。不过，美国州级公务员改革并没有吸引国内学者的关注，作为例外，孙学玉（1997）对美国州政府在1990年代早中期的改革策略进行了初步提炼，探讨了这些策略对完善我国公务员制度的借鉴意义，然而，分析似乎并没有捕捉到州公务员改革的动态性、复杂性和多样性等特点。台湾学者柯三吉（2012）主要分析了美国州公务员改革激进路径的代表——乔治亚和佛罗里达州——的改革实践，重点探讨了激进改革的核心概念合意性雇佣关系，却缺乏对激进和渐进改革路径的比较分析。从《州和地方政府公共服务委员会报告》发布至今已经有20余年了，美国州级公务员改革在这期间经历了怎样的调整和完善，取得了什么样的改革效果，是否如改革的理论旗帜——新公共管理——那般在轰轰烈烈之后又销声匿迹了，探讨这些问题对于进一步完善我国的公务员制度，厘清公务员制度建设的思路尤为必要。与此同时，作为我国经济建设的支撑，至今已有20年历史的公务员制度也正在面临公众信任的考验，公务员制度的稳定性、薪酬福利的优厚以及不断暴露出与公务员有关的丑闻正在挑战公众的神经。因此，通过改革重塑公众对公务员的信任就显得格外重要，美国州级公务员制度改革应该能为我们提供相应的经验借鉴。本文余下内容将分为四部分：第一部分阐释美国州级公务员改革主要内容和路径；第二部分探讨美国代表性州的改革实践；第三部分比较分析美国州级公务员改革的异同；第四部分阐释州级公务员改革对我国的借鉴意义。

一 美国州级公务员改革主旨和路径

鉴于分赃制对政府运行带来的危害，在建立之初，功绩原则就被确定为美国公务员制度的核心，效率和个人权利也随之成为公务员制度的基石，同时也孕育着两者的紧张关系。出于减轻政党政治压力的考虑，公务员个体权利保护受到了前所未有的重视，对效率的追求迷失在繁文缛节之中，使得招募和解雇公务员都变得极为困难。功绩原则被看作有益于工作绩效不佳者而非对表现卓越者的激励，公务员制度也越来越招致公众、政府和公务员等多方的不满。

因此，温特委员会认为，注重命令控制和规则导向的人事管理系统已经不合时宜，它以使命和信任的流失为代价来强调约束和过程管理，功绩通常成为最后被追求的价值（Winter Commission，1993：25），必须寻找新的路径来提升政府人员能力和政府绩效（Winter Commission，1993：1）。针对过度管制带来的种种弊端，温特委员会认为应该通过放松管制的途径来解决"公务员制度瘫痪"。在放松管制的路径上，温特委员会提出了一系列的改革建议，涵盖了从职位设置、人员招募、甄选以及薪酬、晋升等领域，包括（1）实行分权的功绩制，授予机构人事自主权，转换人事管理机构的角色；（2）精简职位分类数量；（3）招募方式和途径灵活多样，简化人员招募和解雇程序；（4）在人员招募和其它人力资源管理活动中减少对"年资"和"退伍军人身份"的偏爱；（5）实行宽带薪酬和团队绩效激励以及收益分享计划等方面（Winter Commission，1993：24）。

这种从管制或者过度管制向放松管制的转变实际上伴随着公众、政府、管理者、工会等主体之间信任关系的重建。出于对政府滥用权力的担忧以及对分赃制时期的不良印象，权利保障意识深深镶嵌在公务员制度设计之中，一旦度过了试用期，公务员就被赋予了正当程序权（due process rights），拥有对所任职位的"产权利益"（property interest）。于是，当公务员认为遭受不公正对待时，可以随时启动这项权利给予的保障程序，包括申诉、举行听证、引入外部评估甚至上诉法院等，程序的繁琐导致解雇表现不佳者极为困难。另一方面，在职位分类、人员招募、薪酬以及晋升等方面实行的集权管理所产生的一致性效果也被视为缓解彼此之间猜疑和不公正对待的有效途径。这种建立在集权和规则控制基础之上的信任关系虽然能够保证可预测性与稳定性，却是一种低效度的信任关系，双方信任关系的维系建立在破坏信任预期可能会遭受的损失之上。从集权到分权、从管制到放松管制的转化显然会打破既定的稳定和可预测性，在新的动态环境之中，处于弱势地位的一般公务员更容易为未来的不确定性而担忧，不知道他们的上级将如何评价他们的绩效表现。为了消除下级和上级之间、工会和政府之间的猜疑和敌意，强化信任和领导关系，温特委员会认为应该转换管理者的角色，构建协作型的劳动关系。一方面，管理者应该抛弃监督者、惩戒者以及管制者等传统角色，适应环境的变化成为督导者、倾听者、教练和支持者。另一方面，工会不应该被视为矛盾的制造者，政府和工会应该重新审视彼此之间的关系，在公务员管理和改革过程中加强双方之间的协作，以此为契机来获得工会对公务员改革和创新的支持。通过管理者角色的转换、对参与和沟通的重视，温特委员会希望建立一种高效度的信任关系，彼此间信任的维系并非取决于简单的利益计算，而是对政府使命、目标和发展战略的认同。因此，温特委员会的政策设计不应仅仅停留在工具层面上来进行解读，还蕴涵着价值的变迁和折衷，这使得温特委员会的政策建议似乎具有不同于新公共管理理论的价值指导意义。

虽然难以将州公务员改革视为《州和地方政府公共服务委员会报告》发布的直接结果，许多州将温特委员会提出的改革建议付诸实施却是毋庸置疑的。通过审视新英格兰地区六个州的公务员改革实践，莱恩（Lynn，2000）发现温特委员会改革建议的实施效果是混合的，放松管制带来灵活性的同时也带来了管理的不一致性。不仅如此，在实践这些政策建议的过程中，受限于政治、经济和文化等因素的影响，各州的改革力度也大有差异，形成了以乔治亚、德克萨斯等为代表的激进改革路径和以纽约、路易斯安娜等为代表的渐进改革路径。前者不满足于对功绩制的修修补补，将公务员权利保障视为导致政府绩效不佳的根源所在，提出让"管理者管理"的改革诉求，果断地摈弃了功绩模式，依附于功绩原则的工作安全和工作保护等权利也被剥夺或者抑制；后者则以更以稳健的方式来权衡功绩制的利弊得失，立足于治疗"公务员制度的瘫痪症",试图平衡效率和个体权利保障之间的紧张关系。那么,各州公务员改革路径究竟受什么因素影响?不同改革路径产生的改革效果有何差异?这就涉及到对州公务员改革实践的比较分析,乔治亚、德克萨斯、纽约和路易斯安娜州将成为比较分析的对象,这四个州在激进和渐进改革路径上各具特点,在某种程度上扮演着公务员改革的创新先驱的角色。

二 美国州级公务员改革实践

(一)乔治亚州:合意性雇佣模式的引领者

在联邦政府压力促使之下,乔治亚洲在1943年正式建立了功绩制度,赋予雇员在持续的雇佣关系中拥有明确的产权利益。功绩制在改善政府绩效,提高生产率方面的表现显然难以令人满意,以至于时任州长米勒(Miller)认为"功绩制不再遵循功绩原则来奖励雇员,而是试图保护绩效不佳的雇员"。正是在米勒的州长任期内,乔治亚州旋起了一场至今仍有深远影响的公务员改革。虽然不知道谁首先确切地用"极端改革"这个术语来形容乔治亚州的公务员改革,但是学者和实践者都倾向于将其称之为极端公务员改革(McGrath, 2013)。

公务员权利保障成为米勒主导的公务员改革的核心,在米勒看来,对公务员的过度保护导致为了雇佣一个雇员需要花费3个月,填写800页的文件,而解雇不称职的雇员则需要耗费18个月,填写1100多页的表格(Walters, 2002)。为了赋予人事管理的灵活性和回应性,米勒决定重塑乔治亚州的人事管理体制。在他的推动下,1996年,乔治亚州议会通过了《功绩制改革法案》(Act 816),Act 816吸收了温特委员会有关分权、简化职位分类、招聘方式多样化等改革建议。然而,乔治亚州公务员改革并不满足于此,通过将私营部门的合意性(at-will)雇佣模式移植到政府,公务员工作终身制被废止,公务员权利保障也受到了很大的抑制。

按照《功绩制改革法案》的规定,自1996年6月1日之后进入政府部门的人员都属于未分类职位(unclassfied)公务员,他们将采取合意性雇佣（at-will）模式，这种合意性雇佣的前提建立在政府可以公平对待公务员基础之上。1996年6月1日之后，从分类职位调入到未分类职位的公务员也同样遵循合意性雇佣原则。按照乔治亚的法律规定，合意性雇佣是指没有书面雇用契约来明确规定雇用期限，因此，雇主可以借助任何理由来终结彼此的雇佣关系，只要该理由不是非法的（The Georgia Secretary of State, 2013）。在这种雇佣关系模式之下，处于分类职位的公务员所享有的权利保障被剥夺，享有的申诉和上诉的权利受到约束，不得因雇佣关系被解除而提出申诉，违背联邦政府和州宪法有关禁止种族、性别和肤色等歧视规定的解雇则是例外。一般而言，公务员是以丧失市场估价的工资为代价来获得职位保障的补偿和承诺，但是，在改革之初，未分类职位的公务员仍然被要求接受与享受功绩制保护的公务员同样的薪酬。

乔治亚州公务员改革的另外一个较为温和的举措是通过州长行政命令推行绩效工资制度，即 Georgia Gain。尽管绩效工资制度在理论和实践中受到种种质疑（Kellough & Lu, 1993），在1995和1996年之间，乔治亚州仍然启动了绩效工资制度改革，该项制度被用来提高雇员的动机和生产力。为了支持新的系统，乔治亚州建立了与工作绩效标准相关的绩效评价制度，更新了职位描述，从2008年6月1日起，职位类型从3500多种被精简到大约750种（Georgia State Personnel Administration, 2008）。按照乔治亚州公务员的薪酬政策，虽然没有引入宽带新酬制度，但是公务员职位薪酬等级稳定在23个等级，并且在中层和基层职位实行竞争性薪酬以便参与市场竞争（Georgia State Personnel Administration, 2013）。然而，通过绩效工资制度来改善政府工作的意图并没有得到实现，Georgia Gain 实行5年之后的调查显示，70%以上的受访者在某种程度上并不认为绩效工资能够更好激励自己努力工作，许多受访者认为绩效改革并没有提供所许诺的，绩效评估的管理成为大问题，许多受访者认为办公室政治影响了评价结果（Kellough & Nigro, 2002）。基于压力，乔治亚州议会通过了 Performance Plus 法案，用来恢复对绩效管理的信任，规定除了正常的年度提薪以外，还要求按照绩效支付绩效薪酬，获得"完成目标"及以上评价者可以获得基本工资2%及以上的提薪（Georgia State Personnel Administration, 2008）。此后，这种以绩效工资为核心的绩效管理制度又经过了多次改善。在将个人绩效与组织目标联系在一起，以便帮助管理者更加灵活和准确地评价雇员的工作绩效之后（Georgia State Personnel Administration，2008），在时任州长柏杜（perdue）的建议之下，一种基于网络平台的绩效管理系统（ePerformance Management System）又被引入，这种绩效管理系统注重将绩效管理建立在公务员的核心能力发展基础之上，一般公务员和管理层分别进行不同的能力和绩效评估，绩效评估结果也由三种增加到五种（Kerrigan，2011）。

将私营部门管理模式引入公务员管理之中虽然是米勒大力倡导的，但是这一商业化管理趋势并没有因米勒的去职而中止，米勒的继任者们仍然大力推行私营部门的成功实践经验。出于对可能产生的机构滥权和裙带关系卷土重来的担忧，州议会1999年试图通过立法来要求政府机构建立正式的申诉程序，将处于未分类职位的公务员也纳入申诉程序保护之中。然而，米勒的继任者巴勒斯（Barnes，1999—2003）否决了该法案，理由在于，该法案将干扰州绩效工资计划的实施，并且该申诉程序复杂，需要耗费不必要的资源。取而代之的是，州长发布了行政命令，要求州政府机构建立内部的申诉程序（Kuykendall& Facer II，2002）。巴勒斯的继任者柏杜（2003—2011）则致力于通过采取一系列人力资源管理改革措施来使"乔治亚州成为美国管理最佳的州"。在这种战略使命的引导之下，新乔治亚委员会被成立，这是一个公民咨询委员会，为州长提供改革建议，以便更好地精简政府和提高政府效率。柏杜之后的州长迪（Dea，2011—）则倡导建立一个更加精益和具有回应性的政府，致力于推动团体、个人和商业的繁荣。在这种持续性的商业化管理变革趋势的引导之下，乔治亚州处于分类职位与未分类的公务员比例发生了显著的变化，未分类职位的公务员比重在2010财政年度已经达到了85.12%，其中已经有18个机构的未分类公务员达到了100%（Georgia State Personnel Administration，2010）。

虽然乔治亚州的公务员改革力度超越了温特委员会的改革设想，但是其激进改革并没有引起激烈反对。在孔德伊（Condrey）看来，多种独特因素的汇聚促成了乔治亚的公务员改革，其改革只能成为一种特例而非变革的趋势（Condrey，2002）。然而，一项调查显示乔治亚州的激进改革模式已经汇聚成为一股改革浪潮，扩散到其他州。截止到2005年，将雇员从分类职位转移到不分类职位成为州公务员改革的重头戏，有28个州或多或少地涉及到这方面的改革（Hays& Sowa, 2007）。在此之后，田纳西州也采取了类似的改革举措。2012年4月24日，田纳西州长哈斯拉姆（Haslam）签署了《州卓越、责任和管理法案》，开启了公务员改革的新时代。该法案设立了两种职位类型，即executive serviece 和 preferred service，前者主要由高级职位构成，实行完全的合意性雇佣，后者则由中低职位构成，被赋予有限的申诉权限以便应对不正当的解雇（KERRIGAN, 2012）。

（二）德克萨斯州：分权改革的创新先驱

1985年，在实行短暂的集权式公务员管理之后，德克萨斯州议会投票通过了废除州功绩制委员会的法案（Walters, 2002），大部分人事管理职能转交给政府机构直接履行，形成了完全分权的人事管理结构。在此之后，德克萨斯又废止了对公务员工作安全的保护，实行合意性雇佣模式。与乔治亚州公务员改革相比，德克萨斯州公务员改革启动得更早，其激烈程度甚至超过了乔治亚州，德克萨斯州也被称之为美国废止公务员制度的先驱（"grandfather of civil-service-free states"）（(Walters, 2002)）。

德克萨斯州的公务员管理体制是美国唯一实行完全分权的州，被视为观察放松管制和分权效果的独一无二的州。州政府机构可以自主决定人事政策，但是，他们必须要坚守所有已经生效的州人事法规、拨款法案中有关人事的条例以及联邦政府的相应法律，被联邦政府以拨款为条件要求建立功绩制的机构必须建立功绩制。由于实行分权管理，政府机构自主进行人员招聘，几乎不依赖于书面考试，只需要进行技能、知识和能力等方面的比较鉴别即可，这导招聘用时差异较大。政府机构的人力资源管理模式也各不相同。有的机构设立了专门部门来负责机构的人员管理，有的则将人员管理看作机构内部事务管理的组成部分（Coggburn, 2006）。

在分权管理模式下，德克萨斯州的公务员管理权限主要由州议会、州审计办公室、州长办公室等十多个机构行使，显现出碎片化的特征，公务员管理政策难以协调统一。州议会主要是通过拨款的方式对公务员管理施加影响，甚至参与到有关公务员管理的政策制定之中，议会因此被视为人事管理结构的顶层。例如，州议会在 1991 年通过"战略预算"法案，要求每个政府机构都建立涵盖五年的战略规划，1993 年议会又进一步明确了战略规划的包含内容，建立了绩效预算制度，要求政府机构进行绩效评价，在州审计办公室的指导下制定劳动力发展规划（Governor's Ofce of Budget, Planning and Policy & Legislative Budget Board, 2010）。

与公务员招募、甄选以及纪律惩戒等相比，职位分类和薪酬管理主要由州审计办公室下属的分类办公室（State Classification Team）集中管理。不同于其他州，审计办公室是独立审计机构，接受议会审计委员会的监督，负责审计、评估和监督任何接受州财政资助的活动，主要扮演咨询者角色，分类办公室因而可以看作是设置在立法部门之下。依据 1961 年实施的《职位分类法案》，分类办公室主要是制定职位分类计划，对政府机构实施职位分类计划的情况进行审计。当需要调整职位分类和薪酬时，州政府机构必须向审计办公室提交申请，并且说明理由。在每次州议会开会之前，职位分类办公室都要对州职位分类计划进行评估，以便了解公私部门相同职位薪酬水平的竞争性，进而调整薪酬（State Audit's Office, 2008）。德克萨斯州的公务员薪酬政策将所有职位分为三大类，包括行政辅助类职位（A 类）、专业人员和管理人员职位（B 类）以及执法人员职位（C 类），每类人员的薪酬等级都得到不同程度的控制，例如，A 类职位包括 A03—A20，其中 A03 在 2011.9.1——2013.8.31 的最低薪酬是 16,850 美元，最高薪酬达到 24,433 美元（State Audit's Office, 2013）。与按照工作年限来确定执法人员的薪酬水平相比，对 A 和 B 类人员而言，年资不重要，关键是工作绩效，职位晋升对他们而言也是如此。

从制度上讲，德克萨斯州州长处于弱势地位，德克萨斯州宪法对州长的权限施加了过多限制，但是州长仍然能够通过多种方式来影响人事政策，例如行政任命。在 4 年任期中，虽然一些重要职位的人选通过选民投票的方式产生，州长仍然大约能任命 3000 名官员，其中大部分人事任命需要得到参议院 2/3 多数的批准，并要满足职位条件要求（Office of Governor，2013）。除此以外，州长能够向议会提出薪酬或人事政策建议，如果分类办公室发现政府机构的职位分类有误，州长有权要求更改（Coggburn。2006）。

总体而言，分权管理虽然消除了集权管理存在的僵化、缺乏灵活性等问题，但是也由此滋生了诸如不平等、信息不透明以及职能重叠等新问题。州审计办公室曾经对德克萨斯州政府人力资源管理情况进行了审计，审计报告显示，缺乏充分透明的信息来评价人力资源管理效果已经成为突出问题（State Audit's Office，1997）。由于信息不透明，德克萨斯州的分权管理也容易产生成本效益问题，因而在遭遇财政困难的时候，这种分权管理模式就容易被当作改革对象以便化解危机。在2004和2005财政年度，当德克萨斯州遭遇到财政危机的时候，州议会通过了众议院3442法案，该法案授权州竞争性政府理事会（SCCG）负责审视将人事管理职能整合进一个中小规模的政府机构所产生的利弊得失。该理事会提出了两种方案，其一是重新建立一个州人力资源管理机构；其二是将人力资源管理职能外包给私营部门。最后，2004年5月，理事会提交了初步的调查报告，认为通过外包管理能够压缩成本。与此同时，在州众议院法案2292的推动下，德克萨斯州的健康与人力资源委员会在2003年进行了将人力资源管理职能外包的试点，这种外包服务也被视为集权管理的体现（Coggburn，2005）。然而，这种外包实践受到了州雇员工会、州雇员联合会等组织的强烈反对，他们将外包看作导致公共部门危机的根源，并采取了一系列抗议措施，并取得了一定的成功（Texas Conservative Coalition Research Institute，2009）。

（三）纽约州：基于功绩保护的渐进调适

当公务员改革席卷其他州的时候，受限于纽约州复杂的政治环境，虽然1970年代起就提出了不少改革建议，但是公务员改革并没有完全启动。1883年5年，跟随联邦政府的步伐，纽约州建立了公务员制度，该制度所蕴含的"功绩"和"适宜"性原则在1894年被明确写入州宪法，竞争性考试成为维护"功绩"和"适宜"性原则的基本方式。这意味着任何摒弃功绩制的建议可能都会涉及宪法修改问题，否则不具备实施的可能性，而州宪法的修改需要获得3/4多数的投票支持，政治家通常也并不愿意调整当前的基本的框架（Estes, 2008）。长期以来，民主党和共和党分别控制着纽约州的众议院和参议院，任何有关公务员改革的立法都要求两党首先达成共识。与乔治亚、德克萨斯等属于"自由劳动"州（free-to-work）不同，工会在纽约州的政治舞台扮演了重要角色，负责公务员的集体谈判事宜。2011年的数据显示，42%的公务员加入了公务员联合会，这是最大的工会组织，34%的公务员加入了公共雇员联盟，只有6%的公务员没有加入任何工会（State Department of Civil Service, 2012）。工会对管理层高度不信任，尽可能反对一切有关扩大管理层自主权的变革。若没有取得工会的支持，公务员改革的任何政策建议都难以付诸设施。例如，工会对精简职位分类的议题持有疑虑，认为这将可能导致公务员因精简而提前退休，从而减少工会会员人员。

除此以外，纽约州权限分割的公务员管理体制也限制了公务员改革议题的建立。纽约州公务员规模庞大，公务员管理权限却分散在公务员委员会、公务员部、公共雇员关系委员会、预算局以及州长雇佣关系办公室等五个主要机构。公务员委员会是准立法和准司法机构，主要是制定和解释规章，监督规章制度的实施，公务员委员会主席同时兼任公务员部部长。公务员部主要主要承担人员招募、晋升、职位分类以及薪酬等方面的工作。1967年通过的《泰勒法》赋予了公务员组织和谈判的权利，为了应对《泰勒法》带来的挑战，公共雇佣关系委员会被建立，主要负责组织和集体谈判方面的事情，公共雇员委员会属于公务员部的法定机构，但独立于他们开展工作。为了促进劳动关系和谐和合作，1969年，纽约州又建立了州长雇佣关系办公室，主要充当州长与工会进行集体谈判的代表。州长雇员关系办公室则主要负责集体谈判协议的签订。预算局主要通过预算和拨款来对公务员职位分类施加影响，甚至掌握着职位分类的决定权。

因此，纽约州的公务员管理体制实际上经历了一个逐步演变的过程，滋生出了诸如集权管理、权限分割等一系列问题。然而，错综复杂的政治环境使得即便是理顺公务员管理体制的举措也面临重重阻力，更不用说废除功绩原则了。1980年中期，出于整合碎片化管理体制的考虑，公务员委员会主席提议将州长雇佣关系办公室和公务员部合并，成立人力资源部，同时创建独立的功绩保护委员会。新成立的人力资源部负责所有的人事管理职能，包括劳动关系、职位分类和薪酬等，功绩保护委员会主要保护公务员的权益。与此同时，也有人提议重建公务员委员会，将其独立运作，公务员部和公务员委员会主席不再兼任。正式的改革建议在1990年提交立法审议，但是工会并不支持这一建议，导致机构整合建议迟迟难以获得立法通过，直至2012年，议会才决定将州长雇员关系办公室和公务员部合并，成立劳动力管理部（workforce management）。

　　虽然有关公务员改革的立法止步不前，但是纽约州在公务员管理方面仍然进行了一些渐进改革，包括人员甄选、考试方式等。长期以来，出于公平竞争的考虑，"三一法则"成为公务员甄选的主要原则，这种原则在很大程度上束缚了政府机构用人的自主性，容易将优秀人才排除在外。公务员部很早就开始寻求立法支持，试图用"十一法则"来取代"三一法则"，但是工会反对修改，认为这将导致裙带关系和任人唯亲，进而摧毁功绩原则。因此，纽约州依然是少数仍然保持"三一法则"的州。尽管如此，为了寻求公务员管理的灵活性，公务员部对"三一法则"进行了创造性运用，采取了分段计分（zone scoring）的方式。通过将原始分数重新划分成若干个分数段，某个分数段之间的所有分数都被赋予了同一个分值，从而扩大了公务员职位候选人的甄选范围，赋予了政府机构一定的用人灵活性（Office of State Comptroller, 1994）。

　　除了采取一些零星的改革举措之外，纽约州公务员改革的整体突破始于州长帕塔基（Pataki, 1995—2006）的大力推动。1995年，就任州长职位不久，帕塔基就发布了行政命令，要求改革公务员系统，使其能够更具灵活性和回应性，并成立了推进改革的专门小组，任命公务委员会主席斯诺特（Sinnott）担任召集人，专门小组的目标是在"维护'功绩'和'适宜'基础之上，使公务员体制运转更加灵活"。为了消除改革阻力，斯诺特尝试着消除工会对改革的敌意，邀请工会加入改革方案的决策过程，吸纳工会的政策建议（Battaglio & Condrey, 2007）。在斯纳特的大力推动之下，包括精简职位分类、完善晋升考试方式、削减书面考试结果等待时间，利用网络发布招募公告和考试信息等在内的一系列的改革举措被付诸实施。尤为突出的是，专门小组起草的《调任法案》被州议会在1996年通过，列入了州公务员法条款之中。依据该条款精神，当需要精简职位的时候，通过综合考虑职位的相似性以及人员的工作经历等因素，公务员部可以将拟精简人员在不同政府机构之间调动，避免将解雇作为职位精简的目的。

与乔治亚、德克萨斯等州的激进公务员改革相比，纽约州的公务员改革显现得要温和得多，并没有对现行的公务员体制提出过多的挑战，而是尽可能地通过政策工具创新来完善功绩体制，调和"功绩"与"灵活性"之间的冲突。这种改革思路也获得了公务员群体的支持，美国电话调查中心的研究报告指出，纽约州公务员对他们工作的机构有很高的评价，对公务员体制的批评在于该体制太陈旧了，改革的建议主要集中在合并公务员委员会和公务员部，废除或者修改"三一法则"等方面，很少有人要求废除公务员体制（Zimmerman，2008）。

（四）路易斯安娜：控制和灵活性之间寻找平衡

路易斯安娜的公务员制度建立在同工同酬、机会均等、能力雇佣和晋升、结果导向和政治中立等原则之上。州宪法授权公务员委员会制定和实施公务员制度，依据这些规章，公务员部对所有处于分类职位的公务员实行以功绩为基础的管理。公务员部的使命是提供人力资源管理服务，使政府机构能够吸引、发展和维持一支具有生产力和多样化的劳动力队伍向路易斯安娜居民提供服务。1993年，为了改善政府绩效，提高政府生产力，路易斯安娜州成立了未来收入和支出特别委员会（SECURE）负责调查和提交改革建议。1995年4月，特别委员会发布了最终报告，要求建立"更加精益和更具生产力的政府"以及"现代化人力资源管理职能"。以该报告为蓝图，路易斯安娜州公务员委员会和公务员部启动了公务员改革的全面计划，取名为ASCEND2020，有限集权成为该计划的精髓（Department of State Civil Service，2009）。

围绕有限集权，2000年，公务员部进行了重组，诸如人员招募、晋升、薪酬这样的职能下放给政府机构自主履行。通过改组，试图将公务员部的定位从传统的管理角色转变为战略咨询角色，为政府机构提供咨询和培训服务，履行咨询和培训职能的人员占到了公务员部总人数的

70%。为了适应角色的转变，减少分权管理带来的弊端，公务员部增设了以政府机构为中心的人力资源项目辅助办公室和责任办公室。在辅助模式下，每个政府机构都会被分配一个由服务协调人员和职能专家组成的辅助团队，负责提供绩效管理、薪酬与招募等方面的咨询服务。责任办公室则负责审计和报告政府机构的人力资源实践对公务员功绩原则及其规章制度的遵守情况，并负责确认和推广其中的最佳实践模式。除此以外，这两个办公室负责确认和满足所有政府机构的培训需求。按照公务员委员会的规定，自2002年7月起，所有处于管理和监督职位的分类公务员都要遵循法定的最低培训时间要求（Department of State Civil Service, 2009: 6; 8）。路易斯安娜的全面公共培训项目由公务员部的行政办公室管理，主要由300名培训协调人员构成，他们分布在政府机构当中。协调者与机构进行交流，并向公务员部反馈交流信息，以便提高雇员的专业、技术和管理技能，还提供多种层次的领导能力培训。

  基于这种有限集权的管理模式，虽然政府机构在职位设置、人员招募、晋升等方面具有很高的自主权，不需要遵循"五一法则"或者"依据分数高低自上而下录取"，但是公务员部仍然提供雇佣前的工作职位评估，评估结果作为政府机构进行人员甄选的依据（Department of State Civil Service, 2009: 8）。为了招募优秀人才，提供具有竞争力的薪酬，公务员部在1999年和Hay集团签约，实施一项全面的总体薪酬分析项目，使传统的GS薪酬结构被六种以职位为性质基础的薪酬计划取代，每种薪酬计划涵盖了不同的薪酬层级与职位类型（Legislative Auditor, 2009: 34）。此外，公务员部还进行年度薪酬研究，每年拿出约300个职位与其它州和私营部门的相似职位进行薪资比较，在此基础之上提出涨薪建议（Legislative Auditor, 2009: 5）。职业规划被整合进绩效管理过程中，平均而言，路易斯安娜的公务员比其他州更容易获得晋升，为了更好提升绩效，路易斯安娜还实行了优秀绩效和效率激励项目，为雇员提供最高相当于年薪20%的额外奖励（the PEW Center, 2009）。

  围绕ASCEND2020，公务员委员会和公务员部在分权、结构重组、人员招募等方面采取了一系列的变革措施，取得了较为显著的改革成效，也预留了进一步改革的空间。作为摆脱财政困境的改革举措，在当选州长之后不久，金达尔（Jindal，2008）重新启动了公务员改革，认为当前的政府管理"干得少，花得多，政府管理缺乏效率"，提出了公务员改革的三个焦点议题，包括（1）废除"Bumping"原则，认为年资不能作为公务员保护的最后方式，不鼓励公务员在政府终身任职；（2）强调还需要进一步压缩当前1400多种职位分类，薪酬等级也需要做出相应调整；（3）要求将绩效及其评估作为决定分类职位公务员晋升和调配以及薪酬的基础（Office of Governor，2013）。作为对州长改革建议的回应，公务员委员会和公务员部采取了一些列的改革举措。在2009年6月，公务员委员会通过了新的公务员解雇条例，年资不再作为是否保留公务员身份的主要决定因素，而是要综合考虑技能、经验、绩效、年资和机构需要等综合因素（Department of Civil Service，2009）；推行宽带薪酬，职位分类进一步压缩至997种（Department of Civil Service，2011）；引入新的绩效评估系统，使个人薪酬与个人绩效、机构使命之间建立起更加密切的联系（Department of Civil Service，2012）。

总体而言，在州长的推动之下，公务员改革被纳入路易斯安娜州整体发展战略之中（Battaglio & Condrey，2007），采取审慎的方式，试图在控制和灵活性之间寻找平衡点，既能保证对功绩原则的遵循，又能最大限度地赋予政府机构自主权，更加高效地满足公众需求。

三 美国州级公务员改革的比较分析

公务员改革实际上是围绕政府与雇员之间雇佣关系所进行的变革和调整，所涉及的变革内容主要包括制度、结构、政策以及政策工具等层面。就改革的政策设计而言，温特委员会并不认为需要全盘否定公务员制度，推倒重来，主要着重于从结构、政策以及政策工具等层面进行渐进调整。乔治亚、德克萨斯及其追随者的改革则在不同程度上将制度也纳入了变革的范畴，由此而奠定了激进改革与渐进改革的区分。

乔治亚、德克萨斯、纽约以及路易斯安娜州的改革差异可以从价值观与政治权力结构等方面加以阐释（Nigro & Kellough，2006）。与纽约、路易斯安娜州相比，乔治亚、德克萨斯等州具有浓厚的保守主义氛围，推崇自由主义，信奉"管理得少的政府就是好政府"的传统主义价值理念。与此同时，州长的职业经历也影响改革举措，他们大多具有企业管理经验，倾向于移植私营部门的经验来重塑公务员管理体制。不仅如此，这些州的政治权力结构比较明确，州长处于较为弱势的地位，长期以来共和党一直占据了乔治亚州议会的多数席位，而自1970年代以来，德克萨斯州的大多数议会席位也是控制在共和党手中，这种一党主导的政治权力结构使得这些州倾向于通过分权改革来提高政治回应性，并不担心因此而提升州长的权力地位（McGrath, 2013）。

与之不同的是，纽约州虽然也推崇"小政府"的价值理念，但是共和党与民主党分别控制参议院与众议院，尤其是强大的工会势力的影响，使得任何看起来有损公务员利益的改革举措都难以推行。与乔治亚、德克萨斯以及纽约州不同，在路易斯安娜州的政治权力结构分配中，州长占据了突出地位，众议院发言人以及参议院议长通常要由州长提名，因此路易斯安娜州的公务员改革能够体现主导改革的州长的政治理念。自金达尔当选州长以来，路易斯安娜州的公务员改革明显加速，采取了包括精简职位、改善绩效管理等在一系列的改革举措，这在很大程度上与金达尔信奉的"小政府"的政治理念有着很大的关联（Buntin, 2010）。研究表明，党派分立以及工会势力会阻碍分权化改革（分权的衡量包括职位分类、招募、考试、雇用、绩效评价、纪律惩戒等方面）（Hou, Yilin, et al, 2000）。

除了激进和渐进的改革路径区分之外，如果以个体权利保障程度与分权程度为两个区分纬度，那么还可以进一步将乔治亚、德克萨斯、纽约以及路易斯安娜代表的州公务员改革作进一步区分为表1。

表1　　　　　　　　　州级公务员改革四种模式

	个体权利	
	高	低
集权	传统模式（纽约）	混合模式
分权	协作模式（路易斯安娜）	市场模式（乔治亚、德克萨斯）

在这四种模式当中，乔治亚、德克萨斯州属于典型的市场模式，通过合意性雇佣模式的引入，当被告知不利的人事决定时，公务员要么只

能服从，要么只能选择机构内申诉程序来保障自身权益。与之相对比的是，虽然在招募、甄选等方面进行了种种变革，但是这种改革主要停留在政策工具层面，并没有上升到制度、结构甚至政策层面，这使得纽约州公务员制度仍然属于传统的公务员管理模式，注重将新的技术手段运用于公务员管理之中，从而提高管理效率，属于技术型的公务员制度改革（柯三吉，2012），缺乏灵活性、招募程序的繁琐等仍然伴随着纽约州公务员管理。因此，与乔治亚州公务员平均9.80年的服务期相比（State Personnel Administration，2010），纽约州公务员的平均服务期达到了15年，由于管理繁琐，纽约州的公务员招募也遇到困难，2011年新招募人员的平均年龄达到了39岁（Department of Civil Sercvice，2012）。

与乔治亚、德克萨斯以及纽约州的改革相比，路易斯安娜的公务员改革更加稳健，侧重于公务员管理结构的调整和完善，注重平衡灵活性与个体权利、集权与分权之间的冲突，更早地将公务员管理上升到州发展战略的层面。在对集权与分权的利弊进行权衡的基础之上，路易斯安娜州在2000年结构重组的时候，采取了一种共享服务模式，在保证政府机构自主性的同时，在人员培训、绩效管理等方面又实行统一管理和安排。这种共享服务模式实际上是州公务员管理结构变革的新特点，2007年进行的一项针对42个州的调查显示，41%的州采用了共享服务模型，26%的州正在考虑（Selden & Wooters，2011）。这种共享服务模式将雇员和机构专业人力资源管理者看作内部顾客，通过集中资源和精简程序提供更高质量的服务，减少职能重叠。事实上，鉴于分权带来的混乱，乔治亚州在2008年也实行了共享人力资源服务模式，重组了人事管理机构，重新划分人事管理机构与政府机构在人力资源管理职能方面的权限和范围。

即使存在种种差异，这些州的公务员改革仍然表现出一定的共性，包括：（1）改革的推动取决于改革者的决心，涌现出了推动改革的政策企业家，例如乔治亚州的米勒、纽约州的帕塔基、斯诺特以及路易斯安娜的金达尔等，他们展现了推动改革的决心，提出了改革的路线图，即引入了私营部门的成功管理经验。（2）注重借鉴私营部门的管理经验，虽然有关新公共管理的理论探讨趋于沉寂，但是改革实践仍然在不断发展，向私营部门学习仍然是潮流。绩效管理、宽带薪酬、合意性雇佣以及共享服务模式主要借鉴于私营部门，即使这些管理方式的效果仍然令人怀疑。(3) 推动人事管理机构的角色变迁，随着管理权限的重新划分，乔治亚、德克萨斯以及路易斯安娜州的公务员管理机构都由监督者迈向咨询者、合作者以及战略伙伴。鉴于乔治亚、德克萨斯、纽约以及路易斯安娜州在公务员改革方面进行的不懈努力，美国 PEW 中心对于他们的改革成效在 2008 年给予了较高评价，分别为乔治亚（A—）、德克萨斯（B）、纽约（B-）、路易斯安娜（B）。与 2005 年的评价结果相比，除了乔治亚由 A 下调为 A - 外，其他州的评价保持不变，表明各州的公务员改革保持了相当的稳定性。

乔治亚、德克萨斯、纽约和路易斯安娜等州公务员改革的力度不一，然而，温特委员会提出的包括分权、简化职位分类、绩效管理、宽带薪酬等在内的改革建议均得到了不同程度的实施，并形成了相应的扩散效应。据不完全统计，在美国 50 个州中，除了有 29 个州采纳了合意性雇佣模式以外，有 16 个报告已经进行了大规模的分权改革，另有还有 24 个州正在进行这方面的尝试。只有 8 个州或多或少地保留了传统集权式的功绩制，有 2 个州反过来加强了对人力资源系统的控制（Nigro & Kellough, 2006）。与此同时，已经有 39 个州已经实施了绩效管理，同时还有 6 个州具有实施绩效管理的需求（Moynihan, 2012），有 12 个州已经实施了宽带薪酬，有 4 个州正在考虑实施（Whalen & Guy, 2008）。

各州的实践表明，以分权、结果管理与放松管制等为核心的新公共管理仍然与公务员改革紧密联系在一起，并不断被制度化。即使新公共管理理论对效率、回应性等价值理念的过度强调不断引起质疑，但是在遭遇财政危机时，借鉴私营部门的成功管理实践仍然成为各州推进公务员改革的标杆，或许因为与诸多的后新公共管理理论相比，新公共管理理论更具操作性，向私营部门学习更容易获得"短平快"的效果，尤其是在州政府财政不景气的时候。然而，这场强调效率、灵活性的改革在精简机构、控制成本以及提高回应性等方面取得了成功，也引发了种种担忧，包括 (1) 合意性雇佣会带来裙带关系、腐败，损害政府的透明度以及降低政府职位对求职者的吸引力（Coggburn, 2006）；(2) 分权可能导致管理的不一致性与公正缺乏（Walters，2002）；（3）绩效工资制度只是传递了一种信息，即公务员们处于控制之中，实际上他们的绩效并没有多少改变（Nigro & Kellough，2000）；（4）如果缺乏预算以及绩效管理等方面的配套改革，宽带薪酬制度的效果也将难以令人满意（Whalen & Gun，2008）。

然而，人们最主要的担忧莫过于唯恐这场改革可能走得太远，以至于迷失了改革的最终目标，损害了公务员职业当中诸如公平、责任与正直这样更为崇高的理念。温特委员会要求将公务员视为问题的解决者和创新者，而不是微观的管理对象，各州的公务员改革设计显然是与之背道而驰的。各州的公务员改革大多是自上而下设计和推行的，迫于改善绩效的压力，普通公务员并没有获得参与的机会，也没有被视为宝贵的资产，只是被当作削减的成本而存在。因此，各州的公务员改革事实上是以普通公务员利益的丧失为代价，以提升管理绩效为幌子来提升管理层的特权，而工会对管理层持有的疑虑也在很大程度上阻碍了改革的深入，在那些工会势力强大的州尤其如此。作为2012年亚利桑那州公务员改革的一部分，州长就明确要求公务员选择要么"一次性提薪5%，并且放弃公务员工作终身保障的权利"，要么"保留权利，放弃加薪"（Stateline，2012）。

在某种程度上，激进改革模式的推广可能具有更为隐蔽的政治意图，政策的言语价值更甚于实际成效，合意性雇佣成为改革者追求选票、削减预算甚至化解改革阻力的手段。为了推进改革，合意性雇佣成为密西西比州政府推进改革的政策工具，经常在某些部门冻结公务员保护条款，以便为随后的重组降低难度，随后又重新恢复对这些部门公务员的保护（Goodman & Mann，2010）。许多州的公务员改革被用来削弱公务员在治理中扮演的角色，激发公众对政府持有的敌意，而这背离了温特委员会的精神（Nigro & Kellough，2008）。在威廉姆斯与伯曼（Williams & Bowman，2007）看来，以灵活性、自主性、放松管制等名义进行的公务员改革损害了雇员的权利，并伤害了隐含在公务员职业当中的更为崇高的理念。政府工作变成了另一外一种以自利为目标的企业，他的雇员被视为可以替代的商品，从而使具有里程碑意义的功绩制处于风险之中。由于缺乏参与、对话与相互尊重，管理者、普通公务员以及工会之间难以建立起改革共识，温特委员会以改革为契机重塑信任关系的意图显然并没有实现，而高效度的信任既是公务员改革的目标，又是推动公务员改革的手段。政府中具有私人部门工作经验的管理者更不看好合意性雇佣，认为信任管理对合意性雇佣很关键（Condrey and Battaglio，2007）。

除此以外，温特委员会强调的劳动力规划、人力资本发展以及能力培训等改革策略仍然没有引起重视。1998年进行的针对各州公务员改革的调查表明，在做出回应的49个州当中，大部分州没有实现人力资源规划项目，只有五个州实行了该项目（Selden, Ingraham& Jacobson, 2001），然而，十年之后，情况并没有根本好转。2007年的调查显示，在全部50个州中，超过36%的州没有制定全州范围的劳动力规划，19%州的中央人事管理机构没有战略规划，只有少于15%的州提交了人力资本规划（the PEW Center，2009）。

四 启示

1993年以《国家公务员暂行条例》的颁布实施为标志，我国公务员制度正式确立，不过，有关公务员制度设计的构想可以追溯至1980年。出于振兴经济的考虑，在《党和国家领导制度的改革》一文中，邓小平明确提出了将"革命化、年轻化、知识化和专业化"作为选人用人的基本原则，由此奠定了公务员改革的指导思想。"四化"方针的提出意味着选人用人价值理念的变迁，体现"年轻化、知识化和专业化"的"能力"逐渐取得了与"政治忠诚"同等重要的地位。与美国州公务员制度变革相似，"政治忠诚"或"政治回应性"与"能力"或"效率"之间的价值调适在很大程度上指导着我国公务员制度设计方向，反映了党对公务员管理所持有的一种犹豫不决的心理，既希望通过建设法治化、制度化与专业化的公务员队伍来巩固"政绩合法性"的基础，又对公务员力量的壮大持有疑虑。因此，在坚持对公务员进行科学管理的基础之上，党不时地通过运动式治理、意识形态教化等传统干部管理方式展示党的主导性地位，冲击法治化、制度化与专业化的建设方向。

2005年出台的《公务员法》将干部管理和公务员管理整合在一起，从法律的角度巩固了执政党在公务员管理中的主导地位，这被看作政治回应性得到强化的信号（Chan & Li, 2007）。因此，就加强政治回应性而言，我国公务员改革与美国各州公务员改革的价值导向相似。此外，虽然在《公务员法》中没有进行"未分类公务员"与"分类公务员"的区分，但是在实际运作中形成了党政领导干部与普通公务员的管理区分，担任重要职位的党政领导干部由执政党的组织部门通过党的红头文件和政策来进行统一管理，普通公务员则由人力资源与社会保障部依据《公务员法》来进行管理。与"未分类公务员"相似，党政领导干部的公务员身份缺乏保障，执政党可以根据需要，将其在国有企业、事业单位或者其他部门进行交流。

政治回应性加强的结果是党的意愿、要求与关注能够更为迅速地转化为公务员管理的具体政策之中，其中最典型的莫过于当党对基层治理状况不佳表现忧虑时，基层工作经验立刻成为公务员录用的资格条件。然而，这种将党政领导干部与普通公务员纳入统一管理的框架之中，将传统干部管理模式与公务员管理所遵循的科学管理原则相折衷的管理模式也滋生了种种冲突，表现为封闭与透明、政治忠诚与功绩导向、垄断与参与等。更为重要的是，在这种统一管理模式之下，党政领导干部不时暴露出的贪腐丑闻以及普通公务员当中出现的不作为、乱作为等现象也能够同时冲击公众对公务员制度的信任，使两者无法做出有效切割。这就导致悖论的存在，一方面公务员群体在促进经济增长、提供公共服务方面发挥了不可忽视的作用，另一方面公务员群体尤其是基层公务员不断遭遇"污名化"，工作士气受损，形成了横亘在公众与公务员之间的信任"鸿沟"。化解两者之间的信任困境显然是一项系统工程，作为其中的一部分，当政府对公务员雇佣、薪酬、绩效考核等政策进行调整与完善时，美国州级公务员改革的类似举措正好给我们提供了相应的参考，使我们可以权衡一些类似举措的得失，并加以改进。

首先，公务员工作效率不高、办事拖沓以及铺张浪费等现象成为当前引起公众不满的主要缘由，而关注的焦点最终都指向公务员职业的稳定性，似乎只要打破公务员的"铁饭碗"就能提高管理效率。然而，一些看上去很美好的理念，在实施过程中往往会大打折扣。作为美国州级公务员改革的趋势,"合意性雇佣"导致的争议就在于废除了对分类职位公务员的终身制保障,改革效果却并不如人意(Kellough & Nigro, 2006)。路易斯安娜与纽约州的改革实践表明,即使在同一套体制下,既有干得不好的,也有干得好的,对公务员职业终身制的废除会产生责任、忠诚以及合作等问题,改革只致力于提高公务员制度的效率,忽视了公务员制度本身所蕴含的诸如奉献、公平、责任等更加宝贵的传统。不仅如此,我国公务员的终身制似乎是一个引起人误解的问题。至少从《公务员法》内容来看,公务员职业的终身制并没有列入其中,公务员的"铁饭碗"实际缺乏制度支撑,只是在操作层面上很大程度上延续了传统的干部管理体制的特点,这不同于美国凭借对公务员职业的保障来预防政治干预的指导思想。因此,与其考虑打破"铁饭碗",不如更专注公务员管理政策与结构等方面调整。

其次,薪酬政策保持灵活性,既要坚持低于市场薪酬水平的基本原则,又要定期动态调整薪酬政策。与我国公务员职业持续紧俏不同,美国州级公务员招募面临与私营部门激烈的竞争,为了招募人才,除了简化招募程序之外,还需要适时参照私营部门的类似职位薪酬水平,动态调整公务员薪酬。德克萨斯、纽约等州的人事部门每年都会选择若干职位进行市场比较,然后再向议会提出调整薪酬的政策建议。路易斯安娜州 2011 年发布的公务员薪酬调查报告显示,路易斯安娜州六种职系的最低薪酬要低于雇佣市场最低薪酬水平约 17%—25%(Louisiana Department of State Civil Service, 2011)。与我们更加关注公务员货币工资不同,工资、福利和工作经历成为州政府吸引求职者的三个主要支柱,形成了全面薪酬计划,并将其纳入市场比较范畴。与此同时,公务员的薪酬水平还是透明可查的,为潜在的职位候选人估算可能获得的薪酬水平创造条件,对公务员薪酬感兴趣的公众也可以在网上随时查询相关信息,并加以监督。美国州级公务员薪酬政策的透明、法治、动态调整以及低于市场薪酬水平等原则的运用对于恢复我国公众对公务员的信任尤为重要,因为两者在公务员薪酬高低方面存在截然对立的判断。在公众心目中,公务员的工作表现与其所享有的优厚薪酬待遇不相称。对于公务员,尤其是基层公务员而言,"工资低,压力大"成为基层公务员较为普遍的看法。这种对立导致每当要调整公务员工资时,公众的反对、质疑的声音不断。侧重于工资水平的比较是导致判断对立的原因之一，因此有必要引入全面薪酬计划的概念，将工资、福利以及声誉、工作经验等都纳入薪酬比较体系之中，这样才能比较全面地看待公务员的薪酬水平，低于市场水平的公务员工资实际上蕴涵着对未来市场风险和损失的抵扣。就动态调整而言，《公务员法》已经明确规定要实行"工资调查制度，将其作为调整公务员工资的基础"，依据立法精神，学术界也在借鉴他国经验基础之上进行了相应探讨。然而，对于公务员薪酬政策改革不能仅仅满足于工具层面的借鉴，更重要的是理念的提升，即树立公开透明与法治的理念，让公务员的薪酬政策与薪酬水平接受公众的审视与监督。与动态调整、不高于市场平均薪酬水平相比，薪酬政策透明与法治化尤为迫切，可以视为实现前者的充分必要条件。

第三，出于对人口老龄化以及"婴儿潮"出生的人口大规模退休的担忧，温特委员会建议实行劳动力规划，动态掌握公务员供给与需求的平衡。乔治亚、德克塞斯以及路易斯安娜等州都很好了实施了这一政策建议，将劳动力规划上升到州的发展战略层面，实行战略性人力资源管理，在人员绩效、培训和薪酬等方面都与发展战略建立起紧密联系。然而，"人走政息"已经成为当前我国政府管理的常态，更不用说战略规划的制定，而这就直接影响到了绩效评估的效果。虽然绩效管理的效果饱受质疑，但是仍构成了州公务员改革的主要内容，或许绩效管理的推行被视为回应了公众对改善绩效的持续需求，具有更多的象征意义。路易斯安娜州审计委员会的审计报告显示，从2007—2009财政年度，政府机构评估者没有按照公务员制度要求进行有效评估的情形出现了8962次，其中有68%的评估者没有说明理由，2008—2009财政年度，大约有650名公务员的涨薪不符合绩效评估标准要求（Louisiana Legislative Auditor, 2009）。即使如此，针对绩效管理存在的不足，乔治亚、路易斯安娜等州都进行了动态调整，将绩效管理管理纳入了州发展战略之中，绩效的衡量不再取决于岗位职责要求，而是与州与政府机构的使命、战略目标与年度目标紧密联系起来。与此同时，绩效管理还与薪酬、培训以及职位分类等相互协调与配合，为了提升绩效，各州采取了包括团队收益分享、一次性奖金等在内的多种绩效激励计划。例如，职业规划被整合进路易斯安娜州的绩效管理过程中，平均而言，路易斯安娜的公务员比其他州更容易获得晋升（the PEW Center，2009）。对于仍然处于绩效管理初级阶段的我国公务员管理而言（Liu & Dong，2012），这种虑绩效管理的纵向和横向适应性的举措是值得我们借鉴吸收的。纵向适应侧重于将绩效管理同地方发展的战略规划和管理联系起来，主要考虑目标的实现情况，横向适应则关注绩效管理与其他人力资源管理职能的适应性问题，主要考虑资源分配的效率。

第四，为了应对日益复杂的环境变化和公众需求，各州倾向于将培训作为提升公务员能力的主要方式，对培训的时限、经费以及形式等作出了具体规定。从制度规定的角度来看，我国采取了与美国类似的方式，通过"培训纲要"的方式规定了公务员培训的指导原则、内容与形式等方面的要求。与美国各州大多采取分权的培训管理结构不同，集权成为当前我国公务员培训管理的主要结构安排。这种集权管理固然能够保障培训内容的统一与培训的效率，也抑制了培训所要求的灵活性与回应性，从而导致培训失去了针对性（Yang、Wu，et al，2012）。事实上，作为人事管理的两种主要结构形成，集权与分权存在各自的利弊，为了调适两者的冲突，一种共享服务模式逐渐在乔治亚、路易斯安娜等州推行。作为这种共享服务模式的应用，路易斯安娜州的全面公共培训项目由公务员部的行政办公室承担，该办公室主要由300名培训协调人员构成。这些培训协调人员分布在政府机构当中，与政府机构进行交流，向公务员部反馈政府机构的培训需求，以便公务员部制定培训计划，针对不同级别与职位要求的管理者提供不同的培训内容。或许是注意到了集权管理带来的弊端，《2011—2015年行政机关公务员培训纲要》明确要求培训要注重需求导向，在把握培训对象的需求方面，这种共享服务模式应该能够提供相应的启发。

参考文献

1. 柯三吉（2012），《美国政府公务员制度之改革（1990s—2010s）：以乔治亚、佛罗里达、国土安全部为例》，《文官制度季刊》，第4期。

2. 孙学玉（1997），《美国州级公务员制度改革及其启示》，《中国行政管理》，第9期。

3. Buntin, J.（2010），Louisiana Governor Bobby Jindal Evolving Leader-

ship. Retrieve fromhttp: //www. governing. com/topics/politics/louisiana-governor-bobby-jindal-evolving-leadership. html.

4. Condrey, S. E. (2002), Reinventing State Civil Service Systems : The Georgia Experience. *Review of Public Personnel Administration*, 22.

5. Coggburn, J. D. (2005), The Benefits of Human Resource Centralization: Insights from a Survey of Human Resource Directors in a Decentralized State. *Public Administration Review*, 65 (4).

6. Coggburn, J. D. (2006), The Decentralized and Deregulated Approach to State Human Resources Management in Texas. In Kellough, J. E. &Nigro, L. G. *Civil Service Reform in States*. Albany: State University of New York Press.

7. Condrey, S. E. & Battaglio, P. R. Jr. (2007), A Return to Spoils? Revisiting Radical Civil Service Reform in the United States. *Public Administration Review*, 67 (3).

8. Chan, H. S. &Li, E. (2007), Civil Service Law in the People's Republic of China: A Return to Cadre Personnel Management. *Public Administration Review*, 67 (3).

9. Department of Civil Service. (2012), *New York State Workforce Management Report*. Retrieve from http: //www. cs. ny. gov/businesssuite/docs/workforceplans/2012. pdf.

10. Estes, S. (2008), *Civil Service in New York State*. Retrieve from http: //www. tompkins-co. org/personnel/CivilSrvForms/CivilServiceinNewYorkState. htm.

11. Ewoh, A. I. E. (2011), Performance Measurement in An Era of New Public Management. Journal of Emerging Knowledge on Emerging Markets, 3.

12. Georgia Sectary of State. What Georgia Employers Need To Know. Retrieve from http: //sos. georgia. gov/FirstStop/georgia_ employers. htm.

13. Gossett, C. W. (2002), Civil Service Reform : The Case of Georgia. *Review of Public Personnel Administration*, 22.

14. Governor's of Budget, Planning and Policy Legislative Budget Board. (2010), *Instructions for Preparing and Submitting Agency Strategic Plans* (Fiscal Year 2011 - 2015). Available online: http: //governor. state. tx. us/files/bpp/StrategicPlanFY _ 2011—2015. pdf.

15. Goodman, D. &Mann, S. (2010), Reorganization or Political Smokescreen: The Incremental aTemporary Use of At-W Employment I Mississippi State Government. *Public Personnel Manageme*, 39 (3).

16. Hays, S. W. & Sowa, J. E. (2007), Changes in State Civil Serivice System: A

National Survey. In Bowman, J. S. &West, J. P. Ed. *American Public Service: Radical Reform and the Merit System.* Taylor & Francis Group.

17. Kellough, J. E. & Lu, Haoran. (1993), The Paradox of Merit Pay in The Public Sector: Persistence of a Problematic Procedure. Review of Public Personnel Administration, 13.

18. Kellough, J. E & Nigro, L. G. (2002), Pay for Performance in Georgia State Government: Employee Perspectives on GeorgiaGain After 5 Years. *Review of Public Personnel Administration*, 22.

19. Kuykendall, Ch. L. &. Facer II, R. L (2006), Public Employment in Georgia State Agencies: The Elimination of the Merit System. *Review of Public Personnel Administration*, 22.

20. Kerrigan, H. (2011), *Making Performance a Priority in Georgia.* Retrieve from http://www.governing.com/topics/mgmt/Making-Performance-a-Priority.html.

21. Kerrigan, H. (2012), *Civil Service Reform Comes to Tennessee.* Retrieve from http://www.governing.com/topics/public-workforce/col-civil-service-reform-tennessee.html.

22. Lynn, D. B. (2000), Personnel Deregulation and the High Performance Workforce: State Government Outcomes from the Winter Commission. Review of Public Personnel Administration, 20.

23. Louisiana Department of State Civil Service. (2009), SECURE Louisiana's Future, A Progress Report by the Department of State Civil Service. Available Online: http://senate.legis.state.la.us/streamline/CSEB/Presentations/SECURE%20progress%20report%202009.pdf.

24. Louisiana Legislative Auditor. (2009), Department of State Civil Service Staffing and Personnel Issues in State Agencies. Available Online: http://senate.legis.state.la.us/streamline/presentations/Civil%20Service%20Staffing%20and%20Personnel%20Issues%20in%20State%20Agencies.pdf.

25. Louisiana Department of State Civil Service. (2009), 2008—2009 Annual Report. Available Online: http://www.civilservice.louisiana.gov/files/publications/annual_reports/AnnualReport08—09.pdf.

26. Louisiana Department of State Civil Service. (2011), 2010—2011 Annual Report. Available Online: http://www.civilservice.louisiana.gov/files/publications/annual_reports/AnnualReport10—11.pdf.

27. Louisiana Department of State Civil Service (2012), 2011—2012 Annual Re-

port. AvailableOnline: http://www.civilservice.louisiana.gov/files/publications/annual_reports/AnnualReport11—12.pdf.

28. McGrath, R. J. (2013), The Rise and Fall of Radical Civil Service Reformin the U. S. States. *Public Administration Review*, 73 (4).

29. National Commission on the State and Local PuService (Winter Commission). (1993). *Hard Truths/Tough Choices: An Agenda for State and Local Reform*. Albany, NY: Nelson A. Rockefeller Institute of Government.

30. Nigro, L. G. & Kellough, J. E. (2008), Personnel Reform in the States: A Look at Progress Fifteen Years after the Winter Commission. *Public Administration Review*, Special Issue. Office of Governor. *Governor's Appointment Responsibility.* Retrieve from http://governor.state.tx.us/appointments.

31. Office of Governor - Bobby Jindal. (2008), Governor Bobby Jindal Highlights Major Budget and Government Reform Initiatives at Lafayette Event. Retrieve from http://www.gov.state.la.us/index.cfm?md=newsroom&tmp=detail&articleID=1129.

32. Office of Governor. (2013), Governor's Strategic Goals for Georgia. Retrieve from http://gosa.georgia.gov/sites/gosa.georgia.gov/files/related_files/site_page/State_Goals_April_2013_FINAL.pdf.

33. Office of the Comptroller. (1994), New York State's Civil Service System: A Time for Change? Avaiable Online: http://osc.state.ny.us/audits/audits/9798/96s69.pdf.

34. State Personnel Administration. *Steady salary and job progression.* Retrieve from http://www.spa.ga.gov/naspe/images/testing.htm.

35. State Personnel Administration. (2007), *State Personnel Board Policies To Implement Salary Increase Fiscal Year* 2007. Available online: http://www.spa.ga.gov/pdfs/compensation/cb.pbi_policy.07.pdf.

36. State Personnel Administration (2008), *Georgia Statement: News, policies and trends for state government employees*. Available online: http://www.spa.ga.gov/pdfs/Winter_Spring2008.pdf.

37. State PersonnelAdministration (2010), Worforce Analytics Report. Available online: http://www.gms.state.ga.us/employees/pdf/2010%20Analytics%20report.pdf.

38. State Auditor's Office. (2008), *A Biennial Report on the State's Position Classification Plan (No. 09-701)*. Retrieve from http://www.sao.state.tx.us/Reports/report.aspx?reportnumber=09-701.

39. State Auditor's Office. (2013), *Annual Salary Ratess.* Retrieve from http://www.hr.sao.state.tx.us/Compensation/schedule.aspx?schedule=2013A.

40. State Auditor's Office. (1997), *An Assessment of Human Resource Management Controls in Texas State Government.* Available online: http://www.sao.state.tx.us/reports/main/97-058.pdf.

41. Selden, S. C, Ingraham, P. W & Jacobson, W. (2001), Human Resource Practices in State Government: Findings from a National Survey. *Public Administration Review*, 61 (5).

42. Selden, S. C. & Wooters, R. (2011), Structures in Public Human Resource Management: Shared Services in State Governments. *Review of Public Personnel Administration*, 31.

43. State personneladministration (2013), *the central personnel agency for state government.* Available Online: http://www.gms.state.ga.us/pdfs/deliveringonthepromise.pdf.

44. Stateline (2012), *Public Employees may Choose Between Raises and Job Protections.* Retrieve fromhttp://www.governing.com/news/state/public-employees-may-choose-between-raises-and-job-protections.html.

45. Texas Conservative Coalition Research Institute. (2009), *The Texas Civil Service Crisis: Part One Of Three Reports on The Public Sector inTexas.* Avaiable Online: http://www.txccri.org/content/Texas_civil_service_crisis.pdf.

46. The PEW Center on States. (2005), Grading the States 2005 Report. Available Online: http://www.pewstates.org/uploadedFiles/PCS_Assets/2004—2006/GPP_Report_2005.pdf.

47. The PEW Center on States. (2008), Grading the States 2008 Report. Available Online: http://www.pewstates.org/uploadedFiles/PCS_Assets/2008/Grading-the-States-2008.pdf.

48. The PEW Center on States. (2009), *People Forward: Human Capital Trends and Innovation.* Available Online: http://www.pewstates.org/uploadedFiles/PCS_Assets/2009/GPP_People_Forward_report_web.pdfWalters, J. (2002). Life after Civil Service Reform: The Texas, Georgia, and Florida Experiences. *Governing*, 10.

49. Williams, R. L. & Bowman, J. S. (2007), Civil Service Reform, At-will Employment, and George Santayana: Are We Condemned to Repeat the Past?. *Public Personnel Management*, 36.

50. Xin, Liu & Keyong, Dong. (2012), Development of the Civil Servants Performance Appraisal System in China: Challenges and Improvements. Review of Public Personnel

Administration, 32.

51. *Yang & Wu, et al.* (2012), *The Challenge of Civil Servant Training in China: A Case Study of Nanning City.* Review of Public Personnel Administration, 32.

52. *Zimmerman*, J. F. (2008), The Government and Politics of New York State: Second Edition. *State University of New York Press.*

"电视问政"：城市治理平台的构建与创新

——以武汉"电视问政"为例*

田祚雄

摘　要：近年来，许多地方党委政府致力打造的"官、民、学、媒"多方参与城市治理的公共平台——"电视问政"。武汉电视问政在全国同类节目中影响较大，较好地推动了曝光问题的解决，迅速回应了人民群众的呼声，有力推动了公职人员更好履职尽责和转变工作作风，但伴随着电视问政的争议也越来越多。本文通过回溯梳理武汉电视问政的缘起与历程，总结其产生效应与存在诟病，进而提出创新构建电视问政升级版的路径选择。

关键词：电视问政　城市治理　构建与创新。

近年来，"电视问政"正成为许多地方党委政府致力打造的"官、民、学、媒"多方参与城市治理的公共平台。[②] 所谓"电视问政"，就是借助于电视媒体对党政官员履职和施政情况，公开接受市民群众的询

---

* 作者简介：田祚雄，武汉市社会科学院政治与法律研究所所长、副研究员。

② 近年来，问政类电视节目层出不穷，除武汉电视台《电视问政》外，还有南京《向人民汇报》、洛阳《百姓问政》、郴州《电视问政》、银川《电视问政》、湖南《经视问政》、杭州《我们圆桌会》、合肥《政风行风面对面》、温州《人民问政》、兰州《一把手上电视》、滕州《电视问政》、广州《沟通无界限》、天津《民生问与答》、宝鸡《干部作风大家谈》、郑州《周末面对面》、苏州《对话苏州》、襄阳《市民问政》等数十家同类节目。

问、诘问乃至质问的政治传播活动。"电视"是"问政"的重要载体和传播媒介,"电视问政"栏目遂成为一个实时记录和公开展示问政各方互动过程的治理平台。

武汉电视问政在全国同类节目中影响较大。开办五年来,多次创下3倍于同时段热播电视剧收视率的成绩,同时,电视问政较好地推动了曝光问题的解决,迅速回应了人民群众的呼声,有力推动了公职人员更好履职尽责和转变工作作风。但伴随着电视问政的争议也越来越多,如电视问政究竟是官员的"考场"还是"秀场"?电视问政究竟是"点心"还是"正餐"?电视问政是一档电视节目还是一个议政平台?电视问政暴露的问题为何"年年岁岁花相似"?电视问政如何走出"人存政举、人亡政息"的定律?电视问政如何持续创新和不断完善?等等。这些问题的确值得深入思考和积极探索。

一 武汉"电视问政"的缘起与历程

"问政"不是个新名词,"问政"一词在我国古代典籍中最早出现于《礼记·中庸》之哀公问政于孔子。[①] 其最初的含义是执政者向智者(贤臣、民众等)咨询为政之道,与民主政治背景下民众向执政者提出为政之责、施政之效的问询,在问政的向度、内容、理念等方面均明显不同。百姓"问政",都要通过一定的工具和媒介进行传播,随着科技的高速发展,今天这种媒介更呈现出多样化、多元化态势。

被誉为"第四权力"的新闻传媒,既具有工具性特征又具有"社会公器"性定位,故媒体在传播信息、监测引导舆论的同时,更应发挥其监督权力运行、维护社会正义、聚焦公共福祉的功能。正如我国著名报人成舍我(1933)曾指出:"新时代的报纸,他的基础,应完全真确,建筑于大众'公共福址'的上面。新闻记者……他只有大众的利

---

① 哀公问政于孔子。孔子云"为政在于得人。取人以身,修道以仁。"并提出五达道(君臣,父子,夫妇,昆弟,朋友)、三达德(智仁勇)、治国九经(修身,尊贤,亲亲,敬大臣,体群臣,子庶民,来百工,柔远人,怀诸侯)、择善固执(诚者,天之至道也。诚之者,人之道也。诚之者,择善而固执之者也)等施政原则。

益，不知有某派、某系或某一阶级的利益，更不知有所谓个人政治和营业的利益。所以报纸上的言论，记载，一字，一句，均应以增进'公共福祉'为出发点"。显然，不仅报纸该如此，所有大众传媒均应如此定位。

电视问政起源于20世纪90年代美国的公共新闻运动。公共新闻运动领袖罗森（Jay Rosen）教授指出："新闻记者应该致力于提高社会公众在获得新闻信息的基础上的行动能力，关注公众之间对话和交流的质量，帮助人们积极地寻求解决问题的途径，告诉社会公众如何去应对社会问题"（蔡雯，2005）也就是说，公共新闻强调传播者在报道新闻的同时，还应该以组织者的身份介入到公共事务中去，发起和组织公民讨论、参与各种活动，以寻求社会公共问题的解决策略。目前各地组织的电视问政，几乎都是由地方党委政府发起并推动、由地方电视台具体操作承办的，新闻记者在电视问政的创意、策划、采访、主持等方面发挥了重要作用。所以，有学者将电视问政被称为"中国式的公共新闻"（葛明驷、何志武，2015）。

我国电视问政起步较晚，也并非武汉首创。一般认为，与现在电视问政类似的电视节目，最早可追溯到2002年郑州电视台的《周末面对面》。随后2004年，黑龙江等地开始尝试领导干部电视述职述廉并作出承诺（于成云、张平，2004）。2005年，兰州市电视台在时任市委书记陈宝生支持下开办了《一把手上电视》节目，其初衷便是通过电视公开以增加官员解决问题的压力。陈宝生后来也坦言："我们那时候根本就没想到一把手上电视，什么人治不人治，就没想这个事，就解决问题，解决事儿。凡是能解决问题的措施，就是好措施，不能解决问题的措施，你说得再高深，没有用处"（中央电视台［新闻1+1］，2012）。在它之后，各地的电视问政节目陆续出现。

武汉正式以"电视问政"命名的电视节目诞生于2011年。其直接动因是：2011年初，刚刚履行武汉市委书记的阮成发，委托新华社湖北分社就"如何优化武汉市投资环境"进行专题调研。新华社湖北分社社长梁相斌组织调研团队，充分利用新华社国内外15个分社的资源，经过20多天时间拿出近9万字的《武汉市投资环境问题及对策分析》专题报告，列举了武汉市投资环境43个问题、87项对策。3月底阮成发对专题报告作出近400字的长篇批示,表示"深受教育,深感震动,彻夜难眠","让我看到不足、问题甚至丑陋的一面","我们必须痛下决心,大刀阔斧,采取强有力的措施进行整治,并且持之以恒,建章立制,从根本上改善投资发展环境"(梁相斌,2013:26-27)。武汉市委认为,干部队伍中的慵懒散漫等问题,已经成为制约武汉加快发展的重要障碍。要推动城市科学发展、跨越式发展,打造全国最优投资环境,干部是第一要素,作风是第一保障。4月6日,武汉市委召开十一届十一次全会决定,迅速掀起一场席卷全市的"治庸问责"风暴。5月,武汉市公布了首批十个亟待解决的突出问题,并通过新闻发布会,由各责任单位"一把手"集中向社会作出限期整改的公开承诺。为检验承诺兑现效果,武汉市治庸问责工作办公室与武汉电视台联手,于2011年11月22—25日连续推出四场"电视问政",一批市领导和责任单位负责人被现场问政。电视直播现场,主持人犀利的发问、专家教授的麻辣点评、节目组的"刺激性道具"(如"绕道的士票"、"防水雨靴"、"表示一下的信封")等,让不少官员满头大汗、如坐针毡。电视问政以其直播、直观、直接、直白的风格引发的强烈社会反响,赢得广泛肯定,武汉市主要领导提出将"电视问政"常态化。2012年,市委书记阮成发要求,电视问政从以往每年一次扩充到上、下半年各举行一次。

当然,武汉电视问政节目的成功,除了主要领导的支持、节目的精心筹划、市民群众的热情参与和期待外,也与武汉电视台对类似节目的长期积累有关。其实,武汉媒体一直有暗访问政的传统。如《武汉晨报》的专栏《王浩峰的眼》主要刊发暗访曝光报道,《长江日报》的《圆桌》、《长江评论》等栏目则侧重公共话题的讨论、评述,武汉广播电台从2005年就创办了广播问政节目《行风连线》,随后电视开始介入广播问政,并逐渐以电视问政取代广播问政(参见表1)。这些栏目、节目的举办为电视问政的组织、采制、直播积累了丰富的经验。从报纸问政、广播问政,再到电视问政,并向网络问政、微博问政、微信问政"等延伸,武汉媒体参与问政已越来越普遍和经常。但所有的媒体问政都不如电视直播问政直观、真实、刺激。

表1　　　　　武汉市电视问政发展轨迹（黄鹤TV，2014）

年度	名 称	形 式	议 题	主 办
2005	《行风连线》	广播直播	市民咨询投诉	市纪委、纠风办
2006	《行风连线》、《百姓连线》	广播、电视同步直播	市民咨询投诉	市纪委、纠风办
2007	《职能部门领导与行评代表、市民面对面》	电视直播	公共服务	市纪委、市委宣传部
2008	《行风面对面—关注民生》	电视直播	民生	市纪委、市委宣传部
2009	《区长百姓面对面》	电视直播	民生	市纪委监察局、市委宣传部
2010	《履行承诺、关注民生》	电视直播	民生、政风行风评议	市纪委监察局、市委宣传部

迄今为止，武汉电视问政已连续举办5年40场次。其中，2011年举办4场电视问政；2012—2014年，分别举办"期中考"、"期末考"各5场（共计30场）；2015年期中考举办6场。数十个市直部门和各区、功能区的党政官员共287人次接受直播问政，其中市级以上领导达82人次。① 迄今为止，40场电视问政共聚焦50个主题（参见表2）。据媒体统计，50个主题中，政府部门责任难落实、管理不规范的占比最高，达到25%；其次是交通秩序和生态保护，均为17.5%；第三位是综合环境治理，占到15%（林坤，2015）。而从接受问政的对象方面看，5年来市城建委登台次数最多，城管位居其次，环保、税务、房管、交委等并列第三。

---

① 笔者据历年举办《电视问政》统计得出。

表 2　　　　　　　武汉"电视问政"历年聚焦主题

年度	聚焦主题
2011	1. 交通秩序混乱问题；　2. "黑的"、"麻木"非法营运问题 3. 免费自行车服务水平低及自行车道缺乏问题；　4. 建筑工地"砂霸、石霸"问题 5. 保障性住房建设问题；　6. 区级政务服务中心改进服务、提升效能问题 7. 窗口地带综合整治问题；　8. 选人用人不正之风的整治问题 9. 政府职能部门与中介机构彻底脱钩的问题；　10. 环境脏乱差问题
2012	1. 小餐饮规范管理问题；　2. 进一步理清部门职责问题； 3. 规范出租汽车营运秩序问题；　4. 三大火车站及长途客运站周边环境整治问题； 5. 大力整治交通秩序问题；　6. 湖泊保护与污染治理问题； 7. 保障性住房质量问题；　8. 解决新城区工业化水平不高的问题； 9. 违法建设问题；　10. 全面落实工业、服务业和建设工程项目新审批流程问题
2013	1. 公务活动中的奢侈浪费等问题；　2. 交通秩序差问题 3. 社区养老和居家养老服务功能较弱问题；　4. 小餐饮、食品小作坊食品安全问题 5. 湖泊保护和污染治理不力问题；　6. 城市公共设施维护不及时问题 7. 工程建设领域管理不规范问题；　8. 中心城区与新城区结合部乱象问题 9. 违法建设屡禁不止问题； 10. 水电气公共服务企业工作流程不优、服务水平不高问题
2014	1. 纠正和治理基层干部作风问题；　2. 中小学服务性收费）代收费不规范问题 3. 公交运营服务质量不高问题；　4. 对居民小区物业公司监管不力问题 5. 政务信息公开程度不高问题；　6. 粉尘污染治理问题 7. 医院、商场、学校周边秩序管理问题；　8. 医疗机构违规收费问题 9. 开发区和新城区基本生态控制线保护实施问题 10. 社保办理工作透明度不高、流程不便民问题
2015	1. 办理群众投诉不及时、不到位问题；　2. 部分村级组织软弱涣散问题 3. 路网、停车场规划不科学、建设滞后问题； 4. 支持企业发展专项资金管用不规范、不透明问题 5. 安全生产隐患发现、整改、查处不及时问题； 6. 街道、社区对业委会组建、履职管理不到位问题 7. 企业违法排污整治、监管不到位问题；　8. 农村环境污染治理不力问题 9. 城市绿化管理养护不及时问题；　10. 文明城市建设不持久、不深入问题

二　武汉"电视问政"的效应与诟病

武汉"电视问政"一经播出便赢得广泛关注、普遍好评和持续期待。"电视问政"既有形式上的视觉冲击，也有触及实质的思想碰撞，更重要的在于，透过这各平台，可以实现上下之间、内外之间、"官民学媒"之间的对接与互动，既有助于扩大社会监管的效果，又有助于促进问题的落实，还可能畅通民意、消解矛盾、畅通共识，具有一举多得的正效应

一是通过"电视问政"解决了一批事关市民切身利益的现实问题。每场电视问政结束后，被问政的相关领导"马上办"、"连夜办"，甚至特事特办；同时，市纪委跟踪督办，媒体公示处理结果。在纪检监督和舆论监督的强大压力下，促成了一批老百姓反复投诉、"跑断腿"都没有解决的问题（如房产证办理难、还建房质量差、长期渍水出行难等）的迅速解决。据《小康》杂志在武汉进行的随机调查显示：61%的受访者肯定"电视问政"对解决问题起到了应有的作用。

二是对转变干部工作作风、提升官员履职尽责意识产生了较大促动作用。电视问政平台所形成的责任倒逼机制，让被问政者倍感压力；在"问政"和"问责"环节动真格、不留情面，形成了强大的警示和威慑效应。截止今年7月底，5年电视问政共暴露问题552个，问责780人。其中，2014年电视问政问责306人，其中局级干部4人、处级干部90人，问责人数超过2011年至2013年三年电视问政问责人数总和（李晓萌，2015）。2015年上半年电视问政已问责203人，其中处级干部34人。显然，武汉电视问政不仅长期坚持，而且力度在逐年加大。"不怕领导批评教育，就怕电视问政曝光"正成为一些公职人员的内心真实写照。

三是保障公民"四权"，提升了市民参政议政的热情和能力。电视问政是一个极好的民主政治演练场，通过对官员的岗位职责、承诺兑现和施政情况进行诘问，既保障了公民知情权、参与权、表达权、监督权，又让官员们明白手中权力的来源，从而敬畏权力、敬畏人民。同

时，通过在电视演播厅这样特殊的场域，让普通市民就关心的问题与平时难得一见的官员直面沟通，深入探讨问题形成的原因及解决途径，有利于实现民主协商、换位思考和汇集智慧的多重功能。

四是通过"官民学媒"的问政互动，在推动问题解决的过程中，提升了市民的满意度和党委政府的合法性。"电视问政"直击的源头即是解决庸、懒、散现象。官员在冒汗、尴尬中意识到自己是被监督的对象，责任心被极大地唤醒，这将促使官员的执政理念和执政方式都有所改变（蔡敏，2012）。"电视问政"通过官民沟通、对话，专家献计、支招，媒体线上线下联动、政府"现场办公"等形式，使得许多突出问题的解决能够形成最大共识。据武汉市纪委提供的数据显示，每年确定的"十大突出问题"大都取得了良好效果，2012年度群众整体满意率为84.7%，2013年度的满意率为83.53%（尤蕾，2014，）。

尽管电视问政具有许多正效应，但随着电视问政的持续举办，民众对其负面评价也有增多之势，主要表现在：

一是问政暴露的问题存在趋同化。电视问政对所曝光的个案问题的处理往往迅速而圆满，但"治病未除根"、"举一不反三"，总有问题似曾相识的观感。同类问题为什么反复出现？要么药力不猛，仍有人怀抱侥幸心理、敢于铤而走险；要么没有找到致病原因，停留于头痛医头的境况；要么是体制、机制、制度出了问题，个人之力无法扭转。在问政问责已成为一种高压态、新常态的背景下，若仍有大面积的违规违纪，那么，就一定得从我们的制度（广义）建设角度进行认真分析和探究。总体而言，一些领域的制度建设存在制度理念偏差、制度技术粗陋、制度体系紊乱、制度落实乏力等四大突出问题，制度建设还有大量的工作要做。

二是被问政官员回答越来越八股化。接受问政的官员从开始时的局促不安、满头大汗，到现在应对自如、侃侃而谈，或许有其媒介素养提升的原因，但市民感觉官员"越来越油滑"。有观众总结被问政官员的回答套路："对问题痛心疾首—对市民致歉赔礼—承诺马上整改落实—对同类问题再度出现非常痛心—对当事市民深表歉意—下节目后连夜整改……"。官员态度不真诚、承诺不兑现，把考场当秀场，必然坠入著名的"塔西佗陷阱"，最终害人害己害党。

三是问政问题呈现浅层化，真正深层次的问题鲜有触及。从制播技术的可操作性、安全性和综合成本等角度考虑，问政短片的选择往往聚焦民生领域的一件件具体事情，这样便于控制，适于问政，利于传播，所曝光个案也易于为各方接受，不会出现"制播事故"和"直播事故"。因此，在选择聚焦和曝光什么案例方面，电视台的考量和议程设置恐与市领导的要求和市民的期待有一定距离。而深层次的问题病根不触及、不根除，浅表化的问题症候永远会像割韭菜。同时，限于时间紧、暗访难度大、保密要求高和记者对社会问题的知识储备不足等，也导致对一些问题短片的真实性、典型性、复杂性和各单位间的衡平性等考量不够，任何简单化的问题归因、道德指斥和特事特办，都不仅于事无补，还将产生新的问题。

四是问政主题碎片化、问政过程戏剧化。因为电视问政的制作成本较高，故其举办场次必然有限；又因为问题涉及部门多，问政节目时长有限，故每个主题的聚焦时间、被问政官员的陈述时间等均十分有限。武汉电视问政每场时长约 100 分钟，期间要播放 10 多个电视短片，然后是主持人、点评专家、被问政官员、媒体和市民代表等轮番发言，还有场外连线、网络留言、热线电话、满意度测评等等诸多环节，加上有人不能很好掌控发言时间，从而造成问政主题的碎片化、浅表化，问政过程中不确定性因素多、参与各方对问政进程掌控力不同，使得问政过程呈现戏剧化，进而影响到问政的客观性、公正性和严肃性，甚至有误导观众的不良倾向（所谓过度问政、道德指斥、人身攻击等）。

五是问政平台建设理念的模糊化。电视问政自诞生始，就一直存在是一档电视节目还是一个治理平台的争论。不同的定位决定其追求目标和运作方式的显著差异。如果是当成一档电视节目办，必要要追求戏剧化和收视率；如果当作一个治理平台，则要更加凸显理性平和的沟通与协商，少些质问和兴师问罪。笔者认为，所谓电视问政，电视是载体和媒介，问政是内容和目的，要兼顾和平衡其电视属性与政治属性，只有符合传播规律的电视问政，才能使产生最大社会效益。在准确定位的同时，要认真考量问政主体（谁来问政）、问政客体（问谁、问什么）、问责机制（谁问责、问责谁、如何问责）、制度改进与完善（问题破解—理性反思—制度化改进）等相关问题。

六是电视问政的科学化不足。从这些年电视问政运作看，尚有许多不尽科学的地方。如因被问政单位间曝光案例的数量、问题严重程度的不平衡，导致有的被问政官员接受集束轰炸，而同台的其他官员可能完全处在"打酱油"的地位；如因主持人和点评专家的倾向性发言或对现场测评时机的选择不同，可能导致被问政官员所得分数迥异；又如，因为每场主题不同、参与测评人员不同、对测评尺度的把握不同，其所得分数的横向可比较性就很差。还有对曝光问题的处置方案也呈现出明显的不科学、甚至不合法。如对道路被碾压破修循环的问题，有被问政官员提出马上修补，有的提出重修一条路，有的提出提高修筑标准等等，其实，严管超载车才是根本途径；如对被曝光的"问题官员"，有领导当场表示"我明天就停他们的职"，这样貌似果决的回答，其实明显违反相关法律和程序规定。类似的不科学地方还很多。

七是电视问政的常态化不足。武汉电视问政与多数地方电视问政一样，是通过地方主官强力推动而产生的，"这可能是电视问政最大的先天缺陷：没能内嵌刚性的制度属性，仅作为一项工作举措存在，其力度、流程、要素会因首倡者和主推领导的人员变动、思路变化而随之流变"（杨诗哲，2014）。如曾力主《一把手上电视》的陈宝生于2009年调离兰州，该节目就被另一档专家访谈类节目《民情民生大家谈》取而代之。显然，只有超越人治思维的电视问政才可持续。同时，武汉市纪委也坦陈，"电视问政"综合性强，涉及面宽，需要协调配合的部门多、实施过程复杂、工作难度很大。因其综合成本高，故其举办频率必然十分有限。武汉电视台虽在努力打造"电视问政"的常态版《一诺千金》，每周一播出，但因属录播，其在主题遴选、嘉宾选择、节目时长及质量和影响等方面都远逊"电视问政"。

此外，有学者指出，当前电视问政运作存在直线思维、平面思维、单线思维非常普遍和严重等弊端（乔新生，2015）；也有学者将电视问政是比作武汉的鸭脖子，虽能开胃，但毕竟是小吃，不能当饭吃（周琦，2013）。但笔者以为，我们对待电视问政倒是真该像吃鸭脖子似的，对其全过程应该仔细的"咀嚼"，只有真正"嚼"出了味道和门道，电视问政才可能持续前行。

三 武汉"电视问政"的创新与升级

武汉市委书记阮成发多次指出,"'电视问政'不是一个简单的节目,而是一个工作平台,一个集聚人民群众智慧的平台"(夏静,2014)。"电视问政"就是要凸显"政府和群众共同治理城市的平台"这一理念,充分听取群众意见,与政府部门坦诚沟通,发挥"电视问政"参政、议政、谋政、助政的作用。

笔者一直关注电视问政,也曾亲自参与过电视问政。笔者认为电视问政的定位应既是一档"电视节目"更是一个"问政平台",电视问政的治理功用应从"市民问政"走向"公民问诊"、从"问政"走向"议政",电视问政主持人应实现从"主问"到"主持"的回归,电视问政的运作逻辑要谨防"一俊遮百丑"和"一丑遮百俊",电视问政暴露问题的深层原因有"制度缺失"更有"执行梗阻",电视问政的理想目标是既给官员"外部压力"更添其"内在动力"(田祚雄,2014)。针对人们对电视问政的争议,笔者认为,必须不断探索创新电视问政升级版,尤其需要在电视问政的研究策划上进一步着力:

一是问政主题的遴选要问需于民。要充分利用新媒体等多种渠道,收集市民最关心、最直接、最现实的问题,从中整合、遴选出主题用于问政。如教育、医疗、征地拆迁、社区建设、反腐倡廉、选人用人等能否纳入问政?主题须具有代表性、典型性和可延展性。

二是具体主题的问政组织要问计于民。记者们都很敬业,但个人的能力、智识、精力毕竟有限,因此需要借助外脑,特别是相关领域的专家和熟悉基层情况的一线干部群众出谋划策,需要加强全过程的制播策划和研究。比如选择什么样的案例?如何拍摄记录案例?以什么视角切入?设置怎样的问题?等等。要充分发挥武汉智力资源密集优势,通过精心策划以准确探究问题成因、充分发掘案例价值、积极探讨破解举措,共同为武汉城市治理现代化出谋划策。

三是电视问政要破解碎片化、戏剧化、运动化和封闭化。应通过改革创新,努力走系统化、客观化、持续化、开放化的路子。可考虑电视问政常态化、经常化,借鉴杭州《我们圆桌会》的经验,增加举办频率。每场（如每周六、周日晚举办）只聚焦1—2个单位1—2议题，让更多的市民走进演播厅，该对垒的矩形排列为圆桌布置。这样的平台设置，一则讨论起来更加充分，对探究问题成效和破解之道均有较充分时间保证；二则不会对各单位的正常工作造成冲击，既不会增添其太多负担，也不会影响其日常工作；三则容易形成"官民学媒"常态化的沟通机制，淡化"质问"的因素，增添"议政"的成分，从而对市民进行理性参与、协商治理的训练，为培养现代公民、提升城市治理现代化奠定坚实基础。

四是电视问政要借鉴纸媒"深度报道"和电视"纪录片"制作经验。电视台要与市委宣传部、市纠风办、治庸办、考评办等部门加强合作，切实引入和实践治理理念，对遴选的案例提前介入、一线调研、全程记录和深度解剖，既曝光反面典型，也总结宣传正面典范，既问官也问民，既问人也问己，既问责更问计，既问责任心，也问"一案三制"（工作方案和体制、机制、法制）的制定情况，从而实现"市民电视问政"向"公民电视议政"的转型升级。

参考文献

1. 蔡敏（2012），《中国多地官员"出镜应考"电视问政获舆论赞扬》，http://news.xinhuanet.com/politics/2012—08/30/c_112905916.htm.

2. 蔡雯（2005），《美国"公共新闻"的历史与现状（上）——对美国"公共新闻"的实地观察与分析》，《国际新闻界》，第1期。

3. 成舍我（1933），《我们的两个目的》，参见《世界日报》1933年12月14日。

葛明驷、何志武（2015），《电视问政十年：文化效应与反思》，《中州学刊》，第3期。

4. 黄鹤TV（2014），《武汉〈电视问政〉的发展历程和创新轨迹》，http://hb.ifeng.com/dfzx/detail_2014_01/02/1680691_0.shtml.

5. 梁相斌（2013），《秦人入楚记》，湖北人民出版社。

6. 林坤（2015），《武汉5年40场电视问政都讲了啥？》，《武汉晚报》，7月13日。

7. 李晓萌（2015），《武汉市治庸问责领导小组研究完善电视问政工作》，《长江日报》，2月11日。

8. 尤蕾（2014），《武汉"治庸问责"之变》，http：//news.sina.com.cn/c/2014—10—09/160730964147.shtml.

9. 乔新生（2015），《电视问政节目不能往邪路上走》，http：//opinion.china.com.cn/opinion_40_118840.html。

10. 田祚雄（2014），《加强"电视问政"平台建设的若干思考》，《长江论坛》，第2期。

11. 夏静（2014），《"电视问政"如何走得更远?》，《光明日报》，7月31日。

12. 于成云、张平（2004），《10位一把手上电视述廉》，《黑龙江日报》，8月8日。

13. 杨诗哲（2014），《电视问政：现状、问题与未来深化》，《长江论坛》，第6期。

14. 周琦（2013），《电视问政：是点心还是大餐》，http：//www.legalweekly.cn/index.php/Index/article/id/3165.

15. 中央电视台\［新闻1+1\］（2012），《电视问政，问出了什么?》，http：//news.cntv.cn/2012/12/24/VIDE1356358685995606.shtml? ptag = vsogou.

行政政策干预对房地产市场的调控效果：
基于北京和天津的限购政策实证

韩璟　卢新海

摘　要：从 2010 年 5 月开始，中国共有 46 个城市推出了房地产限购政策，但是到 2015 年 6 月 41 个城市已经全面取消了限购政策。然而，限购政策作为一种政府调控房地产市场的行政手段，在继续执行限购政策和取消限购政策的两类城市中，其调控效果究竟如何值得关注。论文从以上两类限购类型城市中选择了北京和天津两座城市为研究对象，采用文献资料法和统计分析法对限购政策的实施效果进行了实证分析。研究结果显示，限购政策实施前后，北京市在住宅施工面积、住宅新开工面积和住宅竣工面积 3 个指标上差异显著，其中后两个指标与政策预期调控方向一致；天津市在房地产开发投资完成额、住宅开发投资完成额、住宅施工面积、住宅销售面积 4 个指标上差异显著，但均与政策调控方向相反。综上所述可以认为，无论是对坚持执行限购政策的城市，还是对取消限购政策的城市来说，限购政策的调控效果均不理想，即行政性的限购政策并未有效达到其调控的预期效果。

关键词：房地产；限购政策；宏观调控；住宅；北京；天津。

一　引言

2014 年 6 月 26 日，内蒙古呼和浩特市在出台的《切实做好住房保障工作促进全市房地产市场健康稳定发展的实施意见》中明确提出"取消商品房销售方案备案制度，居民购买商品住房（含二手住房）在办理签约、网签、纳税、贷款以及权属登记时，不再要求提供住房套数查询证明"，该规定的出台使得该市成为自2010年房地产限购政策在全国推行以来第一个全面取消限购的城市。2010年4月17日，国务院在其下发的《关于坚决遏制部分城市房价过快上涨的通知》明确提出"地方人民政府可根据实际情况，采取临时性措施，在一定时期内限定购房套数"。2010年4月30日，北京市住房和城乡建设委员会发布了《关于落实同一购房家庭只能在本市新购买一套商品住房有关政策的通知》，明确要求自2010年5月1日起同一购房家庭（包括购房人、配偶及未成年子女）只能在本市新购买一套商品住房，随后该市又陆续下发通知从购买资格、购买数量和信贷支持三个方面对住房买卖行为进行干预，此举不但使北京成为全国第一个采用住房限购政策对房地产市场进行干预的城市，也拉开了政府动用行政干预房地产市场的大幕。2010年8月17日，住建部出台《各地列入新增限购城市名单的5项建议标准》将限购范围扩大到二三线城市，逐步形成了以限购、限价、限贷为特色，覆盖一、二、三线城市的房地产业调控政策。受以上政策的影响，全国部分重要城市也纷纷出台住房限购政策，截止2012年底全国共有上海、广州、天津、深圳、武汉等46个城市通过推行"限购令"来调控住房市场。

但是，随着呼和浩特市率先全面取消"限购令"，全国范围内的住房限购政策开始发生重大变化。仅仅在呼和浩特市取消限购政策后的一个多月时间里，厦门、济南、杭州、无锡、哈尔滨等36个城市就纷纷以不同方式对限购政策进行调整，采用限购政策对房地产市场进行干预的手段开始逐步退出。截止2015年5月，除北京、上海、广州、深圳和三亚5个城市以外，在46个实施限购政策的城市中，已有41个正式取消或放松了对住房交易的限购。限购政策作为政府调控住房市场参与者利益关系的一种目的型管理政策，其在遏制房价快速上涨、打击住房投机行为和挤压房地产市场泡沫方面发挥了积极作用，但是这一极富行政色彩的房地产调控手段，以及对购房需求的强行压制也使得该政策饱受学界诟病。

无论如何，限购政策已经成为中国 2010 年以来房地产市场宏观调控政策的核心内容之一。这一政策推出和取消的变化，不但是中国政府调控房地产市场的重要举措，而且也使 46 个限购城市分化为限购取消和继续限购两种类型。然而，限购政策作为一种政府采用行政手段直接干预经济的行为，其究竟会对城市房地产市场产生何种的影响，实施不同政策的城市房地产市场是否会呈现出差异性，这既需要进行实证的分析，也需要进行规范的研判。

二 文献回顾与评述

限购政策的调控效果首先引起了经济学界的重视。胡涛（2011）和冯科（2012）均从社会福利角度对限购政策进行了评估，发现限购政策破坏了其他消费市场的均衡，导致各个房屋需求群体均面临着福利损失，并且这种福利损失受限购政策下符合购买资格群体的支付意愿异质程度影响。刘江涛（2012）构建了一个住房市场模型对限购政策效果进行了理论分析，也发现限购政策的确可以降低住房价格，但是其作用的大小与市场对政策不确定的预期紧密相关。乔坤元（2012）发现限购政策对于房价的抑制作用并不明显，通过限购政策未必可以达到"居者有其屋"的政策目标，所以限购政策不应作为政府打压房价的首选。贾生华（2012）通过 VAR 模型和脉冲响应函数对北京住房市场的交易数据进行了分析，其认为限购政策导致了商品住宅交易价格和交易量的同步下降，并且随着限购政策的深入，其效果可能会逐渐衰减。王敏（2013）认为，短期的限购政策对房价影响有限，能够起到一定的降低房价作用，但是其政策效果有限，会使房地产市场呈现"价高量低"的状况。

武倩（2012）认为政府的限购政策并没有达到遏制房价上涨的预期，反而致使炒作资金流入二、三线城市，推高了非限购城市的房价，并且促使大量资金境外购房，造成了我国资金的流失，所以限购政策的实施不利于行业长期稳定发展。张娟锋（2013）也认为限购政策增加了行政成本，扭曲了价格信号，而且还增加了房地产业转型升级的难度，因此从"限政"走向"税政"将是房地产调控的主要出路。彭慧

（2013）通过对 70 个大中城市房价指数变化情况的分析后指出，限购城市与非限购城市在同期内房价走势大致相同，因此我国大中城市房价下调并非限购政策直接作用的效果，主要是信贷、税收等综合性调控政策所致，限购政策只是加大了价格下调的幅度。黄书猛（2013）则将购房入户制度和限购政策结合起来进行分析，他认为在二元社会体制和户籍制度背景下，购房入户制度是一种有效的制度安排，但这种保证其有效性的制度因素也恰恰是推升住房价格的重要因素，而住房限购政策则有可能导致地方公共产品供给的无效率。

尹伯成（2011）认为限购政策作为效果最为明显的楼市调控政策，会使楼市走向理性、稳定、健康的发展之路。杨飞（2012）对北京住房市场的分析则认为，限购政策虽然没有影响北京商品住宅的新开工面积，但是造成了北京商品住宅销售面积的减少，所以限购政策在一定程度上遏制了北京商品住宅价格快速上涨的趋势。李治国（2014）和韩永辉（2015）的研究也认为，随着国家对房地产市场干预力度的不断增强，房地产限购政策对抑制房价上涨，促进房价理性回归起了显著作用。褚超孚（2012）则以住房价格为标尺对限购政策的效果进行了评价，36 个样本城市的实证分析显示，限购政策的确产生了抑制房价过快上涨的效果，但是城市异质性导致限购政策对不同城市的作用效果存在差异。韩璟（2014）对天津的研究发现，限购政策的实施引起了住房市场供需双方行动方向的分异，降低了需求者群体的住房需求量，加快了供应者群体的供应速度，增加了市场住房供应量。邹琳华（2014）对中国 115 个城市数据实证结果发现，限购政策对限购城市房价的水平值无显著负面影响，单纯扩大供给不足以平抑房价波动，限购政策可以被更科学的需求管理或需求引导手段所取代。

从既有研究看，学术界对限购政策调控效果的相关讨论主要体现在以下三个方面：一是定性、理论和描述性的分析较多，对房地产市场数据的挖掘深度还有所欠缺；二是分析过分注重于限购政策对房屋价格的作用效果上，而对调控规律的重视还不足；三是尚未从限购政策继续执行城市与取消城市的差异视角对限购政策的调控效果进行比较分析，对限购政策调控效果及其规律的提炼还不够充分。因此，本研究拟立足于中国城市房地产限购政策继续执行与取消的现实差异，在两种政策现实中寻找两个地域接近、市场相似度较高的城市，构建一个分析框架对其房地产限购政策的实施效果和差异进行比较分析，以期进一步提炼房地产限购政策的作用规律。

三 数据与方法

（一）研究对象的选择

依据所设计的研究目标，论文将从两个方面对限购政策的调控效果进行比较分析：一是同一城市限购政策实施前后房地产市场的宏观变化情况及其差异；二是在以上分析基础上，对限购政策继续执行和取消执行两类城市房地产市场宏观运行情况进行比较分析。基于以上研究目标，论文在推出限购政策的 46 个城市中选择北京和天津作为研究对象。

北京作为中国的首都和政治、经济中心，其房地产市场一直发挥着指示国房地产市场变动方向的风向标作用。2004 年以来中国住房市场逐渐显现出的房价快速上涨、投机趋势加剧、泡沫逐渐显现等特点，在北京房地产市场都有明显的表现。实际上，北京也是全国第一个通过限购政策对该市房地产市场进行干预的城市，自 2010 年 5 月 1 日起该市同一购房家庭就只能在该市新购买一套商品住房，并且迄今该市也是 5 个继续执行限购政策的城市之一。天津作为我国四大直辖市之一，2010 年 10 月 13 日该市政府就发布《通知》，规定即日起在市内六区只能新购一套商品住房，随后该市又规定在全市行政区域范围内针对新建商品住房、限价商品住房和二手住房实施限购政策。2014 年 10 月 17 日，天津市国土资源和房屋管理局、天津市城乡建设委员会等六部门联合发文，宣布天津对房地产宏观调控政策进行调整，官方明确取消全部限购政策。

所以，从限购政策执行层面上看，北京和天津属于不同类型的政策实施城市，满足论文对研究对象选取的基本要求。此外，对以上两个城市进行实证分析还有以下两个优点：一是二者在地域位置上比较接近，并且一直施行的京津一体化战略使得二者的房地产市场环境具有较高的相似性；二是北京和天津同为直辖市，房地产市场监测体系较为及时完备，可以为研究提供较为详实的统计数据。因此，论文选取北京和天津作为本文进行实证分析的研究对象。

（二）研究方法与模型设计

根据论文设计的研究目标和所选取的研究对象可知，本文将通过比较北京、天津两城市在限购政策实施前后房地产市场宏观运行指标的差异实现对限购政策调控效果的分析。由此可知，本文分析的对象为相关样本，即限购政策实施前后北京、天津的相关房地产宏观运行指标之间是存在一定关联性的。针对以上研究目标和研究对象的实际特征，可以采用多元统计分析中相依样本的平均数差异显著性检验进行分析，检验模型的具体公式如下：

$$t = \frac{\bar{X}_m - \bar{X}_n}{\sqrt{\frac{S^2_{X_m} + S^2_{X_n} - 2rS^2_{X_m}S_{X_n}}{N}}} \quad （式1）$$

式1中，$\bar{X}_m$，$\bar{X}_n$为相依样本的两次观测值的均值；$S^2_{X_m}$，$S^2_{X_n}$为相依样本两次观测值的方差，r为相依样本两次观测值的相关系数；$S^2_{X_m}$，$S^2_{X_n}$为相依样本两次观测值的标准差，N为样本的观测数量，其中自由度$df = N - 1$，最后根据t值的显著性检验结果判定观测样本的是否具有差异。

（三）变量选择与数据来源

根据以上模型对变量的要求和论文所设计的研究内容，本文结合房地产开发的流程特征，分别从三个阶段选取指标来反映北京和天津房地产市场宏观运行状况。（1）针对开发商的指标度量：房地产开发投资完成额A（单位：亿元）、住宅开发投资完成额B（单位：亿元）；（1）针对施工单位的指标度量：住宅施工面积C（单位：万m^2）、住宅新开工面积D（单位：万m^2）、住宅竣工面积E（单位：万m^2）；（3）针对消费者的指标度量：住宅销售面积F（单位：万m^2）、住宅现房销售面积G（单位：万m^2）、住宅期房销售面积H（单位：万m^2）。由于房地产宏观数据具有明显的时间周性，同时考虑到北京从2010年5月至今一直实施限购政策和天津2010年10月实施限购政策、2014年10月全面取消限购政策的实际情况,故论文对以上两个城市分别从两个时段进行数据采集:(1)北京2008年2月至2010年2月的指标数据为限购政策实施前,指标代码为A_1,$B_1 \cdots H_1$、2013年2月至2015年2月为限购政策实施后,指标代码为A_1,$B_1 \cdots H_2$,限购政策实施前后所采集指标数据的时长均为26个月;(2)天津2008年2月至2010年8月为限购政策实施前指标代码为A_1',$B_1' \cdots H_1'$、2011年2月至2014年8月为限购政策实施后,指标代码为A_2',$B_2' \cdots H_2'$,限购政策实施前后所采集指标数据的时长均为32个月。为便于对以上指标数据进行处理,论文在将以上时长的各指标数据划分为2个月一个时距进行处理,即北京限购政策前后均为13个时距,天津限购政策前后均为16个时距。以上数据均来自国务院发展研究中心统计数据库中的房地产业行业数据库。

四 实证分析

(一) 描述性统计

本文采用 SPSS17.0 对以上指标进行分析。对北京限购政策实施前后8项指标的描述性统计显示,在限购政策实施前后两个阶段中,北京市房地产市场有3项指标平均水平出现提升,分别是房地产开发投资完成额提升了2.2%、住宅开发投资完成额提升了11.1%、住宅施工面积提升了38.5%;有5项指标则出现了明显的下滑,分别是住宅新开工面积下降了40.5%、住宅竣工面积下降了18.8%、住宅销售面积下降了47.1%、住宅期房销售面积下降了23.5%、住宅现房销售面积下降了53.4%。对天津限购政策实施前后8项指标的描述性统计显示,在限购政策实施前后的两个阶段中,天津市房地产市场有6项指标平均水平有所提升,分别是房地产开发投资完成额提升了64.1%、住宅开发投资完成额提升了64.9%、住宅施工面积提升了109.4%、住宅竣工面积提升了27.4%、住宅销售面积提升了1.8%、住宅现房销售面积提升了13.1%;而另外2项指标出现下滑,分别是住宅新开工面积下跌了10.8%和住宅期房销售面积下跌了14.3%(表1)。

表1　　限购政策实施前后北京和天津各指标的描述性统计

指标（北京）	最大值	均值	最小值	指标（天津）	最大值	均值	最小值
A_1	593.45	342.41	119.80	A_1	217.07	121.04	34.40
A_2	619.30	346.80	227.04	A_2	411.25	198.56	62.91
B_1	258.54	151.12	61.00	B_1	135.00	80.13	24.28
B_2	323.97	167.95	101.30	B_2	270.21	132.15	38.23
C_1	5551.88	4482.22	3113.21	C_1	4517.83	2841.32	1338.71
C_2	7406.88	6206.83	4780.76	C_2	7562.48	5950.00	4269.71
D_1	532.63	238.69	85.06	D_1	1014.33	272.09	38.96
D_2	226.29	141.92	32.16	D_2	805.47	242.70	44.73
E_1	706.70	241.12	79.56	E_1	1091.11	211.14	12.50
E_2	850.98	195.86	39.65	E_2	1623.42	269.07	33.35
F_1	448.42	236.88	65.24	F_1	514.79	205.79	86.98
F_2	258.01	125.21	56.60	F_2	429.15	209.55	74.62
G_1	99.34	50.12	15.34	G_1	199.19	52.60	7.82
G_2	99.82	38.32	16.14	G_2	147.92	59.48	4.44
H_1	349.09	186.76	45.77	H_1	315.61	153.18	76.42
H_2	199.84	87.04	40.46	H_2	221.69	131.32	46.37

（二）北京

北京市的统计模型分析结果显示，在对该市房地产市场观测的8个指标中，限购政策实施前后呈现明显差异的指标共有3个，其中住宅施工面积和住宅新开工面积分别在5%的统计水平上显著，住宅竣工面积在10%的统计水平上显著；而房地产开发投资完成额、住宅开发投资完成额、住宅销售面积、住宅现房销售面积和住宅期房销售面积5个指标在统计上不显著，即可以认为限购政策的实施并没引起以上5个指标的差异。结合均值变动方向数据还可以发现，在北京市限购政策实施前后呈现明显差异的3个指标中，住宅施工面积的差异主要体现在限购政策实施后该指标与限购政策实施前相比有所提升，即限购政策的实施引起了住宅施工面积的提升；而住宅新开工面积和住宅竣工面积2个指标的差异则体现在限购政策实施后这两个指标与限购政策实施前相比则出现下滑，即限购政策的实施引起了住宅新开工面积和住宅竣工面积的减少（表2）。

表2　　　　　　　　北京市各指标统计检验结果

指标关系	均值	标准差	均值的标准误	t	df	Sig.（双侧）
$A_1 - A_2$	-4.388	121.009	33.562	-.131	12	.898
$B_1 - B_2$	-16.827	41.285	11.450	-1.470	12	.167
$C_1 - C_2$	-1724.606	177.444	49.214	-35.043	12	.000**
$D_1 - D_2$	96.768	110.818	30.735	3.148	12	.008**
$E_1 - E_2$	45.264	87.884	24.375	1.857	12	.088*
$F_1 - F_2$	111.668	146.966	40.761	2.740	12	.018
$G_1 - G_2$	11.799	32.429	8.994	1.312	12	.214
$H_1 - H_2$	99.725	120.596	33.447	2.982	12	.011

* 表示在10%的水平下显著；** 表示在5%的水平下显著。

（三）天津

天津市的统计模型分析结果显示，在对该市房地产市场进行观测的8个指标中，限购政策实施前后呈现明显差异的指标有4个，分别是房地产开发投资完成额、住宅开发投资完成额、住宅施工面积、住宅销售面积，以上指标均在5%的统计水平上显著，而住宅新开工面积、住宅竣工面积、住宅期房销售面积和住宅现房销售面积则在统计上不显著，即可以认为限购政策的实施并没有引起以上指标的差异。同样，结合均值变动方向数据可以发现，在天津市限购政策实施前后呈现明显差异的4个指标中，其均值变动方向均为有所提升，即限购政策实施后天津市房地产市场在房地产开发投资完成额、住宅开发投资完成额、住宅施工面积、住宅销售面积上均呈现出了一种提升现象，也就是说以上4个指标的差异主要是由于限购政策实施后高于限购政策实施前所引起的

(表3)。

表3　　　　　　　　　天津市各指标统计检验结果

指标关系	均值	标准差	均值的标准误	t	df	Sig.（双侧）
$A_1' - A_2'$	-88.989	54.742	13.686	-6.502	15	.000**
$B_1' - B_2'$	-57.424	45.544	11.386	-5.043	15	.000**
$C_1' - C_2'$	-2483.324	517.637	129.409	-19.190	15	.000**
$D_1' - D_2'$	-39.405	133.043	33.261	-1.185	15	.255
$E_1' - E_2'$	-34.525	114.374	28.593	-1.207	15	.246
$F_1' - F_2'$	-36.181	45.417	11.354	-3.187	15	.006**
$G_1' - G_2'$	-26.031	40.774	10.193	-2.554	15	.022
$H_1' - H_2'$	-10.150	55.942	13.986	-.726	15	.479

* 表示在10%的水平下显著；** 表示在5%的水平下显著。

（四）研究结果

综合北京、天津的以上分析结果还可以看出，无论是对继续限购的北京，还是对取消限购的天津，限购政策对房地产市场的调控效果均不明显。首先，对北京进行观测的8个指标中，限购政策实施后只有3个指标的差异在统计上显著，还不到一半，这一比例显然过低，并且还有一个住宅施工面积的变动方向是增加，与政策初始调控方向相反；其次，对天津观测的8个指标中，虽然限购政策实施后有4个指标在统计上显著，即限购前后差异明显，但是对以上4个指标变动方向，乃至所有天津房地产市场观测指标变动方向的分析发现，限购政策实施后所有指标变动方向均是增加，与初始政策调控方向同样相反；最后，结合各指标的类型特征还可以发现，对北京来说限购政策的调控效果主要体现在对施工单位的作用上，该政策的执行促使房地产施工单位扩大了住宅施工面积，降低了住宅新开工的速度和竣工的速度，而对开发商和消费者调控效果并不明显，对天津而言限购政策的调控效果则体现在对开发商、施工单位和消费者均有作用，但是对开发商的影响最大，其体现在增加了开发商的房地产开发投资额、住宅开发投资额、扩大了施工单位的住宅施工面积、提升了消费者的住宅消费面积。综上所述，并结合限购政策的调控目标可以推断，无论对北京还是天津来说，限购政策均没有达到其预期的调控效果。

五 结论

自从 2010 年 4 月国务院在《关于坚决遏制部分城市房价过快上涨的通知》中赋予地方政府可以利用行政权力实施限购政策干预房地产市场以来，全国共有 46 个城市推出了限购政策。时至今日，这一实施限购政策的城市群体已悄然出现分化，以呼和浩特为代表的 41 个城市已全面取消了利用限购政策干预房地产市场的举措，而以北京为代表的 5 个城市仍在坚持执行限购政策。实际上，无论学术界还是媒体对限购政策的调控效果多有讨论，特别是在大部分城市逐步放弃限购政策后，这一行政权力干预房地产市场举措的无效性已引起诸多共鸣。本文在将实施限购城市划分为继续执行限购和取消限购两种类型的基础上，分别选择了房地产市场相似度较高的北京和天津进行了实证检验，结果发现无论是对坚持执行限购政策的城市，还是对取消限购政策的城市来说，限购政策的调控效果均不理想。由此也可以推断，大部分城市纷纷取消限购政策，正是由于该政策并没达到预期的政策效果，少量城市坚持执行限购政策也许是因为该政策对其城市房地产市场有少许作用，预计随着房地产市场的发展，坚持限购的城市可能很快对出现政策松动。

参考文献

1. 褚超孚、郑景龄（2012），《我国住房限购政策效果研究——兼论住房限购政策效果城市差异》，《价格理论与实践》，第 8 期。
2. 冯科、何理（2012），《中国房地产市场"限购政策"研究——基于反需求函数的理论与经验分析》，《经济学动态》，第 2 期。
3. 韩璟、卢新海（2014），《限购政策对城市住房市场的调控效应分析——以天津市为例》，《中国房地产》，第 10 期。
4. 韩永辉、黄亮雄、邹建华（2014），《房地产"限购令"政策效果研究》，《经济管理》，第 4 期。
5. 胡涛、孙振尧（2011），《限购政策与社会福利：一个理论探讨》，《经济科学》，第 6 期。

6. 黄书猛（2013），《购房入户制度和住房限购政策的有效性分析》，《重庆大学学报（社会科学版）》，第 2 期。

7. 贾生华、孟桢超（2012），《房地产限购政策的效果及其可持续性——基于北京商品住宅市场量价波动关系的实证研究》，《中国经济问题》，第 5 期。

8. 李治国（2014），《"限购政策"对房地产市场经营效率影响有效性研究——基于上市公司的数据》，《中央财经大学学报》，第 12 期。

9. 刘江涛、张波、黄志刚（2012），《限购政策与房价的动态变化》，《经济学动态》，第 3 期。

10. 彭慧、何燕、韩非（2013），《限购政策对我国住房市场价格的影响》，《中国房地产》，第 3 期。

11. 乔坤元（2012），《住房限购令真的起作用了吗？——来自中国 70 大中城市的证据》，《经济与管理研究》，第 12 期。

12. 王敏、黄滢（2013），《限购和房产税对房价的影响：基于长期动态均衡的分析》，《世界经济》，第 1 期。

13. 武倩（2012），《对现行房地产调控政策的几点思考》，《生产力研究》，第 6 期。

14. 杨飞、张红、张志峰（2012）：《限购政策对北京住房市场影响的统计分析》，《中国房地产》，第 17 期。

15. 张娟锋（2013），《限购政策的效果、困局与出路》，《中国房地产》，第 3 期。

16. 邹琳华、高波、赵奉军（2014），《投资需求扩张、房价上涨与住房限购——一个基于大国政策的准自然实验》，《城市发展研究》，第 6 期。

《中国地方政府治理评论》约稿函

　　《中国地方政府治理评论》是湖北省人文社会科学重点研究基地、华中师范大学湖北地方政府治理与地方发展研究中心主办，专门发表中国地方政府治理研究成果的专业学术出版物，暂定每年出版1辑。本刊秉持学术宗旨，倡导规范严谨的研究方法，鼓励理论创新，注重经验研究；回应地方政府治理实践，构建本土化地方政府治理理论；跟踪国际理论前沿，开展建设性学对话；弘扬公共精神，服务我国地方政府治理实践。采用严格的匿名评审制度，为国内外地方政府治理的研究者搭建一个学术交流平台。该刊由张立荣教授任主编。

　　《中国地方政府治理评论》设"主题探讨"、"治理案例"、"县市长论坛"、"学术动态"、"书评"五个栏目。"主题探讨"栏目每期发表对地方政府治理领域的理论研究论文，每篇论文8千-1万字，实证性研究论文2万字以内；"治理案例"栏目刊登对国内外地方政府治理案例的描述与分析性案例研究文章，每个研究案例1-1.5万字；"市县长论坛"发表地方政府官员决策实践、工作心得、改革思考等纪实性以及讨论性文章，3-5千字为宜；"书评"栏目介绍和评论国内外新出版的重要地方政府治理研究著作，每个书评在5-8千字。

　　本刊特向学界同仁真诚约稿！稿件体例如下：

一　稿件要求

（一）文本要求

1. 形式要求

Microsoft Office 软件文本。

2. 正文文本

五号宋体、单倍行距，页边距上、下、左、右均采用 office 软件默认值。

3. 文章标题

一级标题为："一、二、三……"

二级标题为："（一）、（二）、（三）……"

三级标题为："1. 2. 3……"

四级标题为："（1）（2）（3）……"

一、二、三级标题各独占一行，其中一级标题居中，二、三级标题缩进两个字符左对齐，四级及以下标题后加句号且与正文连排。

4. 图表文本

（1）统计表、统计图或其他示意图等，均用阿拉伯数字连续编号，后加空格并注明图、表名称；

（2）表号及表名须标注于表的上方，且居中；

（3）图号及图名须标注于图的下方，末尾不加标点符号。

如图（表）下有标注补充说明或资料来源，格式为先标注补充说明，再另起一段标注资料来源（后不加句点），具体为："注"须标注于图表的下方，以句号结尾；"资料来源"须标注于"注"的下方，并按"正文引用"格式标注文献。

示例如下：

表 1　　　　　　　　自变量与因变量的统计分析结果

	模型 1	模型 2	模型 3	模型 4	模型 8	……
	因变量	因变量	因变量	因变量	因变量	……
（常数）	1.975*** (0.304)	-1.541*** (0.118)	-2.783** (0.285)	-1.673*** (0.214)	-0.261+ (0.334)	……
自变量	0.106*** (0.026)	0.056*** (0.012)	0.066* (0.027)	0.049* (0.023)	0.063* (0.026)	……
……	……	……	……	……	……	……
N	1248	1245	1245	1240	1243	
Adj. $R2$	0.155	0.300	0.127	0.268	0.144	

注：$^+ p < 0.10$，$* p < 0.05$，$** p < 0.01$，$*** p < 0.001$；（）内为标准误。

资料来源：中国人民共和国统计局（2012）。

5. 颜色要求

因本刊为黑白印刷刊物，所有统计表、统计图或其他示意图等均以黑白颜色呈现。

（二）信息要求

1. 第一页

应包括如下信息：

（1）中文标题

（2）作者相关信息，包括作者姓名、所在单位、通讯地址、邮政编码、联系电话、电子邮件，以及300字以内的作者简介。

2. 第二页

应提供一下信息：

（1）中文标题、英文标题；

（2）中文摘要（300字以内）及中文关键词（3~5个）、英文摘要（300字以内）及英文关键词（3~5个）。稿件获基金、项目资助，须注明（包括项目编号）。

二　注释体例

本刊采用参考文献注释法。基本做法是：稿件中凡采用他人研究成果或引述，应在正文中采用括号注与文末列参考文献形式予以说明。以下将按照正文引用、正文注释、文末参考文献三部分加以具体说明。

（一）正文引用

1. 在引文后以圆括号注明作者名（中文名字标注名与姓，外文名字只标注姓）、出版年份。如引文之前已出现作者名，则在名字后直接用圆括号注明出版年份。

例1："×××……"（Waldo, 1948: 25 - 48）。

例2：张立荣（2010: 3）认为"×××……"。

2. 正文中括号注的具体规范为：被引用著作作者超过3位（包括3位），只列第一作者，中文文献后加"等"，英文文献后加"et al."；引用相同作者同一年份内不同文献，则按照文中出现先后顺序，在年份后标出小写英文字母顺序；引用论文集文献，直接注明作者姓名，不必另标出文集主编姓名。

3. 引用原文文字过长（一般为三行以上）时，须将整个引文单独成段，并左缩进两个字符。段落字体为5号楷体，不加引号。

（二）注释

不宜在正文中出现但需要进一步澄清、引申的文字，采用当页脚注，用①、②、③……标注，每页重新编号。

（三）参考文献

1. 列于正文后，并于正文中出现的括号注一致，同时按照中文、英文依次排列。

2. 中文、英文文献都按照作者姓名拼音从 A 到 Z 排列。英文文献名的首字母大写，著作与期刊名用斜体字。

例3：张立荣主编（2010），《当代中国服务型政府及公共服务体系建设状况问卷调查数据统计与展示》，中国社会科学出版社。

例4：周雪光（2005），《逆向软预算约束：一个政府行为的组织分析》，中国社会科学，第2期。

例5：杨瑞龙（1999），《"中间扩散"的制度变迁方式与地方政府的创新行为——江苏昆山自费经济技术开发区案例分析》，载张曙光主编《中国制度变迁的案例研究》（第二集），中国财政经济出版社。

例6：Wildavsky, A. (1980). *How to Limit Government Spending*. Los Angeles: University of California Press.

例7：O'Brien, K. J. & Luehrmann, L. M. (1998). Institutionalizing Chinese Legislatures: Trade-offs between Autonomy and Capacity. *Legislative Studies Quarterly*, 23 (1): 420-430.

例8：O'Donnell, G. (1999). Horizontal Accountability in New Democracies. In Schedler, A., Diamond, L. & Plattner, M. Eds. *The Self-restraining State: Power and Accountability in New Democracies*. Boulder: Lynne Rienner Publishers.

3. 其他未公开发表文献按照作者、年份、题名、出处顺序标注。学位论文类文献按照作者、年份、题名、毕业大学顺序标注，并注明为未发表的学位论文；网络文献按照作者、年份、题名、访问网站名称、访问路径顺序例 9：张康之（2006），《超越官僚制：行政改革的方向》，人民网：

http：//theory. people. com. cn/GB/40764/55942/55945/4054675. html。

例 10：周子康（1991），《中国地方政府编制管理定量分析的研究（会议论文）》，北京：东部地区公共行政组织第十四届大会。

三　作者权利与责任

（一）稿费千字 50 元。

（二）根据《中华人民共和国著作权法》有关规定，经本刊发表的文章，其版权均属本刊专有；涉及国外版权问题，均遵照《中华人民共和国著作权法》及有关国家法规执行。投稿作者均认定遵守上述约定。

（三）请勿一稿数投。

（四）请遵守学术规范，文责自负。

（五）本刊刊登文章，均加入网络系统。若无此意愿，请来稿时注明。

（六）投稿 2 个月内未收到刊用通知者，请自行处理。

（七）本刊只接收电子投稿，来稿请发送至编辑部电子邮箱：clggreview@ 163. com。

《中国地方政府治理评论》热情欢迎您的来稿！

《中国地方政府治理评论》编辑部
电子邮箱：clggreview@ 163. com
编辑部地址：武汉市洪山区珞喻路 152 号
　　　　　　华中师范大学公共管理学院
邮政编码：430079
电话（传真）：027—67862365